Neue Horizonte
Workbook / Laboratory Manual / Video Workbook

Sixth Edition

Neue Horizonte

Workbook / Laboratory Manual / Video Workbook

David B. Dollenmayer
Worcester Polytechnic Institute

Ellen W. Crocker
Massachusetts Institute of Technology

Thomas S. Hansen
Wellesley College

HOUGHTON MIFFLIN COMPANY
Boston   New York

Publisher: Rolando Hernández
Sponsoring Editor: Randy Welch
Development Manager: Sharla Zwirek
Project Editor: Harriet C. Dishman
Manufacturing Manager: Florence Cadran
Associate Marketing Manager: Claudia Martínez

Printed in the U.S.A.

ISBN: 0-618-24131-0

234567890-HS-07 06 05 04 03

Contents

VIDEO WORKBOOK

ANSWER KEYS

For Instructors and Students

The Workbook/Laboratory Manual/Video Workbook for *Neue Horizonte*, Sixth Edition, provides further practice in writing and listening in German. It is divided into three parts: a Workbook, a Laboratory Manual, and a Video Workbook. Each chapter of the Workbook and the Laboratory Manual contains exercises and activities that reinforce the corresponding chapters of the Student Text. The Video Workbook contains exercises that correspond to the *Neue Horizonte* video. Like the Student Text, the Workbook/Laboratory Manual/Video Workbook conforms to the spelling reform.

The Workbook

The Workbook includes a variety of written exercises for chapters 1–16 that recombine the vocabulary and grammatical structures presented in the corresponding chapter of the Student Text. Illustrations vary the pace of the activities and provide further practice with language in specific contexts. Activities progress from directed to communicative. Students are informed when to do each Workbook exercise by icons and annotations in the margins of the Student Text. It is important that students do the exercises in the sequence suggested in order to derive maximum benefit from this integrated supplementary material. Answer keys are located at the back of this Workbook/Laboratory Manual/Video Workbook so that students can correct their answers. Open-ended exercises are indicated in the Answer Key with the phrase *Answers will vary*. These are intended for correction by the instructor.

The Workbook also includes four summary and review sections called **Zusammenfassung und Wiederholung**. These follow chapters 4, 8, 12, and 16, thereby dividing the Workbook into clearly defined quarters. They summarize the grammar and functional topics of the preceding four chapters in schematic and tabular form. Grammar topics are grouped by such categories as verb forms, noun morphology, adjective formation, and sentence structure. Idiomatic, communicative phrases are summarized by topic, such as greeting, leave-taking, comparing, and expressing preferences. Cross-references in the page margins refer students to more detailed explanations of the grammar in the Student Text. If students need to review a specific grammar topic, they should refer to the textbook page number in the margin. Each **Zusammenfassung und Wiederholung** ends with a "Test Your Progress" section—a self-test for students to diagnose their individual areas of strength and weakness. These tests are self-correcting. Answers for the self-tests are also located in the Answer Key at the end of the Workbook/Laboratory Manual/Video Workbook.

The Workbook/Laboratory Manual/Video Workbook and the **Zusammenfassung und Wiederholung** sections are intended for use outside of class. Students can use them to review for tests or for a focused review of specific grammar topics. They can also be used to preview future material. For example, instructors can glance with students at the schematic presentation of a complex topic such as negation (**Zusammenfassung und Wiederholung 1**) before assigning the more analytical presentations in chapters 3 and 4 of the textbook.

The Laboratory Manual

The Laboratory Manual is coordinated with the *Neue Horizonte* Audio Program. The Audio Program begins with an **Einführung** chapter, where students learn the alphabet, numbers from 0–20, and common words and expressions such as greetings and leave-takings, days of the week, months of the year, and some weather expressions. Also included in the **Einführung** is a comprehensive presentation of German pronunciation with accompanying exercises. This *Sounds of German* section is followed by a list of useful classroom expressions.

For each of the sixteen regular chapters, the Audio Program for the Sixth Edition contains the following recorded material:

- **Dialoge** The dialogues of the chapter with pauses for student repetition.

- **Fragen zu den Dialogen** Oral true-false or multiple-choice comprehension questions based on the dialogues, which students answer in writing in the Laboratory Manual.

- **Hören Sie gut zu!** A new dialogue not printed in either the Student Text or Laboratory Manual, intended for listening comprehension. The dialogue recycles vocabulary and grammar topics and is followed by comprehension questions (in English in chapters 1 and 2, in German in chapters 3–16). Students listen to these questions (they are not printed in the Laboratory Manual) and write their answers in the Laboratory Manual.

- **Übung zur Aussprache** A section in chapters 1-8 that practices sounds that pose particular difficulty for nonnative speakers of German. Students repeat minimal word pairs and sentences containing the targeted sounds.

- **Lyrik zum Vorlesen** The poems from the Student Text read aloud on the Audio Program. Students are encouraged to repeat and imitate the rhythm, intonation, and pronunciation they hear on the recording.

- **Üben wir!** Selected grammar exercises from the textbook, with pauses for student repetition. These recorded exercises are identified in the Student Text by marginal icons and annotations. Also included in this section are variations on these exercises called **Variationen**, which are contained in the Audio Program only. Students are alerted to the **Variationen** exercises by icons and clear annotations in the Student Text pointing out the text exercises they are related to.

- **Übung zur Betonung** Practice in recognizing stressed syllables in words and phrases. Cognates and words borrowed from other languages such as *Chance, Garage,* and *interviewen* are presented here. This section also recycles material from the **Leicht zu merken** lists in the textbook, thereby recalling items not necessarily considered active, but easy for students to remember. When using the **Übungen zur Betonung**, students and instructors should note that the divisions of the syllables for practice with stress are not necessarily the same divisions used for hyphenation in writing.

- **Lesestück** The reading section from each chapter read at normal speed. No paused version is provided as the **Lesestück** is not intended for repetition.

- **Diktat** A dictation of contextualized sentences that include the chapter's grammar points and vocabulary items from **Wortschatz 1** and **2**. Students should not do the dictations until they have worked on the **Lesestück**. The dictation sentences, which are not included in the Laboratory Manual Answer Key, are intended for correction by the instructor.

In order to better coordinate the Laboratory Manual and Audio Program with the Student Text, the Laboratory Manual includes page references to the Student Text for the **Dialoge**, the **Lyrik zum Vorlesen**, the **Lesestücke**, and the **Übungen**. In addition, grammar exercise numbers in the **Üben wir!** section on the CDs and in the Laboratory Manual correspond to the numbers of the **Übungen** in the Student Text. Also, the direction lines and a model for each recorded **Übung** are printed in the Laboratory Manual. As a further aid to coordination of the program, icons and annotations in the Student Text direct students to corresponding exercises in the Laboratory Manual and the Audio Program.

The Video Workbook

The Video Workbook is coordinated with the *Neue Horizonte* Video. The video consists of eight modules. Each module has a corresponding Video Workbook section entitled **Videoecke**. The video modules and the **Videoecken** follow the sequence of grammar and vocabulary in the Student Text. Icons and cross-references in the Student Text indicate to students and instructors when to do each video module and its accompanying Video Workbook activities.

Each **Videoecke** begins with a brief summary in German of the action of the video episode. Next, the **Wortschatz zum Video** box presents new vocabulary important for comprehension of the video episode. Vocabulary is presented in the order in which it appears in the video. (It is not considered active in the Student Text.) Finally, the video activities help students achieve global comprehension of what they see.

Students first watch the video without sound and do corresponding activities that sharpen their comprehension of nonverbal cues. (The icon for "sound-off" appears to the left of these activities.) Subsequent activities, done while viewing the video with sound, encourage meaningful comprehension and integration of viewing and listening. The final activity of each **Videoecke** relates to the **Welle Magazin** documentary segment of the video.

The Answer Keys

Complete answer keys for all three parts of the Workbook/Laboratory Manual/Video Workbook conclude this volume. Students can correct their own work for all discrete-answer exercises. Open-ended exercises are indicated with the phrase *Answers will vary.* These exercises are intended to be corrected by the instructor. Students will especially benefit from self-correction of the "Test Your Progress" sections of the four **Zusammenfassung und Wiederholung** review sections found in the Workbook.

WORKBOOK

KAPITEL

1

A. Rewrite the following sentences, replacing each subject with the pronoun in parentheses, and changing each verb to agree with the new subject.

1. Ich arbeite viel. (sie, *singular*)

_____

2. Was mache ich heute Abend? (Sie)

_____

3. Morgen gehe ich zu Julia. (ihr)

_____

4. Vielleicht spielen die Kinder draußen. (er)

_____

5. Michael und Karin arbeiten nicht sehr viel. (du)

_____

6. Frau Lehmann fliegt nach New York. (ihr)

_____

7. Horst geht auch. (ich)

_____

8. Wir kommen morgen zurück. (er)

_____

9. Was machen Sie am Mittwoch? (wir)

_____

10. Heute bin ich in Eile. (du)

_____

B. Complete the following exchanges with the correct from of the verb **sein**.

1. _____ du in Eile?

   Ja, ich _____ sehr in Eile.

2. Wo _____ ihr am Mittwoch?

   Wir _____ in Hamburg.

3. Wo _____ Michael?

   Michael und Thomas _____ draußen.

4. _____ Sie morgen auch in München?

   Nein, morgen _____ ich in Wien.

   Frau Hauser und Herr Lehmann _____ morgen auch in Wien.

5. Herr Hauser _____ im Moment in Frankfurt.

   Aber morgen _____ er wieder zurück.

C. Label the numbered items in the sketch below. Give both the definite article and the noun.

Was ist das?

1. _das Fenster_____   6. _____

2. _____   7. _____

3. _____   8. _____

4. _____   9. _____

5. _____   10. _____

D. Complete the answers, using the correct pronoun.

BEISPIEL: Wo ist die Lehrerin?
Sie ist draußen.

1. Wann kommt der Lehrer?

   _____ kommt morgen wieder.

2. Wie ist hier die Mensa?

   _____ ist gut.

3. Wie ist das Wetter heute?

   _____ ist schlecht.

4. Wann scheint die Sonne wieder?

   Morgen scheint _____ wieder.

5. Wie sind die Straßen hier?

   _____ sind gut.

6. Wo arbeitet Frau Hauser heute?

   _____ arbeitet im Büro.

7. Wo ist das Büro?

   Hier ist _____.

E. Rewrite the following sentences, making each subject plural and changing each verb accordingly.

BEISPIEL: Der Herr kommt heute zurück.
Die Herren kommen heute zurück.

1. Die Studentin fliegt nach Deutschland.

   _____

2. Das Kind macht das oft.

   _____

3. Das Buch ist nicht typisch.

   _____

4. Der Student arbeitet bis elf.

   _____

5. Der Lehrer wohnt in Wien.

   _____

6. Die Frau sagt: „Guten Morgen."

   _____

7. Die Straße ist schön.

   _____

8. Die Mutter ist wieder in Eile.

_____

9. Der Herr fragt Frau Becker.

_____

10. Das Büro ist in Hamburg.

_____

F. Complete the sentences with the correct indefinite article.

BEISPIEL: Wo ist das Kind?
Hier kommt __ein__ Kind.

1. Wo ist die Uhr?

Ist hier _____ Uhr?

2. Ist das der Lehrer?

Nein, aber _____ Lehrer kommt

um zehn.

3. Das Kind fragt immer warum.

Fragt _____ Kind auch wie?

4. Wann arbeitet der Professor?

_____ Professor arbeitet immer!

5. Der Student kommt morgen.

Kommt _____ Student auch heute?

G. Begin each sentence with the word or phrase in italics, and make the necessary changes in word order.

BEISPIEL: Laura kommt *heute Abend.*
__Heute Abend__ kommt Laura.

1. Ich bin *heute* in Eile.

_____

2. Das Wetter ist *endlich* wieder schön.

_____

3. Wir gehen *um elf* zu Horst.

_____

4. Es regnet immer viel *im April.*

_____

5. Marion fliegt *am Freitag* nach Wien.

_____

6. Herr Lehmann wohnt *vielleicht* in Berlin.

_____

7. Die Herren arbeiten *morgen* hier.

_____

8. Die Studenten sind *natürlich* freundlich.

_____

H. Write yes/no questions using the following cues. Address the people named in parentheses.

BEISPIEL: kommen / wieder / ? (Karin)
Kommst du wieder?

1. gehen / zu Karin / ? (Monika)

_____

2. kommen / heute / ? (Frau Schmidt)

_____

3. arbeiten / viel / ? (Horst)

_____

4. fliegen / um neun / ? (Herr und Frau Lehmann)

_____

5. sein / in Eile / ? (Karin und Michael)

_____

6. machen / das heute / ? (Herr Hauser)

_____

7. arbeiten / heute im Büro / ? (Thomas)

_____

8. fliegen / heute Abend / ? (Herr und Frau Kuhn)

_____

I. Write questions and answers in full sentences, using the cues below.

> **BEISPIEL:** wann / kommen / ihr / zurück / ? Morgen …
> **Wann kommt ihr zurück?**
> Morgen **kommen wir zurück.**

1. wann / arbeiten / du / ? _____

Heute Abend _____

2. gehen / Christa / morgen / zu Monika / ? _____

Ja, _____

3. wer / wohnen / in Hamburg / ? _____

Wir _____

4. haben / ihr / auch Kinder / ? _____

Ja, _____

5. wann / fliegen / Sie / nach Berlin / ? _____

Am Mittwoch _____

J. Unscramble the phrases below, making them into dialogues to fit the situations in pictures 1 and 2.

1	2
Hallo, Hans.	Nein, ich bin Touristin aus den USA. Und Sie?
Danke gut. Und dir?	Grüß Gott.
Also tschüss, bis morgen!	Kommen Sie aus Österreich?
Nicht schlecht.	Guten Tag.
Es tut mir Leid, aber ich bin sehr in Eile.	Ach, ich fliege ja heute nach Hamburg.
Tag, Peter.	Gute Reise!
Wie geht's?	Aus Hamburg, aber ich wohne im Moment in Wien.
Ja, bis dann. Tschüss!	Danke schön!

1.

_____

_____

_____

_____

_____

_____

_____

2.

_____

_____

_____

_____

_____

_____

_____

KAPITEL

2

A. Complete each question and answer with the accusative form of the definite article and the noun in parentheses. Use the noun in the singular.

> **BEISPIEL:** Ich suche _____. (*article*)
> Ich suche **den Artikel.**

1. Ich suche _____ . (*street*)

2. Siehst du _____ ? (*house*)

3. Hat er _____ ? (*newspaper*)

4. Wir brauchen _____ . (*teacher* [masc.])

5. Kennst du _____ ? (*man*)

6. Fragt sie _____ ? (*pupil* [fem.])

Now use the noun in the plural.

> **BEISPIEL:** Ich kenne _____. (*Familie*)
> Ich kenne **die Familien.**

7. Wir lesen _____ . (Artikel)

8. Fragt er _____ ? (Amerikanerin)

9. Habt ihr _____ ? (Buch)

10. Braucht sie _____ ? (Zimmer)

B. The sellers at a flea market are telling you about their merchandise. You are tempted to buy and start imagining who might need the various items. Complete each response with the accusative form of the noun and indefinite article.

> **BEISPIEL:** „Der Tisch ist wunderschön."
> Ja, ich brauche **einen Tisch.**

1. „Der Stuhl ist sehr alt."

   Ja, mein Bruder braucht _____ .

2. „Das Buch ist sicher gut."

Ja, meine Mutter braucht _____ .

3. „Die Uhr ist sehr schön."

Ja, meine Schwester braucht _____ .

4. „Die Landkarte ist sehr groß."

Ja, ich brauche _____ .

5. „Der Kugelschreiber ist sicher gut."

Ja, meine Freundin braucht _____ .

6. „Das Poster ist ziemlich typisch."

Ja, meine Freunde brauchen _____ .

C. Write a question for each answer, using a noun that corresponds to the gender of the pronoun.

BEISPIEL: <u>Hast du die Zeitung</u>? Ja, ich habe **sie**.

Buch   Straße   Artikel   Amerikaner   Professorin

1. _____ ? Ja, ich habe **ihn**.

2. _____ ? Ja, ich kenne **sie**.

3. _____ ? Ja, ich suche **sie**.

4. _____ ? Ja, ich suche **ihn**.

5. _____ ? Ja, ich brauche **es**.

D. Write a reply to each question, using the accusative form of the pronoun cued.

BEISPIEL: Wen fragen die Leute? (ich)
<u>Sie fragen mich.</u>

1. Wen meint der Lehrer? (wir)

_____

2. Wen grüßt du, Peter? (ihr)

_____

3. Wen kennen Sie hier? (Sie)

_____

4. Wen fragt der Tourist? (ich)

_____

5. Wen suchst du denn? (du)

_____

E. Reply positively to each question with a complete sentence. Use the accusative form of the pronoun in parentheses.

BEISPIEL: Kennt er mich? (du)
Ja, er _kennt dich._

1. Sprecht ihr über uns? (ihr)

Ja, wir _____

2. Grüßen Sie mich? (Sie)

Ja, ich _____

3. Sehe ich Sie heute Abend? (ich)

Ja, Sie _____

4. Fragt sie euch morgen? (wir)

Ja, Sie _____

F. Ask the people named in parentheses questions about themselves. Use the appropriate second-person pronoun, **du**, **ihr**, or **Sie**, and the form of the verb that corresponds to it.

BEISPIEL: (Herr Müller) essen / Fleisch / ?
Essen Sie Fleisch?

1. (Angelika) wie / heißen / ?

_____

2. (Tobias) wissen / das / ?

_____

3. (Stefan) wann / essen / heute / ?

_____

4. (Herr Weiß) sprechen / mit Frau Schwarz / ?

_____

5. (Georg) was / sehen / in Berlin / ?

_____

6. (Herr und Frau Steuermann) kennen / München / ?

_____

7. (Otto und Antje) wissen / das noch / ?

_____

8. (Carola) nehmen / das Zimmer / ?

_____

9. (Gretchen und Anna) was / lesen / ?

_____

10. (Birgit) lesen / immer die Zeitung / ?

_____

G. Complete the following conversations with the correct form of **wissen** or **kennen**.

1. _____ ihr München?

Ja, wir studieren in München und _____ auch viele Leute.

2. Unsere Eltern _____ seine Eltern sehr gut.

_____ ihr, wo sie wohnen?

Ja, natürlich! _____ du das nicht?

3. _____ du, wo Annette studiert?

Ja, sie studiert in Berlin.

_____ sie deine Freunde, Otto und Jan?

Nein, aber ich _____ ihren Freund Kurt.

H. Choose the possessive adjective in each pair that completes the sentence correctly.

1. Tobias, wann kommen _____ Eltern nach München? (deine / deinen)

2. Wo sind _____ Zimmer? (unsere / unser)

3. Suchen Sie _____ Auto? (Ihr / Ihren)

4. Spricht er immer über _____ Buch? (seinen / sein)

5. Bleibt _____ Familie in München? (eure / euer)

6. Wir kennen _____ Freunde. (seinen / seine)

7. _____ Professor ist immer in Eile. (Unser / Unseren)

8. Wann siehst du _____ Freund wieder? (deinen / dein)

9. Wo ist _____ Bruder im Moment? (eure / euer)

10. Sehen Sie heute Abend _____ Mann? (Ihr / Ihren)

I. Rewrite, using the new subject given in parentheses. Change the possessive adjective and the verb accordingly.

BEISPIEL: Ich lese mein Buch. (du)
Du liest dein Buch.

1. Ich frage auch meine Familie. (Herr Müller)

_____

2. Siehst du deine Freunde in Wien? (wir)

_____

3. Lesen Sie Ihr Buch? (Maria)

_____

4. Sucht er seine Klasse? (ihr)

_____

5. Wann machst du deine Arbeit? (Sie)

_____

6. Wir kennen unsere Lehrer sehr gut. (Jan und Katrin)

_____

7. Meine Mutter spricht oft über ihren Bruder. (meine Freunde)

_____

8. Im Moment liest mein Vater seine Zeitung. (ich)

_____

J. You don't hear clearly what someone else has said. Ask a question about the word or phrase you missed, using **wer, wen, was, wo, wie viele,** or **wessen**.

> **BEISPIELE:** Ich suche *Annette und Jan.*
> **<u>Wen suchst du?</u>**
>
> Das ist *sein* Bleistift.
> **<u>Wessen Bleistift ist das?</u>**

1. Nächstes Semester brauche ich *ein Zimmer.*

_____

2. Meine Freundin studiert *in München.*

_____

3. Ich kenne *deine Tante.*

_____

4. Katrin fragt *ihre Eltern.*

_____

5. *Ihre Familie* wohnt auch da und hat vielleicht ein Zimmer.

_____

6. *Ihre* Mutter arbeitet in Frankfurt.

_____

7. Es ist wahrscheinlich *sein* Artikel.

_____

8. *Acht* Studenten sprechen Spanisch.

_____

K. Circle the word that does not belong in the set.

1. lesen / Zeitung / essen / Artikel / Bücher

2. Häuser / Straße / wohnen / Zimmer / ziemlich

3. nächstes Semester / heute Abend / am Mittwoch / dort / morgen

4. noch / schlecht / selten / bis / oft / wieder

5. Sonne / Wetter / Sohn / scheinen / regnen

6. um eins / in der Mensa / draußen / hier / da drüben

L. Write out in words the answers to the following addition problems.

1. Drei und siebzehn ist _____

2. Elf und vier ist _____

3. Acht und eins ist _____

4. Zwei und vierzehn ist _____

5. Fünfzehn und drei ist _____

6. Fünf und neun ist _____

7. Zwölf und null ist _____

8. Sechs und sieben ist _____

M. Respond negatively to the following or disagree, using the opposite of the word in italics. This exercise includes vocabulary from **Wortschatz 2**.

BEISPIEL: Ist das Essen *gut*?
  <u>Nein, es ist **schlecht**.</u>

1. Siehst du deine Freunde ziemlich *oft*?

   _____

2. Ist deine Familie sehr *groß*?

   _____

3. Unsere Diskussionen sind immer *wichtig*!

   _____

4. Ist deine Gruppe *hier*?

   _____

5. Findest du meinen Bruder *zu alt*?

   _____

6. Wohnst du *zusammen* mit Mario?

   _____

7. Findest du die Straßen in Wien *hässlich*?

   _____

8. Seht ihr *jemand* da drüben?

   _____

N. Beate Linke, a prospective student, is seeking help from Herr Fuchs in the student housing office. Unscramble the words and write her responses in full sentences. (*A double slash indicates a comma.*)

HERR FUCHS: Guten Tag.

BEATE LINKE: (guten / ein / ich / suchen / Tag / Zimmer / .)

_____

FUCHS: Studieren Sie hier in Heidelberg?

LINKE: (nein / wohnen / im Moment / ich / noch in Stuttgart //

_____

(aber / hier / ich / nächstes Semester / studieren / .)

_____

FUCHS: In der Hauptstraße ist ein Zimmer frei.

LINKE: (Zimmer / das / groß / sein / ?)

_____

FUCHS: Nein, es ist klein, aber schön. Die Leute sind auch freundlich.

LINKE: (gut / sehr / / nehmen / es / ich / / Dank / vielen / .)

_____

FUCHS: Bitte sehr. Nichts zu danken. Auf Wiedersehen.

suche

Student, 29 sucht dringend kleine Wohnung/Zimmer in Prenzl. Berg, Mitte, Kreuzberg, Schöneberg od. Tiergarten. Tel. 313 23 54 ab 19h

Junge Künstlerin aus England (DAAD Stipendiatin) sucht ein Zimmer in Hamburg, ab 25.09. für 10 Monate. Kann bis zu € 300 zahlen. 694 86 39

Studentin, 26 sucht 1 Zimmer in netter WG in Berlin ab 01.10.94. Tel. 0711/350 87 32; ich rufe zurück

Englischlehrerin sucht Wohnung / Zimmer Telefon Mo-Fr. bis 19:00. 312 76 01

Prenzlauer Berg, Jutta (22) u. Tina (21) suchen genau dort eine Wohnung-Altbau - hell - günstig. Tel. 442 11 43

O. Horst and Gabi meet one cold, rainy day. Horst has made travel plans to get away from it all. Supply his half of the conversation. Make sure his response logically leads to Gabi's next words.

GABI: Grüß dich, Horst.

HORST: _____

_____

GABI: Ganz gut, aber das Wetter ist heute sehr schlecht.

HORST: _____

_____

GABI: Wirklich, nach Italien? Wann kommst du wieder zurück?

HORST: _____

_____

GABI: Also, gute Reise! Bis dann!

HORST: _____

_____

KAPITEL 3

A. Complete the sentences with the correct form of the modal verb in parentheses.

> **BEISPIEL:** _____ Jutta zu Hause bleiben? (wollen)
> __Will__ Jutta zu Hause bleiben?

1. Ich _____ eine Pause machen. (wollen)

2. _____ du Obst essen? (möchte)

3. _____ ihr eure Professoren immer verstehen? (können)

4. Hier _____ man nicht halten. (dürfen)

5. _____ du noch eine Stunde laufen? (wollen)

6. Ich _____ immer viel tragen. (müssen)

7. Wohin _____ ihr nächstes Semester fahren? (möchte)

8. Wann _____ deine Mutter nach Hamburg kommen? (können)

9. _____ wir noch ein bisschen bleiben? (dürfen)

10. Ihr _____ bald nach Hause gehen. (sollen)

B. Compose sentences, using the cues provided. The double slash indicates a comma.

1. ihr / können / Deutsch / lernen / / aber / ihr / müssen / viel / sprechen / .

_____

2. dürfen / du / bis elf / bleiben / ?

_____

3. mein Freund / wollen / noch / ein / Zimmer / suchen / .

_____

4. er / möchte / das / machen // aber / er / dürfen / es / nicht / .

_____

5. sollen / man / immer / Uhr / tragen / ?

_____

C. Life in your household is quite busy. Friends are trying to make plans with you. Check your schedule for the week to see how you should answer.

BEISPIEL: am Montag: Kannst du heute das Essen kochen? (möchte)
Nein. **Ich möchte ein Buch lesen.**

1. _am Dienstag:_ Musst du heute oder morgen kochen? (sollen)

Ich _____

2. _am Mittwoch:_ Können wir zu Horst gehen? (müssen)

Nein, ich kann nicht. Ich _____

3. _am Donnerstag:_ Wollt ihr uns heute Abend besuchen? (müssen)

Wir möchten euch besuchen, aber _____

4. _am Freitag:_ Musst du heute im Büro arbeiten? (wollen)

Nein, ich _____

5. _am Samstag:_ Willst du heute eine Pause machen? (möchte)

Nein, ich _____

6. _am Sonntag:_ Kommt Thomas bald? (wollen)

Ja, er _____

D. Complete the sentences with the appropriate forms of the verbs in parentheses.

1. Karin _____ um eins und dann _____ sie eine Stunde.

(essen)   (schlafen)

2. Heute Abend _____ sie bis spät im Büro und _____ um acht

(arbeiten)   (fahren)

   nach Hause.

3. _____ du bald nach Hause oder _____ du es schön hier?

(fahren)   (finden)

4. Ich _____ heute zu Hause und _____ gar nichts.

(bleiben)   (tun)

5. Wir _____ die Stühle. _____ ihr den Tisch?

(tragen)   (tragen)

6. _____ du bitte hier? Ich _____ nicht, wo wir sind.

(halten)   (wissen)

7. Unsere Großmutter _____ nicht mehr gut und meine Mutter

(sehen)

   _____ für sie.

(kochen)

8. Ich _____ jetzt den Artikel. _____ du ihn dann?

(schreiben)   (lesen)

9. Es _____ viele Zimmer, aber der Tourist _____ sie alle schlecht.

(geben)   (finden)

10. _____ du heute deine Arbeit oder _____ du noch einen Tag?

(schaffen)   (brauchen)

E. Answer each of the following questions negatively, using **nicht**.

BEISPIEL: Besucht er ihn heute?
Nein, heute **besucht er ihn nicht.**

1. Weiß Gisela die Telefonnummer?

   Nein, die Telefonnummer _____

2. Arbeitet Klaus heute?

   Nein, er _____

3. Kennt er deine Schwestern?

   Nein, meine Schwestern _____

4. Liest der Lehrer nur Zeitungen?

   Nein, er _____

5. Spricht er heute zu laut?

   Nein, heute _____

6. Fliegen die Schüler nach Berlin?

   Nein, sie _____

7. Studiert Karl in Leipzig?

Nein, er _____

8. Soll ich ihn fragen?

Nein, du _____

9. Können Sie das tun?

Nein, das _____

10. Sind die Hausaufgaben interessant?

Nein, sie _____

11. Ist das eigentlich unser Geld?

Nein, eigentlich _____

12. Sind das deine Hefte?

Nein, das _____

F. Reply negatively to the following questions, using **kein**.

BEISPIEL: Haben Sie Geld?
Nein, ich habe kein Geld.

1. Haben Sie einen Bruder?

_____

2. Verdienst du Geld?

_____

3. Braucht ihr ein Auto?

_____

4. Haben Schmidts Kinder?

_____

5. Sucht deine Freundin ein Zimmer?

_____

6. Kann sie Deutsch?

_____

7. Wollen Sie eine Pause machen?

_____

G. People are asking you various questions about yourself. Say these things are not true, using **nicht** or **kein** as necessary.

> BEISPIEL: Du fährst oft nach Hause, nicht wahr?
> **Nein, ich fahre nicht oft nach Hause.**

1. Du bist fit, nicht?

_____

2. Du hast Geld, nicht?

_____

3. Du kochst heute, nicht wahr?

_____

4. Sie wohnen in Freiburg, nicht?

_____

5. Sie sind der Lehrer, nicht wahr?

_____

6. Du brauchst ein Auto, nicht wahr?

_____

H. Contradict these negative statements and questions, beginning your response with **doch**.

> BEISPIEL: Ich spreche nicht gut Deutsch.
> **Doch, du sprichst sehr gut Deutsch!**

1. Musst du nicht die Hausaufgaben machen?

_____

2. Ich habe nicht immer genug Zeit.

_____

3. Es gibt hier keine Zeitungen auf Deutsch.

_____

4. Können deine Freunde kein Deutsch?

_____

5. Willst du nicht im Sommer nach Europa?

_____

I. Write out the following years in words as you would say them in German. Remember to spell numbers above twenty as one word.

BEISPIEL: 1749   siebzehnhundertneunundvierzig

1. 1989 _____

2. 1848 _____

3. 2000 _____

4. 2005 _____

Quittung

Netto EUR	216. 80
16 % MwSt./EUR	34. 70
Gesamt EUR	251. 50

Nr. 284

EUR in Worten Zweihunderteinundfünfzig   Cent wie oben

von Marion Kulas

für 2 Übernachtungen

dankend erhalten.

Ort/Datum Dresden, 16. August 2002

Buchungsvermerke   Stempel/Unterschrift des Empfängers

Write out the following amounts in euros as you would say or write them.

5. € 25,– _____

6. € 81,– _____

7. € 66,– _____

8. € 333,– _____

9. € 1.060,– _____

10. € 1.500,– _____

J. Add a few new compound words to your vocabulary by combining words that you have learned up through this lesson. Try to guess the English equivalent. Include the appropriate definite article and plural ending. This exercise includes vocabulary from **Wortschatz 2**.

BEISPIEL: das Haus und die Tür	*die Haustür*	*-en*	*front door*
1. die Wand und die Uhr			
2. das Haus und die Aufgabe			
3. die Kinder und das Buch			
4. das Haus und die Frau			
5. der Berg und die Straße			
6. die Mutter und die Sprache			
7. die Tage und das Buch			
8. die Umwelt und das Problem			

K. Andrea is talking to her English teacher. Express their conversation in German. The pupil addresses the teacher with **Sie** and the teacher addresses the pupil with **du**. This exercise includes vocabulary from **Wortschatz 2**.

ANDREA: Excuse me, Mr. Hartmann.

_____

LEHRER: Hello, Andrea.

_____

ANDREA: May I ask you something?

_____

LEHRER: Yes. What would you like to know?

_____

ANDREA: May I do the homework for Friday?

_____

LEHRER: You are supposed to do it for tomorrow, aren't you?

_____

ANDREA: Yes, but I have to work tonight.

_____

LEHRER: Do you have to earn money?

_____

ANDREA: Yes, I would like to take a trip to America.

_____

LEHRER: Then you have to earn money *and* learn English.

_____

L. Find the verb in the list that can best be combined with each group of words. This exercise includes vocabulary from **Wortschatz 2.**

lernen	besprechen	tragen
machen	entscheiden	besuchen

1. einen Mantel / eine Hose / Turnschuhe / eine Jacke   _____

2. Musik / eine Fremdsprache / Deutsch / Englisch   _____

3. eine Pause / die Hausaufgaben / die Arbeit   _____

4. Umweltprobleme / einen Artikel / die Hausaufgabe   _____

5. unsere Familie / dich / das Gymnasium   _____

6. bald / gar nicht / heute / schnell   _____

M. Supply the word that identifies each group of words.

BEISPIEL: Montag / Dienstag / Mittwoch   _____*Tage*_____

1. gelb / blau / rot / weiß   _____

2. ein Hemd / ein Pulli / Schuhe   _____

3. mein Sohn / meine Tante / meine Eltern   _____

4. Deutsch / Englisch / Russisch   _____

KAPITEL

4

A. Complete each sentence with the German prepositional phrase cued in English.

> **BEISPIEL:** Gisela geht _____. (*without her boyfriend*)
> Gisela geht **ohne ihren Freund.**

1. Der Lehrer kommt nie _____. (*without our homework*)

2. Können wir heute _____ fahren? (*through the mountains*)

3. Ich habe nichts _____. (*against you*, singular familiar)

4. Wir brauchen ein Zimmer _____. (*for the child*)

5. Wir können auch _____ warten. (*until tomorrow*)

6. Ich möchte noch einmal _____ laufen. (*around the lake*)

7. Ich mache das _____. (*for you*, plural familiar)

8. Gehst du _____ schon schlafen? (*at ten*)

9. Das sollen wir nicht _____ machen. (*without her*)

B. Complete each sentence with a word from the following list. In some cases more than one word is possible.

> dich   bis   ohne   um   das   ihn   für   gegen

1. Er hat nie genug Zeit _____ uns.

2. Elke arbeitet gern für _____.

3. Meine Großeltern machen eine Reise _____ die Welt.

4. Wir können unsere Arbeit _____ Montag machen.

5. Wir müssen _____ vier Uhr dort sein.

6. Soll ich um _____ Hotel fahren?

7. Ich habe deine Freundin gern und will nichts _____ sie sagen.

8. Ich will noch nicht nach Hause. Ihr könnt _____ mich gehen.

9. Nein, ohne _____ wollen wir nicht gehen.

C. Part 1: Complete the accusative time phrases with the appropriate word from the list. Pay attention to gender and singular/plural as you complate each phrase. Words may be used more than once.

Woche	Tag	ein Uhr	Jahre	Stunden
Minute	Stunde	Abend	Morgen	Wochen
Jahr	Semester	zwei Uhr	Tage	Minuten

1. dieses _____*Jahr*_____

_____

2. jede _____

_____

_____

3. einen _____

_____

_____

4. ein _____

_____

5. um _____

_____

6. drei _____

_____

_____

_____

_____

_____

Part 2: Using a time expression from above, create possible answers to the following questions. Write complete sentences, placing the time phrase (adverb) directly after the verb or the object pronoun.

BEISPIEL: Wie oft hört man diese Musik?
<u>Man hört sie jede Minute (*oder*) Stunde (*oder*) Woche.</u>

1. Wann beginnt heute das Seminar?

_____

2. Wie lange wollt ihr in München bleiben?

_____

3. Wann lernst du endlich richtig Deutsch?

_____

4. Wie lange können wir deine Freunde besuchen?

_____

5. Wie oft kommt diese Zeitung?

_____

D. Use the elements below to write a suggestion or command. Address the person named in parentheses with the appropriate imperative form.

BEISPIEL: machen / doch / nicht / so viel (Karin)
Mach doch nicht so viel, Karin.

1. fahren / mal / zu / Schmidts (Stephan)

_____

2. gehen / doch / nach Hause (wir)

_____

3. bitte / sein / doch / freundlich (Klaus und Rolf)

_____

4. sprechen / bitte / nicht / so schnell (Inge)

_____

5. arbeiten / doch / nicht allein (Martin)

_____

6. bleiben / doch / noch eine Stunde (Frau Beck)

_____

7. lesen / mal / den Zeitungsartikel / von heute (wir)

_____

8. essen / doch / wenigstens / ein Brötchen (Anita)

_____

9. sein / doch / nicht / so pessimistisch (Herr Keller)

_____

10. sein / doch / ehrlich (Gabi)

_____

E. A former roommate has been away for a while and is asking whether things have changed. Use the cues in parentheses in your response.

> **BEISPIEL:**   Hast du noch ein Auto? (nein / kein mehr)
> **<u>Nein, ich habe kein Auto mehr.</u>**

1. Kannst du kein Englisch mehr? (doch / noch)

_____

2. Trinkst du noch Bier? (nein / kein mehr)

_____

3. Wohnst du noch allein? (nein / nicht mehr)

_____

4. Hast du schon Kinder? (nein / noch kein)

_____

5. Studiert deine Schwester schon in München? (nein / noch nicht)

_____

6. Leben deine Großeltern nicht mehr? (doch / noch)

_____

F. Answer each question, beginning with the adverb in parentheses.

> **BEISPIEL:**   Können Sie schon Deutsch? (natürlich)
> **<u>Natürlich kann ich schon Deutsch.</u>**

1. Können wir heute entscheiden? (sicher)

_____

2. Bekommen wir hier noch ein Zimmer? (selbstverständlich)

_____

3. Musst du heute Abend zu Hause bleiben? (ja, leider)

_____

4. Regnet es morgen? (hoffentlich)

_____

5. Die Leute sprechen langsam, nicht? (ja, Gott sei Dank)

_____

6. Habt ihr Angst? (natürlich)

_____

G. Two acquaintances are discussing their vacation plans. Complete the text of the conversation below, filling in the blanks with the *correct form* of an appropriate word from the lists. For some blanks you may find more than one possibility.

wann	doch	dort	ich	brauchen	eine Reise
dieses Jahr in Urlaub	eigentlich	überall	Sie	mögen	Österreich
Herbst	lieber	ohne	man	wollen	
wieder		dunkel		gern hören	
schon		zu Fuß		bekommen	
				können	
				werden	
				bleiben	

FRAU WOLF: Wohin wollen Sie _____ fahren?

Fahren Sie wieder nach _____?

HERR BIERMANN: Ja, hoffentlich _____ wir _____ nach Salzburg.

FRAU WOLF: Was _____ Sie dort machen? _____ Sie

_____ Musik?

HERR BIERMANN: _____ wandern wir _____.

Meine Frau und _____ _____ die Landschaft dort.

FRAU WOLF: _____ man einen Wagen?

HERR BIERMANN: Nein, auch _____ Auto kann _____ genug sehen.

_____ gehen alle _____ .

FRAU WOLF: _____ wollen Sie fahren?

HERR BIERMANN: Wahrscheinlich im _____ . Da _____ wir

_____ ein Hotelzimmer. Nur _____ es leider im

Herbst schnell _____ .

FRAU WOLF: Fahren _____ _____ im Mai! Da wird es _____ warm

und es _____ lange hell.

H. List the words and phrases under the appropriate heading below. This exercise includes vocabulary from **Wortschatz 2**.

die Fremdsprache	das Tal	der Rock	die Deutschstunde
der Wald	der Hügel	das Meer	die Brille
das Seminar	regnen	kühl	der Schüler
das Hemd	der Baum	tragen	der Mantel
die Luft	sonnig	es schneit	Hausaufgaben machen
die Turnschuhe	nächstes Semester	der Fluss	der Berg

Wetter	*Kleidung*	*Schule und Universität*	*Landschaft*
_____	_____	_____	_____
_____	_____	_____	_____
_____	_____	_____	_____
_____	_____	_____	_____
_____	_____	_____	_____
	_____	_____	_____
			_____

I. Compose a dialogue between yourself and a travel agent. Use the following suggestions as a guide. You want to make your vacation plans. You would like to go to America. How long can you stay? What do you want to see? Do you need a hotel, or are you visiting friends? How is the weather at this time of year? When do you have to be back?

ER/SIE: _____

ICH: _____

ER/SIE: _____

_____

_____

_____

_____

_____

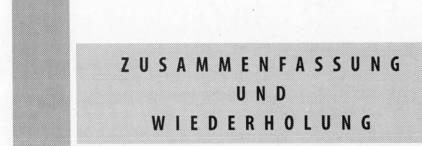

ZUSAMMENFASSUNG UND WIEDERHOLUNG

Summary and Review (Kapitel 1–4)

The Summary and Review section follows every fourth Workbook chapter of *Neue Horizonte.* In it you will find a review of the structures and language functions of the three or four preceding chapters. These are not detailed grammar explanations, but rather tables and summaries of structures you have already learned. In the page margins are cross references to the more complete explanations in the **Grammatik** sections of your textbook. Although this section emphasizes form and structure rather than spoken communication, each **Zusammenfassung und Wiederholung** also reviews useful colloquial expressions and slang words and phrases from the preceding chapters.

This section can be used both for current review and for future reference. To use the following **Zusammenfassung und Wiederholung** most effectively for review of Chapters 1–4, first look at Workbook pp. 3–33 to recall and summarize what you have learned. Then test your understanding with the *Test Your Progress* quiz. Answers are provided in the Answer Key at the end of this Workbook/Laboratory Manual/Video Workbook. If you need to review a specific grammar topic, refer to the textbook page number noted in the margin.

FORMS

1. Verbs

A. Infinitive: ends in **-en** or **-n**   p. 28

komm**en**	*to come*
tun	*to do*
arbeit**en**	*to work*
heiß**en**	*to be called*

B. Stem: infinitive minus **-en** or **-n**   p. 28

komm-
tu-
arbeit-
heiß-

C. Present tense: stem + personal endings

1. Basic paradigms

p. 28

ich	komm**e**	wir	komm**en**
du	komm**st**	ihr	komm**t**
er, es, sie	komm**t**	sie, Sie	komm**en**

p. 29

Stems ending in **-t** or **-d**			
ich	arbeite	wir	arbeiten
du	arbeit**est**	ihr	arbeit**et**
er, es, sie	arbeit**et**	sie, Sie	arbeiten

p. 54

Stems ending in **-s**, **-ß**, or **-z**			
ich	heiße	wir	heißen
du	heiß**t**	ihr	heißt
er, es, sie	heißt	sie, Sie	heißen

2. Stem-vowel change: only in **du-** and **er-**forms

pp. 54, 80

	sehen e → ie	sprechen e → i	tragen a → ä	laufen au → äu
ich	sehe	spreche	trage	laufe
du	**siehst**	**sprichst**	**trägst**	**läufst**
er, es, sie	**sieht**	**spricht**	**trägt**	**läuft**

Similarly:

lesen (**liest**)	besprechen (**bespricht**)	fahren (**fährt**)
	essen (**isst**)	halten (**hält**)
	geben (**gibt**)	schlafen (**schläft**)
	nehmen (**nimmt**)	

3. Verbs with irregular present tense

p. 30

sein *to be*			
ich	**bin**	wir	**sind**
du	**bist**	ihr	**seid**
er, es, sie	**ist**	sie, Sie	**sind**

p. 51

haben *to have*			
ich	**habe**	wir	**haben**
du	**hast**	ihr	**habt**
er, es sie	**hat**	sie, Sie	**haben**

pp. 109–110

werden *to become*			
ich	**werde**	wir	**werden**
du	**wirst**	ihr	**werdet**
er, es, sie	**wird**	sie, Sie	**werden**

p. 56

wissen *to know (facts)*			
ich	**weiß**	wir	**wissen**
du	**weißt**	ihr	**wisst**
er, es, sie	**weiß**	sie, Sie	**wissen**

4. Modal verbs

   a. Conjugation: changed stem in singular, no ending for **ich-** and **er-**forms

p. 75

dürfen *to be allowed to, may*			
ich	**darf**	wir	**dürfen**
du	**darfst**	ihr	**dürft**
er, es, sie	**darf**	sie, Sie	**dürfen**

Similarly:

pp. 75–76

können (ich **kann**)	*to be able to, can*
mögen (ich **mag**)	*to like*
müssen (ich **muss**)	*to have to, must*
sollen (ich **soll**)	*to be supposed to, should*
wollen (ich **will**)	*to want to*

Mögen occurs most often in the following form:

p. 76

ich möchte *I would like to*			
ich	**möchte**	wir	**möchten**
du	**möchtest**	ihr	**möchtet**
er, es, sie	**möchte**	sie, Sie	**möchten**

   b. Modal verb + infinitive

   The complementary infinitive comes at the end of the sentence or clause.

p. 76

modal	*infinitive*
Ich **darf** heute Abend nicht	**mitkommen.**
Willst du denn gar nichts	**trinken?**
Robert **möchte** Lehrer	**werden.**

   c. Infinitive omitted (implicit **fahren, gehen, haben, machen**, etc.)

p. 78

modal	
Ich **muss**	in die Schule.
Dürfen	wir denn das?
Hannah **möchte**	ein Bier.

   The infinitive **sprechen** is also omitted in the following idiom:

   Ich **kann** Deutsch.

2. Article or possessive adjective + noun

   A. Definite article (**der, das, die**) + noun

pp. 33, 51

		Singular	*Plural*	
masculine	nom.	**der** Mann		
	acc.	**den** Mann		
neuter	nom.	**das** Kind	nom.	**die** Männer, Kinder, Frauen
	acc.		acc.	
feminine	nom.	**die** Frau		
	acc.			

B. Ein-words (indefinite article and possessive adjectives)   pp. 33, 51, 57–58

	ein	(when unstressed) *a, an;* (when stressed) *one*
	kein	*not a, no*
possessive adjectives	**mein**	*my*
	dein	*your*
	sein	*his (its)*
	sein	*its*
	ihr	*her (its)*
	unser	*our*
	euer	*your*
	ihr (Ihr)	*their (your)*

C. Ein-word + noun   p. 51

		Singular		*Plural*
masculine	*nom.*	**kein** Mann		
	acc.	**keinen** Mann		
neuter	*nom.*	**kein** Kind	*nom.*	**keine** Männer, Kinder, Frauen
	acc.		*acc.*	
feminine	*nom.*	**keine** Frau		
	acc.			

3. Pronouns

A. Personal pronouns: replace nouns   pp. 27, 53

		Singular		*Plural*	
		nom.	**acc.**	**nom.**	**acc.**
1st person		ich	mich	wir	uns
2nd person familiar		du	dich	ihr	euch
2nd person formal		Sie	Sie	Sie	Sie
3rd person	*masculine*	er	ihn	sie	sie
	neuter	es	es		
	feminine	sie	sie		

B. Indefinite pronoun man: refers to people in general   p. 85

man = one, they, people, we, you

The indefinite pronoun **man** can only be the *subject* of a sentence and is always used with a verb in the third-person singular.

In Deutschland wandert man
  gern am Sonntag.

*In Germany they (people) like to go
  hiking on Sunday.*

4. Prepositions with accusative case

p. 101

bis	*until, by*
durch	*through*
für	*for*
gegen	*against; around, about (with times)*
ohne	*without*
um	*around (the outside of); at (with time)*

FUNCTIONS

1. Making statements

Declarative sentences: verb in second position pp. 34–35

Die Studenten	**haben**	keine Zeit.
Heute Abend	**kommt**	Sascha.
Manchmal	**kaufen**	wir eine Pizza.
Ich	**kann**	leider mein Geld nicht finden.

2. Asking questions

A. Yes/no questions: verb first p. 36

Kommt	er?
Wohnen	Sie in Berlin?
Müsst	ihr gehen?

B. Information questions: question word first p. 36

Was	trinkst du gern?
Warum	sagen Sie das?
Für wen	arbeiten Sie denn?
Woher	kommst du?
Wohin	fährst du im Sommer?
Wessen	Pulli ist das?

Other question words: **wann, wie, wo, wer, wen, wie lange, wie viele, wie oft**

3. Giving commands and suggestions

A. **wir**-imperative: suggestion—*"Let's do something"* p. 104

Sprechen wir über unsere Probleme.
Gehen wir nach Hause.

B. **Sie**-imperative p. 105

Warten Sie noch ein bisschen.
Lesen Sie das Buch.

C. **du**-imperative pp. 106–107

   1. Basic form: verb stem

      Komm doch um neun.
      Frag mich nicht.
      Lauf schnell, Konrad!

   2. Verbs with stem-vowel change **e → i** *or* **ie**

      Lies das Buch. (**lesen**)
      Sprich bitte nicht so schnell. (**sprechen**)

3. Verbs with stems ending in **-t** or **-d**: stem + **e**

> **Arbeite** nicht so viel.
> **Warte** noch ein bisschen.

D. **ihr**-imperative   p. 108

> **Wartet** noch ein bisschen.
> **Lest** das Buch.

E. Imperative of **sein**   pp. 108–109

> **Seien wir** doch freundlich.
> **Seien Sie** doch freundlich, Herr Schmidt.
> **Seid** doch freundlich, Kinder.
> **Sei** doch freundlich, Anna.

4. Negating

A. kein   p. 83

1. **kein** negates **ein** + *noun*

> Hast du **einen Bruder**?
> Nein, ich habe **keinen Bruder**.

2. **kein** negates nouns without articles

> Braucht sie **Geld**?
> Nein, sie braucht **kein Geld**.

B. nicht

1. **nicht** follows: p. 81

   a. the subject and the inflected verb

> Ich esse.
> Ich esse **nicht**.

   b. the direct object

> Sie liest das Buch.
> Sie liest das Buch **nicht**.

   c. expressions of definite time

> Sie kommen morgen.
> Sie kommen morgen **nicht**.

2. **nicht** precedes verbal complements (the second part of the predicate)   p. 82

   a. adverbs of manner, indefinite time, and place

> Der Lehrer spricht schnell.
> Der Lehrer spricht **nicht** schnell.

   b. predicate adjectives

> Der Wald ist dunkel.
> Der Wald ist **nicht** dunkel.

   c. predicate nominatives

> Er ist der Chef.
> Er ist **nicht** der Chef.

   d. prepositional phrases showing destination or location

      Sie fliegt nach Wien.
      Sie fliegt **nicht** nach Wien.

   e. infinitives complementing verbs

      Du sollst es kaufen.
      Du sollst es **nicht** kaufen.

C. Negating **schon** and **noch**   pp. 110–111

   1. **schon** ≠ { **noch nicht**
                      noch kein- [+ *noun*]

      Ist Peter **schon** hier? Nein, er ist **noch nicht** hier.
      Habt ihr **schon** Kinder? Nein, wir haben **noch keine** Kinder.

   2. **noch** ≠ { **nicht mehr**
                     kein- [+ *noun*] **mehr**

      Wohnt Ute **noch** hier? Nein, Ute wohnt **nicht mehr** hier.
      Hast du **noch** Angst? Nein, ich habe **keine** Angst **mehr**.

5. Specifying time and place

Word order of adverbs: TIME before PLACE (*reverse of English*)   p. 37

Dr. Bachmann fliegt **morgen**   *Dr. Bachmann is flying **to Europe***
   nach Europa.   *tomorrow.*
Bleiben wir **am Mittwoch zu**   *Let's stay **home on Wednesday**.*
   Hause.

6. Expressing when, how often, and how long   p. 103

These time phrases without prepositions are in the accusative case.

Hoffentlich kann sie **dieses Semester** Deutsch lernen.
Jede Woche bekomme ich eine Postkarte von Christa.
Wir waren nur **einen Tag** in Rom, aber es hat uns gefallen.

7. Translating English *to like*

A. *to like to do something:* verb + **gern(e)**   p. 112

   Ich **schwimme gern.**   *I like to swim.*
   Machen Sie das **gerne**?   *Do you like to do that?*

B. *to like something or someone:* **mögen**   p. 112

   Ich **mag** dich sehr.   *I like you a lot.*
   Die Farbe **mag** ich nicht.   *I don't like the color.*

C. *would like to:* **möchte** + infinitive   p. 113

   Ich möchte etwas **sagen.**   *I would like to say something.*
   Möchten Sie eine Zeitung   *Would you like to buy a*
      kaufen?   *newspaper?*

USEFUL IDIOMS AND EXPRESSIONS

You should be able to use all these idioms and expressions actively.

1. Personal questions, feelings, and emotions

Wie geht's?/Wie geht es Ihnen (dir)?
Bist du heute müde/gut gelaunt/schlecht gelaunt/munter/sauer/glücklich?
Woher kommst du?
Wo wohnst du denn?
Wann hast du Geburtstag?
Wie alt bist du?
Was ist los?

2. Greetings and partings

Guten Morgen!	Grüß Gott!/Grüß dich!	Tschüss!
Guten Tag!	Gute Reise!	Bis dann! Bis nachher!
Guten Abend!	Schönes Wochenende!	Bis Montag.
Hallo!	Auf Wiedersehen!	

3. Polite expressions

Danke!	Entschuldigung!	Nichts zu danken!
Vielen Dank!	Bitte!	

4. Reactions and opinions

Gott sei Dank!	Das mache ich gern.
Fantastisch! / Toll! / Super!	Das freut mich.
Hoffentlich!	Das tut mir Leid.
Selbstverständlich!	Lieber nicht.
Um Gottes Willen!	Warte mal!
Mensch!	

Es geht. ≠ Es geht nicht.
Du hast Recht. / Stimmt schon. / Das finde ich auch.
Stimmt schon, aber ... ≠ Stimmt nicht.

5. Time and place

Bist du heute (morgen) zu Hause?	Wie spät ist es? Es ist halb neun.
Fährst du bald nach Hause?	Gibt es noch einen Stuhl? Ja, da drüben.
Im Norden ist es im Sommer kühl.	

6. Colloquialisms

wunderschön	fantastisch	uralt
prima	stinklangweilig	blitzschnell
super	todmüde	

TEST YOUR PROGRESS

Check your answers with the Workbook Answer Key at the end of this Workbook/Laboratory Manual/ Video Workbook.

A. Provide the verb form to agree with the German subject. Then give the English infinitive.

1. scheinen: es _____   to _____

2. spielen: die Kinder _____   to _____

3. gehen: ihr _____   to _____

4. bedeuten: es _____   to _____

5. meinen: ich _____   to _____

6. laufen: er _____   to _____

7. stimmen: es _____   to _____

8. schlafen: du _____   to _____

9. fahren: wir _____   to _____

10. besuchen: ihr _____   to _____

11. wollen: sie (*sing.*) _____   to _____

12. dürfen: ich _____   to _____

13. werden: du _____   to _____

14. schneien: es _____   to _____

15. bekommen: Sie _____   to _____

16. lesen: du _____   to _____

17. tragen: ihr _____   to _____

18. können: er _____   to _____

19. warten: ich _____   to _____

20. sollen: er _____   to _____

B. Rewrite each sentence with the new subject provided.

1. Ich möchte schon nach Berlin. (Barbara)

   _____

2. Ich will noch ein bisschen bleiben. (die Studenten)

   _____

3. Was tragen die Kinder am Freitag? (du)

_____

4. Nehmen Sie ein Brötchen? (Karin)

_____

5. Lesen alle Menschen die Zeitung? (du)

_____

6. Schlaft ihr bis neun? (er)

_____

7. Wisst ihr, wie er heißt? (Gisela)

_____

8. Warten wir bis zehn? (er)

_____

9. Essen wir Pommes frites? (Oliver)

_____

10. Wir laufen durch den Wald. (Horst)

_____

C. Give the definite article and plural forms of the following nouns.

BEISPIEL: _____ Buch / die _____
      das Buch / die _**Bücher**_

1. _____ Schule / die _____

2. _____ Hemd / die _____

3. _____ Mutter / die _____

4. _____ Schuh / die _____

5. _____ Sprache / die _____

6. _____ Freund / die _____

7. _____ Freundin / die _____

8. _____ Bruder / die _____

9. _____ Schwester / die _____

10. _____ Klischee / die _____

11. _____ Sohn / die _____

12. _____ Tochter / die _____

13. _____ Haus / die _____

14. _____ Zeitung / die _____

15. _____ Beruf / die _____

16. _____ Land / die _____

17. _____ Stuhl / die _____

18. _____ Frau / die _____

19. _____ Lehrer / die _____

20. _____ Lehrerin / die _____

D. Answer the following questions negatively.

1. Bist du schon müde? _____

2. Wohnt ihr noch zu Hause? _____

3. Ist sie noch Studentin? _____

4. Kennst du schon meine Schwester? _____

5. Habt ihr schon Kinder? _____

6. Besitzen Sie noch ein Auto? _____

7. Muss ich immer noch hier bleiben? _____

8. Haben Sie noch Angst? _____

E. Fill in the blank with the correct article or correct ending. Some blanks may need to be left empty.

1. Mein_____ Freunde haben morgen kein_____ Zeit.

2. Für _____ Fernseher habe ich im Moment kein _____ Geld.

3. Ihr_____ Sohn habe ich sehr gern.

4. Hoffentlich hast du nichts gegen mein _____ Bruder.

5. Kaufst du etwas für unser_____ Essen morgen?

6. Leider muss ich ohne mein_____ Freunde gehen.

7. _____ Studenten müssen zu Fuß gehen.

8. Ich kenne Ihr _____ Familie nicht.

9. Mein _____ Vater und mein _____ Mutter sind jetzt zu Hause.

10. _____ Klima ist oft sehr kalt, aber Gott sei Dank habe ich _____

Winter gern.

F. Fill in the blanks with the correct pronouns or possessive adjectives.

1. Das ist nicht _____ Buch. (*her*)

2. Kennst du _____ gut? (*her*)

3. Geht _____ jetzt nach Hause? (*you*)

4. Ich möchte _____ Freunde besuchen. (*his*)

5. Das kann nicht _____ Vater sein. (*her*)

6. _____ Vater kenne ich leider noch nicht. (*her*)

7. Kinder, ich kann _____ nicht sehen. (*you*)

8. Sind das _____ Kinder, Frau Overholzer? (*your*)

9. Ist _____ Freund Amerikaner, Frau König? (*your*)

10. Ich will _____ morgen sehen. (*them*)

G. Wie sagt man das auf Deutsch?

1. I like you a lot.

   _____

2. Would you like to go swimming?

   _____

3. Don't you like my friends?

   _____

4. I like to hike.

   _____

5. I'd like to be alone.

   _____

6. I do not like the climate.

   _____

7. I like to be alone.

   _____

KAPITEL 5

A. Add the indirect object cued in parentheses. The cue is in the nominative case, but you must use the dative case for the indirect object. Then rewrite the sentence, replacing the noun indirect object with the correct pronoun.

BEISPIEL: Geben Sie _____ das Geld. (mein Bruder)
Geben Sie **meinem Bruder** das Geld.
Geben Sie **ihm** das Geld.

1. Vielleicht kaufe ich _____ heute eine Brezel. (das Kind)

    _____

2. Selbstverständlich zeigt Hans _____ das Motorrad. (seine Eltern)

    _____

3. Bitte beschreiben Sie _____ das Haus. (mein Mann)

    _____

4. Natürlich schreibe ich _____ eine Postkarte. (die Schüler)

    _____

5. Manchmal mache ich _____ das Frühstück. (meine Frau)

    _____

B. Choose the word that correctly completes the sentence, and write it in the blank.

1. Kauft sie _____ Mutter eine Bluse? (ihre / ihrer)

2. Wie viel schenkst du _____? (mir / mich)

3. Wer möchte _____ Bücher kaufen? (meine / meinen)

4. Der Professor gibt _____ immer genug Zeit. (ihnen / sie)

5. _____ besuchst du heute Abend? (wem / wen)

6. Wir zeigen _____ am Freitag die Stadt, Frau Becker. (Sie / Ihnen)

7. _____ schreibt sie die Karte? (wer / wem)

8. Kannst du _____ heute fragen? (ihm / ihn)

C. As you read the text of two phone calls below, supply the correct form of the missing personal pronoun or possessive adjective.

1. „Meine Cousine besucht _____ bald. … Kennst du _____ schon? Ich möchte
(*us*)   (*her*)

_____ die Stadt zeigen. Wir können sogar mit _____ Auto nach Salzburg
(*her*)   (*her*)

fahren … Bleibt _____ Schwester noch bis Dienstag? … Vielleicht könnt _____
(*your*-sing.)   (*you*-pl.)

uns besuchen und wir können mit _____ in die Berge fahren."
(*you*-pl.)

2. „Guten Tag, Frau Bachmann. Wie geht es _____? … Ich lese im Moment _____
(*you*-formal)   (*your*)

Artikel. Können _____ noch ein bisschen warten? Ich bringe ihn _____ am
(*you*)   (*you*)

Montag wieder. Zwei Journalisten aus Amerika möchten _____ kennen lernen.
(*you*)

Vielleicht können wir am Freitag zu _____ gehen. … _____ Hotel ist in der
(*them*)   (*Their*)

Hauptstraße."

D. Answer the following questions with complete sentences in German according to the information in the table below. Use pronouns where possible.

Wer schenkt wem was?

	Freundin	Bruder	Schwester	Eltern
Sabine	eine Tasche	?	eine Uhr	Theaterkarten
Stefan	einen Kugelschreiber	einen Fußball	?	ein Buch
Frau Keller	eine Bluse	einen Roman	ein Bild	?
Horst und Rolf	?	einfach nichts	ein Wörterbuch	eine Urlaubsreise

BEISPIEL: Wissen Sie, was Frau Keller ihrer Schwester schenkt?
<u>**Sie schenkt ihr ein Bild.**</u>

1. Wissen Sie, was Sabine ihrer Schwester kauft?

_____

2. Wissen Sie, was Frau Keller ihrem Bruder kauft?

_____

3. Was schenken Horst und Rolf ihrer Schwester?

_____

4. Wem schenkt Stefan einen Fußball?

_____

5. Wem schenkt Frau Keller eine Bluse?

_____

6. Was schenken Horst und Rolf ihren Eltern?

_____

7. Wer kauft seiner Freundin einen Kugelschreiber?

_____

8. Wer schenkt seinen Eltern Theaterkarten?

_____

Here are four more gifts. Put them into the empty boxes on the grid marked with question marks. Then write statements about who gives them to whom.

eine Krawatte   einen Pullover   Blumen (*flowers*)   eine Brezel

BEISPIEL: *Horst und Rolf schenken ihrer Freundin Blumen.*

_____

_____

_____

_____

E. Choose the dative preposition that correctly completes the sentence, and write it in the blank.

1. – Heute will ich _____ der Deutschstunde in die Stadt.
   (*nach / seit*)

   – Oh, kann ich bitte _____ dir fahren?
      (*mit / außer*)

   – Ja, sicher. Möchte _____ dir noch jemand mitkommen? Wir können zusammen
      (*außer / aus*)

   _____ Heidelberg fahren.
   (*nach / zu*)

2. – Das T-Shirt ist _____ Ungarn (*Hungary*). Es ist _____ meiner Tante. Sie fährt oft
$\quad\quad\quad\quad\quad\quad$ (aus / zu) $\quad\quad\quad\quad\quad\quad\quad\quad\quad\quad\quad\quad$ (aus / von)

$\quad$ _____ ihren Freunden nach Budapest.
$\quad$ (nach / zu)

– Wohnst du jetzt _____ ihr?
$\quad\quad\quad\quad\quad\quad\quad\quad$ (zu / bei)

– Ja, _____ September. Im Sommer wollen wir zusammen _____ Österreich und
$\quad\quad$ (von / seit) $\quad\quad\quad\quad\quad\quad\quad\quad\quad\quad\quad\quad\quad\quad\quad\quad\quad$ (nach / zu)

Ungarn fahren.

F. Answer the questions using the modal verbs in parentheses.

BEISPIEL: Stehst du bald auf? (müssen)
$\quad\quad\quad\quad\quad$ <u>Ja, ich **muss** bald **aufstehen**.</u>

1. Fängst du jetzt an? (müssen) _____

2. Macht ihr den Laden bald auf? (wollen) _____

_____

3. Rufen Sie mich morgen an? (können) _____

_____

4. Lernst du die Chefin bald kennen? (möchte) _____

_____

5. Kommt ihr heute Abend zurück? (wollen) _____

_____

6. Hörst du schon auf? (dürfen) _____

7. Kommst du auch mit? (möchte) _____

G. Write out three conversational exchanges using the elements given. Pay special attention to the separable-prefix verbs (the double slash indicates a comma).

BEISPIEL: um acht Uhr / du / aufstehen / ?
$\quad\quad\quad\quad\quad$ <u>Stehst du um acht Uhr auf?</u>

1. – um wie viel Uhr / du / uns / morgen / anrufen / ?

_____

– mein Bus / ankommen / um zehn Uhr // dann / können / ich / euch / anrufen / .

_____

– Gut! / nach dem Mittagessen / wir / besuchen / Tante Hildegard / zusammen / .

_____

2. – aufstehen / jetzt / doch / und / mitkommen / . (Use **du**-*imperative*.)

_____

– Warum? / wann / anfangen / unser- / Deutschstunde / ?

_____

– Um zehn. / wir / besprechen / unser- / Reise / .

_____

3. – wann / du / morgens / Laden / aufmachen / ?

_____

– ich / aufstehen / früh / und / aufmachen / ihn / um sechs / .

_____

Gott sei Dank / ich / können / dann / um drei Uhr / aufhören / .

_____

– ich / dürfen / verlassen / das Büro / erst gegen vier / .

_____

H. Supply the antonym for the words in italics. This exercise contains vocabulary from **Wortschatz** 2.

BEISPIEL: Dieser Wagen ist *neu*.   *alt* _____

1. Die Studenten kommen immer *früh* nach Hause.   _____

2. Unsere Stadt liegt *im Süden*.   _____

3. Am Samstag Nachmittag *macht* dieser Laden *zu*.   _____

4. Jetzt *fängt* die Musik *an*.   _____

5. Diese Häuser sind sehr *alt*.   _____

6. Der Chef möchte uns *etwas* sagen.   _____

7. Unsere Klasse ist ziemlich *groß*.   _____

8. Am Wochenende essen wir *viel*.   _____

9. Eigentlich sieht er *jung* aus.   _____

10. Diese Fremdsprache ist *schwer*.   _____

11. Bist du sonntags immer so *faul*?   _____

12. Morgens sind die Straßen hier *leer*.   _____

13. Außer dir sind alle sehr *klug*!   _____

I. This page from the datebook of Jürgen Becker, a student in Tübingen, can give us an idea of what a typical Saturday might be like. Write a short paragraph describing his day based on the information in the diary below. This exercise includes vocabulary from **Wortschatz 2**.

Samstag, den 25. Oktober

Tübingen

8.00	*aufstehen*
9.00	*Lebensmittel einkaufen gehen*
10.00	
11.00	
12.00	*in der Mensa essen*
13.00	*in der Buchhandlung Roman kaufen*
14.00	*nach Hause fahren*
15.00	*Postkarten schreiben, lesen*

Samstag, den 25. Oktober

16.00	*Freunde anrufen*
17.00	
18.00	*Freunde kommen vorbei*
19.00	*zusammen kochen*
20.00	*in der Stadt spazieren gehen*
21.00	
22.00	*bei Christa Wein trinken*
23.00	*schlafen gehen*

Um acht Uhr steht Jürgen ... _____

_____

_____

_____

_____

_____

_____

_____

_____

_____

_____

KAPITEL

6

A. Complete this conversation between Christa and Hans-Jörg by supplying the correct forms of the verb **sein** in the simple past tense.

CHRISTA: Wo _____ ihr gestern Abend? Ich habe bei euch angerufen, aber niemand

_____ da.

HANS-JÖRG: Ja, gestern Abend _____ wir bei Freunden. Wir haben bei ihnen gegessen.

_____ du eigentlich gestern Abend zu Hause?

CHRISTA: Ja, leider. Mein Freund ist im Moment nicht da und ich _____ dann allein

zu Hause. Herbert und Katrin _____ auch nicht zu Hause. Na ja, ich habe
ein bisschen ferngesehen und bin einfach früh schlafen gegangen.

HANS-JÖRG: Nachher haben wir leider unseren Wagen nicht mehr gefunden. Er _____
einfach nicht mehr auf der Straße! Dann sind wir mit der U-Bahn nach Hause gefahren.

B. Give the auxiliary, past participle, and the English equivalent for the following **weak** verbs.

machen   *hat gemacht* _____   *to make, do* _____

reisen   *ist gereist* _____   *to travel* _____

studieren   _____   _____

besuchen   _____   _____

frühstücken   _____   _____

verdienen   *hat verdient* _____   _____

glauben   _____   _____

aufmachen   *hat aufgemacht* _____   _____

wandern   _____   _____

legen	_____	_____
zumachen	_____	_____
meinen	_____	_____
hassen	_____	_____
abholen	_____	_____
regnen	*hat geregnet*	*to rain*
arbeiten	_____	_____
kaufen	_____	_____
warten	_____	_____
hören	_____	_____
kosten	_____	_____
aufhören	_____	_____
berichten	_____	_____

C. This is Clara Wagenbach's list of things to do. She has checked off the ones she's already done. Complete the sentences below with the correct verb in the perfect tense. Note that some of the verbs are strong and some weak.

✓ Lebensmittel einkaufen
  Hausaufgaben beginnen
✓ die Eltern anrufen
  einen Roman lesen
✓ meinem Bruder schreiben
  eine Stunde schwimmen
  mit Prof. Klemm sprechen
✓ NICHTS vergessen!

Was habe ich schon gemacht?

1. Die Lebensmittel für das Wochenende _____ ich schon _____ .

2. Meine Hausaufgaben _____ ich noch nicht _____ .

3. Ich _____ meine Eltern schon _____ .

4. Ich _____ noch nicht eine Stunde _____ .

5. Den Roman _____ ich auch noch nicht _____ .

6. Meinem Bruder _____ ich schon _____ .

7. Ich _____ noch nicht mit Prof. Klemm _____ .

8. Ich _____ auch hoffentlich nichts _____ !

D. Complete the sentences with the auxiliary (**sein** or **haben**) and past participle of the verb in parentheses. Some of the verbs are weak and some are strong.

BEISPIEL: (sein) Stephanie _____ noch nie in Berlin _____ .
Stephanie **ist** noch nie in Berlin **gewesen**.

1. (kaufen) Wir _____ im November ein Haus _____ .

2. (laufen) Die Frau _____ schnell ins Haus _____ .

3. (heißen) Der Junge _____ Otto _____ .

4. (kosten) Das Essen _____ uns zu viel _____ .

5. (schreiben) _____ du deinen Eltern schon einen Brief _____ ?

6. (besitzen) Wir _____ noch nie ein Auto _____ .

7. (bleiben) _____ Sie am Freitag zu Hause _____ ?

8. (anfangen) _____ ihr die Hausaufgaben für morgen schon _____ ?

9. (ankommen) Ich _____ erst am Mittwoch in Freiburg _____ .

10. (beschreiben) Er _____ uns die Landschaft in Australien _____ .

E. Fill in the appropriate form of the auxiliary verbs **haben** or **sein** in the following dialogue.

1. „Wohin _____ ihr letzte Woche *gereist?*"

2. „Ich _____ für eine Woche nach Rom *geflogen*, aber meine Frau _____ leider zu

   Hause *geblieben*."

3. „Was _____ du in Rom allein *gemacht*?"

4. „Ich _____ meinen Cousin *besucht* und wir _____ viel ins Kino *gegangen*."

5. „ _____ du nicht vor 20 Jahren (*20 years ago*) als Student bei ihm *gewohnt*?"

6. „Ja, ich _____ ein Zimmer bei ihm *gehabt* und _____ oft mit ihm zusammen

   gewesen. Aber jetzt _____ er ziemlich alt *geworden* und nicht mehr fit."

F. Supply the perfect tense form of the verb cued in English.

1. _____ der Journalist schon viel _____? (*to know*)

2. Wer _____ mir heute diese Zeitung _____? (*to bring*)

3. Meine Freundin _____ ihre Großeltern nie _____. (*to know*)

4. Ich _____ euch Bilder von unserem Dorf _____. (*to bring along*)

5. Entschuldigung, das _____ ich nicht _____. (*to know*)

G. Erika and Georg pick up Barbara every morning on their way to the university. This morning Barbara
has forgotten her watch and has to run back to her room to look for it. From the list of prepositional
phrases choose the one that best answers each question.

zur Uni	im Auto	ins Haus
hinter der Mensa	am Fenster	am Schreibtisch
auf den Schreibtisch	auf dem Stuhl	unter dem Schreibtisch

1. Wo warten Erika und Georg?

   _____

2. Wohin fahren sie jeden Morgen?

   _____

3. Wo kann man dort parken?

_____

4. Wohin läuft Barbara?

_____

5. Wo steht der Schreibtisch?

_____

6. Wo hat Barbara gestern Abend gearbeitet?

_____

7. Wo sucht Barbara ihre Uhr?

_____

8. Wo liegen ihre Kleider?

_____

9. Wohin hat sie denn ihre Uhr eigentlich gelegt?

_____

H. Complete each sentence with the correct form of the words in parentheses. Contract the preposition with the definite article wherever possible.

BEISPIEL: Eva geht heute Abend in _____. (das Kino)
Eva geht heute Abend **ins Kino**.

1. Gehen wir morgen in _____! (die Stadt)

2. Wir haben unsere Bücher dort auf _____ gelegt. (der Tisch)

3. Meine Cousine hat ein Haus in _____. (die Berge)

4. Ich studiere an _____. (die Universität Tübingen)

5. In den Ferien fahren wir an _____. (das Meer)

6. Alle sind an _____ gegangen. (das Fenster)

7. Neben _____ steht das Studentenwohnheim. (die Mensa)

8. Ist der Platz hinter _____ frei? (du)

9. Du kannst neben _____ sitzen. (wir)

10. Arbeitet er noch in _____? (die Stadt)

11. Wie lange sitzt du schon an _____? (der Schreibtisch)

12. Die Zeitung bringe ich immer in _____ mit. (das Büro)

13. Wir sind eine Stunde in _____ geblieben. (die Bibliothek)

14. Warte bitte vor _____! (die Tür)

15. Können Sie uns die Uni auf _____ zeigen? (diese Postkarte)

I. Form questions with **wo**, **wohin**, or **woher** to fit the following answers.

> **BEISPIELE:** <u>**Wo liest sie heute Abend?**</u> Ulla liest heute Abend in der Bibliothek.
> <u>**Wohin will sie morgen?**</u> Sie will morgen in die Stadt.

1. _____? Ich gehe jetzt in die Mensa.

2. _____? Sie haben eine Stunde im Auto gewartet.

3. _____? Herr Ziegler ist nach Nordamerika geflogen.

4. _____? Unsere Kinder spielen oft hinter dem Haus.

5. _____? Die Touristen kommen aus Dänemark.

6. _____? Du kannst deinen Mantel auf den Stuhl legen.

J. Fill in the blank with the phrase cued in English. Use the appropriate dative or two-way preposition with contractions wherever possible.

> **BEISPIEL:** Heinrich geht schon wieder _____.
> (to the movies)
> Heinrich geht schon wieder <u>**ins Kino**</u>.

1. Unsere Familie fährt oft _____.
(to Berlin)

2. Komm doch mit _____.
(to the library)

3. Sie will nur schnell _____.
(to the store)

4. Hat dein Vater auch _____ studiert?

(at the University of Freiburg)

5. Legen wir alle Bücher _____ !

(on the desk)

6. Ihr sollt _____ fahren!

(to the ocean)

7. Mein Bruder arbeitet seit einem Jahr _____ .

(in a bakery)

8. Wir lange bleiben Sie hier _____ .

(in the city)

9. Jeden Tag steht sie _____ und wartet.

(at the window)

10. Im September haben wir drei Wochen _____ gewohnt.

(in the hotel)

K. Supply the definite article and singular N-noun endings.

BEISPIEL: Sprichst du mit _____ Journalist____?

Sprichst du mit **dem** Journalist**en**?

1. Fragen wir _____ Herr_____ da drüben; vielleicht weiß er, wo die Uni ist.

2. Dies_____ Student_____ sehe ich jeden Tag in der Vorlesung.

3. Können Sie bitte _____ Tourist_____ die Straße zeigen?

4. Ich habe _____ Kunde_____ diesen Stuhl verkauft.

5. Ich kenne dies_____ Mensch_____, glaube ich.

6. Wir kaufen immer gern bei _____ Bauer_____ ein.

L. Rewrite the sentences from exercise K above. This time make the N-nouns plural.

BEISPIEL: *Sprichst du mit den Journalisten?* _____

1. _____

2. _____

3. _____

4. _____

5. _____

6. _____

M. Give an account of your last vacation, using the perfect tense and your choice of the vocabulary provided for each sentence. A possible answer for the first sentence is provided. You may use it or write your own.

1. im Winter   fahren   langsam   durch   Berge
    im Sommer   schnell   Wald
                                 eine Woche   Frankreich

    Im Sommer sind wir eine Woche durch Frankreich gefahren. _____

    _____

2. am Wochenende   besuchen   Cousin   Österreich
    im Juni   Freunde   See
                                                Meer

    _____

3. spazieren gehen (der) Bodensee   und es   schneien
    campen   (die) Nordsee   regnen
    wandern   Schwarzwald   warm sein
    schwimmen   Wald   furchtbar kalt sein

    _____

4. leider   ausgeben   zu viel Geld   fürs Hotel
    Gott sei Dank   nicht viel Geld fürs Essen
                                                  für Postkarten

    _____

5. ich   schicken   Bruder   Postkarte   aus Paris
    wir   schreiben Freundin   Brief   aus Freiburg
                     Professor   aus Kiel

    _____

KAPITEL 7

A. Supply the necessary **der**-word or **ein**-word cued in English.

BEISPIEL: _____ Journalist ruft die Leute an. (*this*)
Dieser Journalist ruft die Leute an.

1. Kaufst du wirklich _____ Hemd? (*this*)

2. _____ Geschäfte machen um eins zu? (*which*)

3. Hier ist fast _____ Haus modern. (*each*)

4. Auch _____ Bäcker macht manchmal Urlaub. (*a*)

5. _____ Brille ist vielleicht zu stark. (*your*, formal)

6. _____ Straßenatlas ist zu alt! (*this*)

7. _____ Touristen brauchen _____ Gepäck. (*these/their*)

8. Wie findest du _____ Motorrad? (*my*)

9. _____ Vorlesungen hörst du nächstes Semester? (*which*)

B. Combine each pair of sentences with the coordinating conjunction provided. Use ellipsis where possible and add a comma before **aber, sondern, denn**.

1. Mein Onkel spricht nicht Deutsch. Er spricht Französisch. (sondern)

   _____

2. Machst du die Reise allein? Fährst du mit Freunden? (oder)

   _____

3. Meine Schwester studiert in Saarbrücken. Sie sucht noch ein Zimmer. (und)

   _____

4. Sie besucht gern ihre Familie in Bern. Sie hat wenig Zeit. (aber)

_____

5. Ich fahre sofort zum Bahnhof. Meine Tante soll bald ankommen. (denn)

_____

6. Sie fahren nicht mit dem Zug. Sie fahren mit dem Wagen. (sondern)

_____

C. Respond negatively to the following questions, using **sondern** to express a contrast.

> **BEISPIEL:** Fahren Sie mit dem Wagen? (zu Fuß gehen)
> Nein, ich <u>**fahre nicht mit dem Wagen, sondern gehe zu Fuß**</u>.

1. Fahrt ihr in den Ferien nach Italien? (Griechenland [*Greece*])

Nein, wir _____

2. Wohnt ihr im Hotel? (bei Freunden)

Wir _____

3. Wollt ihr morgen schon abfahren? (am Samstag)

Wir _____

4. Ihr fahrt doch mit dem Auto, nicht wahr? (Zug)

Nein, wir _____

5. Bringt ihr viel Gepäck mit? (nur einen Koffer)

O nein, _____

6. Braucht ihr einen Stadtplan? (ein Reiseführer)

Wir _____

D. Answer the questions, using the verb **gehören**.

1. Ist das sein Fußball?   *Ja, er gehört ihm.* _____

2. Sind das eure Hefte?   _____

3. Ist das mein Wörterbuch?   _____

4. Frau Brinker, ist das Ihre Uhr?   _____

5. Hans und Inge, sind das eure Pullis? _____

6. Julia ist hier. Ist das ihr Wagen? _____

7. Sind das deine Koffer? _____

8. Ist das Richards Ausweis? _____

9. Ist das Ihr Mantel, Herr Grimmling? _____

E. Respond negatively to the following questions, using pronouns in your answers.

BEISPIEL: Gehört dir das Buch?
Nein, **es gehört mir nicht.**

1. Gefällt Ihnen mein Plan? / Nein, _____

_____

2. Hilft dir deine Freundin bei der Arbeit? / Nein, _____

_____

3. Haben Sie diesem Menschen schon gedankt? / Nein, _____

_____

4. Gehört Frau Sedelmayer das Geschäft? / Nein, _____

_____

5. Willst du deinem Vater antworten? / Nein, _____

_____

6. Glauben Sie unserem Chef noch? / Nein, _____

_____

7. Ist dir das Wasser heute zu kalt? / Nein, _____

_____

8. Macht Ihnen diese Arbeit noch Spaß? / Nein, _____

_____

F. Use one of the expressions with the personal dative from the list to complete the answers to the following questions.

BEISPIEL: Sitzt du immer noch am Schreibtisch?
Ja, diese Hausaufgabe **macht mir Spaß.**

zu kalt sein	zu heiß sein	Spaß machen	zu teuer sein
Leid tun	zu langweilig sein	gut gehen	

1. Bleibt ihr nicht bei der Party?

   Nein, sie _____

2. Ist dein Bruder noch krank?

   Nein, _____

3. Möchten Sie das tolle Kleid aus Paris?

   Nein danke, _____

4. Machen deine Eltern diesen Sommer Urlaub in Italien?

   Nein, _____

5. Geht ihr heute gar nicht ins Wasser?

   Nein, lieber nicht. Es _____

6. Können Sie mir einen Moment helfen?

   _____, aber ich habe keine Zeit.

G. Supply the correct form of the appropriate verb from the list below.

sitzen   setzen   hängen   liegen   legen   stellen   stehen

1. In den Ferien kann ich bis 9 Uhr im Bett _____.

2. Seit zwei Stunden _____ Paul und Renate zusammen am Tisch und quatschen miteinander.

3. Kannst du bitte den Stuhl neben den Schreibtisch _____?

4. Er _____ das Kind auf den Stuhl.

5. Soll ich das Bild hier an die Wand _____?

6. _____ die Flasche noch auf dem Tisch?

7. _____ Sie Ihren Mantel aufs Bett, bitte.

H. Help your friend organize her room by telling her where to put things. Use **legen**, **stellen**, or **hängen**, the cues below, and a prepositional phrase. The first sentence has been done for you.

Weinflasche / auf / Tisch ...   Pullover / auf / Tisch ...   Hefte / auf / Schreibtisch ...
Foto / an / Wand ...   Schuhe / unter / Tisch ...   Bücher / in / (das) Bücherregal ...
Bild / über / Bett ...   Hemd / auf / Pullover ...   Wörterbuch / auf / Schreibtisch ...
Mantel / auf / Stuhl ...   Postkarten / über / Schreibtisch ...

Stell die Weinflasche auf den Tisch!

_____

_____

_____

_____

_____

_____

_____

_____

I. Rewrite the following sentences about a trip to Italy in the perfect tense.

1. Wir wollen nach Italien reisen.

_____

2. Ich kann wenig Italienisch verstehen.

_____

3. Unsere italienischen Freunde können Gott sei Dank mitfahren.

_____

4. Ich kann den Stadtplan von Rom nicht finden.

_____

5. Wir müssen einen Mann auf der Straße fragen, wo das Hotel ist.

_____

J. Answer the questions, using the time shown on the clock faces.

> **BEISPIEL:** Um wie viel Uhr fängt die Vorlesung an?
> <u>**Die Vorlesung fängt um Viertel nach neun an.**</u>

1. Wann beginnt das Konzert? (P.M.: *use 24-hour system*)

_____

2. Entschuldigung, können Sie mir bitte sagen, wie spät es ist?

_____

3. Ist es schon halb zwei?

_____

4. Um wie viel Uhr fährt Ihr Zug? (P.M.: *use 24-hour system*)

_____

5. Wann kommt dein Bruder an? (P.M.: *use 24-hour system*)

_____

K. Complete the following conversations, making sure each sentence leads logically to the next one. You may use vocabulary from **Wortschatz 2**.

Am Bahnhof:

– Ich suche den Zug nach Stuttgart. Können Sie mir bitte helfen?

– _____

– Gut. Vielen Dank!

– _____

Im Kino:

– Entschuldigung. Ist der Platz neben Ihnen noch frei?

– _____

– Es macht nichts!

In der Mensa:

– Tag, Thorsten. Dich habe ich schon lange nicht mehr gesehen!

– _____

– _____

– Ja, ich habe Glück gehabt! Ich habe einen Platz in einer Wohngemeinschaft bekommen.

– _____

– _____

– Das tut mir Leid!

KAPITEL 8

A. Complete the sentences by supplying the appropriate conjunction in German.

1. Ich weiß nicht, _____ ich heute in die Stadt fahre. (*whether*)

2. Es gibt zu viel Verkehr auf der Straße, _____ ich vor 12.00 Uhr einkaufen gehe. (*if*)

3. Glaubst du, _____ wir genug im Haus haben? (*that*)

4. _____ Zieglers heute Abend kommen, brauchen wir eine Flasche Wein. (*if*)

5. Es ist möglich, _____ sie Wein mitbringen. (*that*)

6. Weißt du, _____ sie auch zum Abendessen kommen? (*whether*)

7. _____ wir keine Wurst haben, muss ich schnell zum Laden. (*since*)

8. Ich meine, _____ wir auch noch Käse brauchen. (*that*)

B. Join each pair of sentences, using the German conjunction indicated. Remember that a subordinating conjunction changes the word order of the clause it introduces.

1. (*since*) Wir brauchen 200 Gramm Leberwurst und fünf Kilo Kartoffeln für Samstagabend. Wir müssen heute einkaufen gehen.

   _____

   _____

2. Sollen wir ein Glas Bier trinken? (*or*) Hast du schon Kaffee bestellt?

   _____

   _____

3. Ich habe eigentlich keinen Hunger. (*because*) Ich habe gerade gegessen.

   _____

   _____

4. Haben Sie den Kellner schon gefragt? (*whether*) Können wir zahlen?

_____

_____

5. Wartet bitte vor der Mensa. (*if*) Ihr wollt mitkommen.

_____

_____

C. Complete the answers to the following questions about your parents' visit.

BEISPIEL: Besuchen uns deine Eltern am Wochenende?
Ich weiß nicht, **ob sie uns besuchen.**

1. Kommen sie schon am Freitagabend?

Sie wissen nicht, ob _____

2. Können sie die Straßenbahn nehmen?

Mein Vater meint, dass _____

3. Kommen sie am Samstag mit uns ins Konzert?

Ja, ich glaube, dass _____

4. Bringen sie auch deine Großmutter mit?

Meine Mutter ist nicht sicher, ob _____

_____

5. Warum fahren sie nicht mit dem Wagen?

Ich weiß nicht, warum _____

D. Complete the sentences, using the cues in parentheses to form a subordinate clause in the perfect tense.

BEISPIEL: Weißt du, (wie viel / Geld / du / ausgeben)?
Weißt du, **wie viel Geld du ausgegeben hast?**

1. Wissen Sie, (ob / Zug / schon / abfahren)?

_____

2. Die Kellnerin weiß, (dass / wir / noch nicht / bestellen).

_____

3. Niemand glaubt, (wie viel / Geld / wir / für / unsere Reise / brauchen).

_____

4. Jetzt habe ich vergessen, (wo / wir / aussteigen).

_____

5. Ich kann euch nicht sagen, (wo / Erika / gestern / sein).

_____

6. Ich habe Sie noch nicht gefragt, (ob / Ihnen / Essen / schmecken).

_____

E. Supply the correct infinitive construction with **zu**, **um ... zu**, or **ohne ... zu**.

BEISPIEL: Dürfen wir schon anfangen _____? (essen)
Dürfen wir schon anfangen **zu essen**?

1. Ein Zimmer ist zur Zeit sicher schwer _____ . (finden)

2. Hast du jetzt Zeit ihn _____? (anrufen)

3. Rolf wartet vor der Tür, _____ mit dem Professor

_____ . (sprechen)

4. Wir gehen heute wieder zurück, _____ die Altstadt

_____ . (besuchen)

5. Man darf nicht mit dem Bus fahren, _____ . (zahlen)

6. Warum haben Sie aufgehört _____? (schreiben)

7. Herr Müller muss früh aufstehen, _____ den Laden

_____ . (aufmachen)

8. Unsere Freunde finden es schön im Wald _____ .
(spazieren gehen)

F. Rewrite each sentence as an infinitive phrase. Begin with the new clause supplied.

BEISPIEL: Sie schreibt ein Referat.
Sie hat angefangen **ihr Referat zu schreiben**.

1. Ich mache meine Hausaufgaben.

Ich habe keine Lust _____ .

2. Er schreibt seinen Eltern einen Brief.

Er fängt heute Abend an _____.

3. Sie spricht über die Familie in Amerika.

Die Soziologin hat heute Zeit _____.

4. Ich sehe euch bald wieder.

Ich hoffe _____.

5. Ich habe meinen Studentenausweis nicht mitgebracht.

Ich habe vergessen _____.

6. Wir müssen die Stühle auf die Tische stellen.

Könnt ihr uns helfen _____?

G. Complete the sentences, expressing the phrases in parentheses with the genitive in German.

BEISPIEL: _____ ist nicht neu. (*his father's car*)
              Das Auto seines Vaters ist nicht neu.

1. Dieser Junge ist _____. (*my brother's friend*)

2. Weißt du vielleicht _____? (*the names of his sisters*)

3. Sucht ihr immer noch _____? (*Karin's student I.D.*)

4. Wir haben gestern _____ an der Uni gesehen. (*a girlfriend of yours:* **von** + *dative*)

5. Heute kommt _____ zu uns. (*a friend of my brother's*)

6. Am _____ fahren wir mit dem Zug nach Bern. (*at the end of the year*)

7. Tante Irene ist _____. (*my mother's sister*)

H. Fill in the blanks with the correct form of the noun in parentheses.

1. Mein Freund aus England will uns während _____ besuchen. (die Ferien)

2. Kauf doch einen Rucksack statt _____ . (ein Koffer)

3. Wir sind wegen _____ zu Hause geblieben. (das Wetter)

4. Warum baut man nicht eine Jugendherberge anstatt _____? (ein Hotel)

5. Trotz _____ müssen unsere Freunde sofort abfahren. (der Schnee)

6. Wegen _____ können wir leider erst am Samstag fahren.
(meine Arbeit)

7. Wo haben Sie während _____ gewohnt? (das Semester)

I. Help some young German-speaking friends find their way around the city by telling them where to go for what they need. Your answer will include **zu** or **in** and the appropriate word from the list. This exercise includes vocabulary from **Wortschatz 2**.

zu + …	*in + …*
Post	Kino
Buchhandlung	Restaurant
Bahnhof	Kirche
Jugendherberge	Altstadt
	Museum
	Mensa

BEISPIEL: Wir möchten ein paar Bücher kaufen.
Dann geht doch **zur Buchhandlung**!

1. Wohin kann man gehen, um Kunst zu sehen?

Geht _____!

2. Wo können wir einen Einkaufsbummel machen?

Geht doch _____!

3. Wir brauchen Zuginformationen.

Dann geht doch _____!

4. Wohin kann man abends gehen, um etwas zu essen?

Geht doch _____!

5. Wohin geht man, wenn man billig übernachten will?

Geht _____.

6. Können wir morgen an der Uni essen?

Ja, natürlich! Geht doch _____!

J. Explain what the Königs did the first day they were in Köln.

7.30	aufstehen	13.30–15.00	Stadtbummel durch Köln machen
9.00	mit der Bahn in die Stadt	15.00–17.30	bei Tante Maria Kaffee trinken
10.30	Museum	20.00	Konzert
12.30–13.30	Mittagessen		

1. Um wie viel Uhr sind sie aufgestanden?

_____

2. Was haben sie vormittags (*in the morning*) gemacht?

_____

3. Was haben sie um halb elf gemacht?

_____

4. Wie viel Zeit haben sie für das Mittagessen gehabt?

_____

5. Was haben sie nach dem Mittagessen gemacht?

_____

6. Wen haben sie am Nachmittag besucht?

_____

7. Um wie viel Uhr hat das Konzert angefangen?

_____

K. What phrases have you learned? How might you answer the following questions? Use the appropriate preposition (**an, in, nach, zu**).

Wohin möchten Sie in den Ferien?   *Wo müssen Sie jeden Tag hin?*

1. _ans Meer_____   Meer   **2.** _zur Uni_____   Uni

_____   Berge   _____   Labor

_____   die Schweiz   _____   Laden

_____   Dresden   _____   Mensa

_____   der Bodensee   _____   Büro

_____   Frankreich   _____   Bibliothek

_____   Großeltern   _____   Bäcker

_____   Ausland

Wohin gehen Sie gern in Ihrer Freizeit?

3. _zu Annette_____ Annette

_____ Kino

_____ Kneipe

_____ Freunde

_____ Konzert

_____ Buchhandlung

_____ Stadt

L. In der Konditorei. What is the conversation taking place in each picture? Arrange the lines as they would fit in the appropriate speech balloons. This exercise uses vocabulary from **Vokabeln zum Thema.**

Mit Sahne?

Wir möchten zahlen, bitte.

Guten Tag. Was darf's sein, bitte?

Wie schmeckt es dir?

Zwei Tassen Kaffee, bitte, und ein Stück Kuchen.

Gerne, es sieht gut aus.

Bitte schön. Das macht zusammen € 6,70

Sehr gut. Möchtest du ein bisschen probieren (*try*)?

Ja, bitte.

1. _____

2. _____

3. _____

4. _____

5. _____

6. _____

7. _____

8. _____

9. _____

ZUSAMMENFASSUNG UND WIEDERHOLUNG

(Kapitel 5–8)

FORMS

1. Verbs

A. Separable-prefix verbs (prefix is stressed)   pp. 138–140

anfangen	**aus**steigen	**vorbei**kommen
aufstehen	**ein**schlafen	**auf**hören
einkaufen	**ab**holen	**mit**kommen

The prefix separates in the present tense: p. 138

	inflected stem		*prefix*
Wir	**fangen**	bald	**an**.
Sie	**steht**	um sieben	**auf**.
Wann	**kaufen**	wir denn	**ein**?

The prefix separates in the imperative: p. 138

inflected stem		*prefix*
Fangen	Sie bald	**an**!
Steht	um sieben	**auf**!
Komm	bitte	**mit**!
Steigen	wir doch	**aus**!

The perfect tense of separable-prefix verbs: p. 164

prefix + **ge** + stem

vorbeikommen → Bärbel ist vorbei**ge**kommen.
zumachen   → Wer hat diese Tür zu**ge**macht?
mitbringen → Ich habe dir etwas mit**ge**bracht.

B. Inseparable-prefix verbs (prefix is not stressed)   p. 140

The following prefixes are inseparable: **be-, emp-, ent-, er-, ge-, ver-, zer-**.

bedeuten, **ent**täuschen, **er**zählen, **ge**hören, **ver**gessen

Er **vergisst** alles.
Vergesst eure Hausaufgaben nicht!

Perfect tense of inseparable-prefix verbs has *no* ge-!   p. 165

Hast du deinen Mantel **vergessen**?
Das hat mich **enttäuscht**.

C. The simple past tense of **sein** (*to be*)   p. 158

ich	**war**	wir	**waren**
du	**warst**	ihr	**wart**
er, es, sie	**war**	sie, Sie	**waren**

Wo **wart** ihr letzte Woche?   Wir **waren** auf dem Land.

D. Perfect tense   pp. 159–165

1. Inflected auxiliary (**haben** or **sein**) + past participle

    auxiliary   *past participle*

Ich **habe** den Bahnhof **gesucht**.
Sie **ist** nach Wien **geflogen**.

2. **Sein** as auxiliary in the perfect tense   p. 162

The verb must both be *intransitive* and show *change of location or condition.*

Wir **sind** nach Hause **gegangen**.   (*change of location*)
Ich **bin** schnell **gelaufen**.   (*change of location*)
Hans **ist** groß **geworden**.   (*change of condition*)

Exceptions are **bleiben** and **sein**.

Sie **sind** zehn Tage **geblieben**.   Er **ist** oft im Ausland **gewesen**.

3. Participles of weak versus strong verbs

Participles of Weak Verbs **ge- + *stem* + -(e)t**	
sagen	Was hast du ihm **gesagt**?
ärgern	Das hat mich **geärgert**.
kosten	Es hat viel **gekostet**.
arbeiten	Ich habe heute viel **gearbeitet**.

p. 160

Verbs ending in **-ieren** are always weak but never add the prefix **ge-** in the past participle:

studieren   Ich habe in Freiburg **studiert**.

Participles of Strong Verbs **ge- + *stem* + -en**	
geben	Vater hat mir Geld **gegeben**.
helfen	Sie haben uns nicht **geholfen**.
fahren	Ich bin nach Deutschland **gefahren**.
trinken	Was habt ihr denn **getrunken**?

p. 161

The perfect stem of strong verbs is not predictable from the infinitive. Past participles must be memorized.

Participles of Mixed Verbs ge- + *changed stem* + -t		p. 165
bringen	Er hat den Brief zur Post **gebracht**.	
verbringen	Wo haben Sie die Ferien **verbracht**?	
kennen	Ich habe sie gut **gekannt**.	
wissen	Hast du das nicht **gewusst**?	

4. Perfect tense of modal verbs   p. 197

auxiliary	*double infinitive*
Sie **haben** das nicht	**verstehen können**.
Sie **hat**	**mitgehen dürfen**.

E. Verbs with dative objects   p. 192

The following verbs require a dative object:

antworten	Antworten Sie **mir**, bitte.
danken	Er hat **mir** für den Roman gedankt.
gefallen	Das gefällt **mir** sehr.
gehören	**Wem** gehört das?
glauben	Ich kann **ihm** nicht glauben.
helfen	Hilf **mir**, bitte!

2. Nouns and pronouns

A. Noun phrases

1. with **der**-words (**der**, **dies**-, **jed**-, **welch**-)   pp. 188, 223

		Definite Article + Noun	
		Singular	*Plural*
masculine	nom.	der Mann	die Männer
	acc.	den Mann	die Männer
	dat.	dem Mann	den Männer**n**
	gen.	des Mann**es**	der Männer
neuter	nom.	das Kind	die Kinder
	acc.	das Kind	die Kinder
	dat.	dem Kind	den Kinder**n**
	gen.	des Kind**es**	der Kinder
feminine	nom.	die Frau	die Frauen
	acc.	die Frau	die Frauen
	dat.	der Frau	den Frauen
	gen.	der Frau	der Frauen

Dative plural of all nouns ends in **-n** (except when the plural form is **-s**: den Hotels, den Kinos).

The genitive singular of masculine and neuter nouns takes **-es** when the noun is one syllable: **des Mannes, des Kindes**. Otherwise, add **-s**: **des Vaters, des Problems**.

2. with **ein**-words (**ein**, **kein**, and possessive adjectives)   p. 188

| | | ein-word + Noun | |
		Singular	*Plural*
masculine	nom.	kein Mann	keine Männer
	acc.	keinen Mann	keine Männer
	dat.	keinem Mann	keinen Männern
	gen.	keines Mann**es**	keiner Männer
neuter	nom.	kein Kind	keine Kinder
	acc.	kein Kind	keine Kinder
	dat.	keinem Kind	keinen Kinder**n**
	gen.	keines Kind**es**	keiner Kinder
feminine	nom.	keine Frau	keine Frauen
	acc.	keine Frau	keine Frauen
	dat.	keiner Frau	keinen Frauen
	gen.	keiner Frau	keiner Frauen

B. Masculine N-nouns   pp. 171, 223

	Singular	*Plural*
nom.	der Student	die Student**en**
acc.	den Student**en**	die Student**en**
dat.	dem Student**en**	den Student**en**
gen.	des Student**en**	der Student**en**

Similarly:

der Bauer, -n, -n	*farmer*
der Herr, -n, -en	*gentleman; Mr.*
der Journalist, -en, -en	*journalist*
der Kunde, -n, -n	*customer*
der Mensch, -en, -en	*person, human being*
der Tourist, -en, -en	*tourist*

C. Personal pronouns   pp. 53, 134

| | *Singular* | | | *Plural* | |
nom.	acc.	dat.	nom.	acc.	dat.
ich	mich	mir	wir	uns	uns
du	dich	dir	ihr	euch	euch
Sie	Sie	Ihnen	Sie	Sie	Ihnen
er	ihn	ihm			
es	es	ihm	sie	sie	ihnen
sie	sie	ihr			

3. Prepositions

p. 136

A. Prepositions with dative case

aus	*out of; from* (country or city)
außer	*except for; besides, in addition to*
bei	*near, at, in the home of*
mit	*with*
nach	*after; to* (with country and city names)
seit	*since* (temporal); *for* (when scanning in the past)
von	*from; of; by*
zu	*to* (people and some locations)

B. Two-way prepositions (with accusative or dative)

pp. 166–170

	destination *wohin?* with accusative	*location* *wo?* with dative
an	*to, toward*	*at, alongside of*
auf	*onto*	*on, upon, on top of*
hinter	*behind*	*behind*
in	*into, to*	*in*
neben	*beside, next to*	*beside, next to*
über	*over, above; across*	*over, above*
unter	*under*	*under, beneath*
vor	*in front of*	*in front of*
zwischen	*between*	*between*

Verb pairs used with two-way prepositions

p. 195

destination *wohin?* with accusative weak verbs	*location* *wo?* with dative strong verbs
hängen (hat gehängt)	hängen (hat gehangen)
legen (hat gelegt)	liegen (hat gelegen)
setzen (hat gesetzt)	sitzen (hat gesessen)
stellen (hat gestellt)	stehen (hat gestanden)

C. Standard contractions of *preposition* + *article*

pp. 137, 167

an das	→ **ans**	in dem	→ **im**
an dem	→ **am**	von dem	→ **vom**
bei dem	→ **beim**	zu dem	→ **zum**
in das	→ **ins**	zu der	→ **zur**

D. Prepositions with genitive case

p. 226

statt, anstatt	*instead of*
trotz	*in spite of*
während	*during*
wegen	*because of, on account of*

WORD ORDER

1. Word order of nouns and pronouns   p. 135

A. Word order of direct and indirect objects. Note the parallel to English word order.

Ich zeige **meiner Mitbewohnerin den Artikel.**	*I'm showing my roommate the article.*
Ich zeige **ihn meiner Mitbewohnerin.**	*I'm showing it to my roommate.*
Ich zeige **ihr den Artikel.**	*I'm showing her the article.*
Ich zeige **ihn ihr.**	*I'm showing it to her.*

B. Pronoun word order
Personal pronouns are either in first position:

Er ist gern allein.

or immediately after the inflected verb in the order nominative, accusative, dative:

Heute gebe **ich es ihm.**

2. Word order in compound sentences

A. Coordinating conjunctions: **aber, denn, oder, sondern, und**   pp. 189–191

Coordinating conjunctions do not affect word order.

clause 1 (verb second)	coordinating conjunction	clause 2 (verb last)
Ich bleibe nicht.		Ich gehe nach Hause.
Ich bleibe nicht,	**sondern**	ich **gehe** nach Hause.

B. Subordinating conjunctions: **bis, da, dass, ob, obwohl, weil, wenn** and   pp. 215–219
question words introducintg subordinate clauses: **wann, warum, was, wem, wen, wer, wessen, wie, wo, woher, wohin.** Subordinating conjunctions require verb-last word order.

main clause (verb second)	subordinating conjunction	subordinate clause (verb last)
Ich **weiß** nicht,	**ob**	sie in München **wohnt.**

or

subordinate clause (verb last)	main clause (verb first, i.e., in second position)
Ob sie in München **wohnt,**	**weiß** ich nicht.

C. Infinitive phrases with **zu.**   pp. 220–221

1. The infinitive with **zu** comes at the end of its phrase:

   Es war schön.   Ich habe Sie endlich kennen gelernt.
   Es war schön Sie endlich **kennen zu lernen.**

2. **um ... zu** = *in order to*   p. 221

   Ich reise nach Deutschland.   Ich möchte in den Alpen wandern.
   Ich reise nach Deutschland, **um** in den Alpen zu wandern.

3. **ohne ... zu** = *without (doing something)*   p. 221

   Ich habe ein Jahr dort gelebt.   Ich habe ihn nicht kennen gelernt.
   Ich habe ein Jahr dort gelebt, **ohne** ihn **kennen zu lernen.**

FUNCTIONS

1. Expressing intentions, preferences, opinions, and making polite requests: *würden* + *infinitive*

p. 194

Würden Sie mir bitte den Koffer **tragen**?
Ich **würde sagen**, dass du zu kritisch bist.
Würdest du lieber **schwimmen gehen** oder **Tennis spielen**?

2. Uses of the dative case

A. To show recipient or beneficiary of an action (indirect object)

p. 131

Meine Freundin hat **mir** einen Rucksack geschenkt.
Zeigen Sie **dem Professor** Ihr Referat.

B. To show personal involvement and reactions (personal dative)

p. 193

Wie geht es **Ihnen**?
Wie schmeckt **dir** der Kaffee?
Das ist **mir** egal.

C. As the object of some verbs (See above under **Forms**, Section 1.E, p. 79)

3. Use of genitive case

pp. 224–225

Genitive case shows a relation of one noun to another, expressed in English by the possessive (**John's** *book*—**Johanns** Buch) or by the preposition *of* (*the color of your jacket*—die Farbe **deiner** Jacke). In German, genitive case usually *follows* the noun it modifies.

der Wagen mein**es** Freundes   *my friend's car*
die Kinder sein**er** Schwester   *his sister's children*
die Gebäude dies**er** Stadt   *the buildings of this city*

Exception: Proper names in the genitive precede the noun they modify.

Beethovens Symphonien
Utes Freundin

4. German equivalents of English *to*

A. **nach**—with cities and most countries

pp. 136, 229

Fahren wir **nach** Berlin!

B. **zu**—with people and locations

pp. 136, 229

Ich gehe heute Abend **zu** Inge.
Jetzt müssen wir schnell **zum** Bahnhof.

C. **in**—with countries whose names are preceded by an article

pp. 136, 229

Wir wollen im Sommer **in die** Schweiz.
Damals haben wir eine Reise **in die** USA gemacht.

And with some locations:

Kommst du mit **ins** Konzert?
Ich gehe gern mit ihr **ins** Kino.
Ich gehe gern mit ihr **in die** Stadt.

SITUATIONS, IDIOMS, EXPRESSIONS

You should be able to use all these idioms and expressions actively.

1. In stores and restaurants

Ich esse gern italienisch.
Was darf es sein?
Eine Tasse Kaffee und zwei Glas Bier, bitte sehr.
Zwei Kilo Kartoffeln, bitte.

Wie viel kostet das, bitte?
Sonst noch etwas?
Zahlen bitte!
Das macht zusammen ...

2. Eating and drinking

Was isst du gern?

Bauernbrot	Kuchen	
Brezeln	Leberwurst	
Brot mit/ohne Butter	Nachtisch	
Brötchen	Obst	
Eier	Pommes frites	
Eis	Salat	
Fleisch	Schinken	
Gemüse	Suppe	
Kartoffeln	Wurst	
Käse		

Was trinkst du gern?

Bier
Kaffee mit/ohne Sahne
Milch
Saft
Wasser
Wein
Tee

3. Greetings, opinions, and feelings

Herzlich willkommen!
Bitte sehr.
Ich habe die Nase voll.
Quatsch!
Es tut mir Leid.
Es macht nichts.
Es ist mir egal.
Das macht mir Spaß.

Egal wohin (wer, warum, usw.).
Ich glaube schon. / Ich glaube nicht.
Im Gegenteil.
Einverstanden?
Ist gut.
Ich habe Hunger. Ich habe Durst.
Ich habe Lust ins Kino zu gehen.

4. Place and time

Gibt es ein Restaurant **in der Nähe**?
Wir fahren **aufs Land**.
Meine Großeltern wohnen **auf dem Land**.

Wie viel Uhr ist es. (*oder*) Wie spät ist es?
Es ist 8.15 Uhr.
Es ist 19.20 Uhr.

5. Mit anderen Worten: Slang im Kontext

Dieter Hillebrandt, Student in Berlin, erzählt:

Letztes Jahr habe ich das **Abi** geschafft und jetzt studiere ich an der **Uni**. Weil ich keine **Bude** in der Stadt gefunden habe, wohne ich in einer **WG**. Ich habe nicht genug Platz für alle meine Sachen, aber **das ist mir Wurscht**, denn es gefällt mir hier.

Diese Woche war eine **Katastrophe**. Im Moment habe ich wirklich eine **Menge** Arbeit, weil ich nächste Woche im Seminar ein Referat über Hegel halten muss. Ich sitze von morgens bis abends am Schreibtisch und arbeite **wahnsinnig viel**. Es ist **blöd**, wenn die Arbeit so **stressig** wird, aber ich muss es einfach tun.

TEST YOUR PROGRESS

Check your answers with the Answer Key at the end of this Workbook/Laboratory Manual/Video Workbook.

A. Fill in the blank with the correct preposition or contraction (*preposition + article*).

1. Ich bin _____ vier Semestern _____ dieser Uni.

2. Ich möchte eine Vorlesung _____ Geschichte hören.

3. Aber ich habe sie nicht _____ Vorlesungsverzeichnis gefunden.

4. Jeden Tag fahre ich _____ meiner Freundin zusammen _____ Uni.

5. _____ dem Semesterende wollen wir _____ den Ferien zusammen

   _____ Österreich fahren.

6. _____ dem Schreibtisch _____ mir zu Hause liegen alle Bücher

   _____ (*except for*) dem Geschichtsbuch.

B. Form questions to which these are the answers.

1. Er fliegt nach Wien.

   _____

2. Sie kommt aus Berlin.

   _____

3. Doch, das stimmt.

   _____

4. Doch, natürlich habe ich Zeit für dich.

   _____

5. Das hat mein Großvater immer gesagt.

   _____

6. Die Landkarte gehört meinem Freund.

   _____

7. Am Dienstag sollen wir das machen.

   _____

8. Die Kinder sind heute bei ihrer Tante.

   _____

C. Fill in the blank with the correct prepositional phrase containing a German equivalent of *to*.

1. Kommst du mit _____ Kino?

2. Nein, leider nicht. Ich fahre heute Abend _____ meiner Cousine.

3. Musst du also _____ die Schweiz?

4. Ja, ich muss zuerst _____ Basel und dann mit dem Zug _____ Zürich fahren.

5. Warte, ich komme mit dir _____ Bahnhof und gehe später _____ Hause.

D. Complete the sentence according to the English cue. In the second sentence of each pair, substitute pronouns for objects.

1. Die Großmutter erzählt _____ _____.
                          (the children)   *(a fairy tale)*

    Sie erzählt _____ _____ am Abend.
                 (it)   *(to them)*

2. Ich habe _____ _____ gezeigt.
                 (my friend)   *(the article)*

    Dann hat er _____ _____ erklärt.
                  (it)   *(to me)*

E. Restate the following sentences in the perfect tense.

1. Karin bleibt heute zu Hause.

_____

2. Meine Freunde wohnen nicht in München.

_____

3. Um wie viel Uhr stehst du denn auf?

_____

4. Ich schreibe meiner Familie einen Brief.

_____

5. Ich muss eine Stunde bleiben.

_____

6. Die Schüler sind oft müde.

_____

7. Ich habe leider keine Zeit.

_____

8. Sie wird Lehrerin.

_____

F. Combine the sentences with the conjunctions cued in English.

1. Kommst du mit? (*or*) Bleibst du hier?

_____

2. Ich habe heute keine Zeit. (*because*) Ich habe zu viel zu tun.

_____

3. Hamburg liegt nicht im Süden Deutschlands. (*but rather*) Es liegt im Norden.

_____

_____

4. Ich weiß nicht. (*whether*) Ist er hier?

_____

5. (*since*) Wir haben wenig Geld. Wir müssen sparen.

_____

6. (*if*) Du kannst mir helfen. Ich bin bald fertig.

_____

7. Jan hat nicht studiert. (*but*) Er weiß viel über Geschichte.

_____

_____

8. Hast du gehort? (*that*) Tante Karoline besucht uns morgen.

_____

_____

9. (*although*) Sie ist nie in Europa gewesen. Sie spricht gut Deutsch.

_____

_____

G. Complete these sentences, using the genitive phrases cued in English.

1. Wir nehmen (*my friend's car*).

   _____

2. Am (*end of the week*) gibt es wenig zu tun.

   _____

3. (*Karl's brother*) studiert Medizin.

   _____

4. (*My teacher's house*) steht gleich um die Ecke.

   _____

5. Mir gefällt (*the language of these people*) sehr.

   _____

6. Mir gefällt mein Studium (*in spite of the work*).

   _____

7. (*Because of my work*) kann ich leider nicht kommen.

   _____

8. Ist denn (*the life of a student*) so schwer?

   _____

H. Give the German equivalents for these sentences with time expressions.

1. What time is it, please?

   _____

2. It is almost seven-thirty.

   _____

3. When is the train supposed to arrive?

   _____

4. It arrives at eight fifty-nine P.M.

   _____

5. What are you doing at a quarter to eight?

   _____

I. Look at the cue at the beginning of each sentence. Insert the correct German verb form in one blank and supply the preposition (or contraction) needed in the other.

1. (*to lie*) Manchmal _____ ich bis neun _____ Bett.

2. (*to lay*) Du kannst deine Tasche _____ den Stuhl _____ .

3. (*to put*) Sollen wir Ihren Schreibtisch _____ Büro _____ ?

4. (*to stand*) Ja bitte, aber er soll nicht direkt _____ Fenster _____ .

5. (*to sit*) Darf ich ein paar Minuten hier _____ Tisch _____ ?

J. Combine these sentences by changing the one in italics into an infinitive phrase.

BEISPIEL: Es ist sehr schön. *Wir gehen im Sommer hier schwimmen.*
Es ist sehr schön im Sommer hier schwimmen zu gehen.

1. Wir haben keine Lust. *Wir sollen Onkel Georg besuchen.*

_____

_____

2. *Sie wollen etwas über Kunst lernen.* (um ... zu) Sie sind ins Museum gegangen.

_____

_____

3. Es war sehr nett von ihr. *Sie hat mir eine Karte aus Köln geschickt.*

_____

_____

4. Gehst du schon? *Du sagst Julia nicht auf Wiedersehen.* (ohne ... zu)

_____

_____

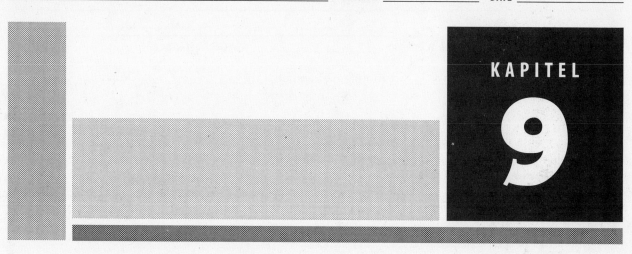

KAPITEL 9

A. In the conversational exchanges below, fill in the blanks with the correct adjective endings.

Nominative case: singular

1. Welcher Fernseher gefällt dir?   Dies_____ klein_____ Fernseher.

2. Welches Fahrrad gehört Ihnen?   Dies_____ weiß_____ Fahrrad.

3. Welche Kamera gefällt euch?   Dies_____ deutsch_____ Kamera.

Accusative case: singular

4. Welchen Mantel kaufst du?   Dies_____ teur_____ Mantel.

5. Welches Hemd trägst du?   Dies_____ dunkl_____ Hemd.

6. Welche Tasche nimmst du?   Dies_____ schwarz_____ Tasche.

Nominative / accusative case: plural

7. Welche Filme spielen bei euch?   Dies_____ alt_____ deutsch_____ Filme.

8. Welche Romane lest ihr jetzt?   Dies_____ toll_____ modern_____ Romane.

9. Welche Zeitungen verkaufen Sie?   Dies_____ griechisch_____ Zeitungen.

B. Complete the sentences with the adjectives cued in English. All the adjectives here follow **ein**-words. Don't forget adjective endings.

1. Abends trinke ich gern ein _____ Bier. (*cold*)

2. Letzte Woche habe ich in diesem Restaurant ein _____ Schnitzel gegessen. (*good*)

3. Der neunte November ist ein _____ Tag für Deutschland. (*important*)

4. Heute fahren wir durch Weimar, eine _____ _____ Stadt im Osten (*interesting, old*)

5. Diesen Winter brauche ich einen _____ Mantel. (*warm*)

6. Unsere _____ Wohnung ist in einem _____ Gebäude.
(*new; beautiful*)

7. Ein _____ Wagen kostet zu viel. (*German*)

8. Auf einer _____ Landkarte kann man auch unser _____
Dorf sehen. (*large; small*)

C. You are asking your friend's opinion. Complete your question and your friend's answer with the correct
adjective endings.

BEISPIEL: Wie findest du mein**en** groß**en** Koffer?
Nicht schlecht, aber dies**er** klein**e** Koffer gefällt mir besser.

1. Wie gefällt dir mein braun_____ Mantel?

Nicht schlecht, aber dieser blau_____ Mantel gefällt mir besser.

2. Wie findest du mein neu_____ Fahrrad?

Nicht schlecht, aber mir gefällt dieses alt_____ Fahrrad besser.

3. Wie findest du meine grau_____ Hose?

Nicht schlecht, aber diese bunt_____ Hose gefällt mir besser.

4. Wie gefallen dir meine gelb_____ Turnschuhe?

Nicht schlecht, aber ich finde diese weiß_____ Turnschuhe besser.

D. Complete the sentences with the appropriate form of the limiting words and adjectives in parentheses.

BEISPIEL: Wann hast du _____ _____ Zweitwagen verkauft?
                              (dies-)   (alt-)

Wann hast du **diesen alten** Zweitwagen verkauft?

1. _____ _____ Container ist schon voll.
          (dies-)   (groß-)

2. Was machen wir mit _____ _____ Flaschen?
                                  (unser-)   (alt-)

3. _____ _____ Kleider soll man morgen vor die Tür legen?
          (welch-)   (alt-)

4. Ich sammele die _____ _____ Mäntel und Jacken der Kinder.
                              (alt-)   (warm-)

5. _____ _____ Supermarkt soll _____
          (jed-)   (groß-)   (dies-)

_____ Flaschen verkaufen.
(umweltfreundlich-)

E. Supply the correct endings for unpreceded adjectives. Fill in the missing forms.

	Kaffee (gut)	Wasser (kalt)	Milch (frisch)	Autos (umweltfreundlich)
Nom.	guter Kaffee			
Acc.				
Dat.				

Now choose the correct phrase from the table above to complete these sentences.

1. _Guter Kaffee_ ist oft teuer.
 (*good coffee*)

2. Trinkst du gern _____ zum Frühstück?
 (*fresh milk*)

3. Ich schwimme nicht gern in _____.
 (*cold water*)

4. Ohne _____ kann Herr Dallmayr nicht arbeiten.
 (*good coffee*)

5. Welche Fabrik baut nur _____?
 (*environmentally friendly cars*)

F. Kleinanzeigen (*Classified Ads*). Classified ads omit words to save space and money: (I'm) selling (a) good car. → **Verkaufe guten Wagen.** *Remember:* when German omits the limiting word, the attributive adjective has the primary ending. Here are two examples of classified ads from a German newspaper.

Verkaufe fast neue, italienische Jacke für großen Herrn, Tel. 8 342 412

Verkaufe grünen Schreibtisch 134 x 60 x 70 cm für € 30, Tel. 726 707

Now write out your own ads.

1. Jacke (toll, schwarz, leicht) für Frau (groß)
 Tel. 8 132 303

 Suche _____
 _____

2. Mantel (dunkel, lang, warm) für Herrn (klein)
 (€ 85) Tel. 848 555

 Verkaufe _____
 _____

3. Tisch (groß, englisch) mit 4 Stühlen (schwer)
   (€ 400) Tel. 8 645 911

> Verkaufe _____
>
> _____

4. Fahrrad (neu, rot) mit 2 Rädern (neu)
   für Frau (jung)
   (€ 30) Tel. 740 632

> Verkaufe _____
>
> _____

Für Bücher
mit Büchern
zu Hegnauer

Antiquariat
Kramgasse 16
Tel. 22 64 15

Zu verkaufen wegen
Todesfall russ.

**Persianer-
mantel**

schwarz, Gr. 48/52,
Regenmantel, Tricot-
mantel, alles wie neu.
Tel. 45 50 76
ab 19.30 Uhr   (106595)

Pianos

E Läuchli
& Söhne

Miete. Kauf ab Fr. 40.– mtl.
Occasionen
Cembali, Spinette,
Harmoniums
Grosse Auswahl in allen
Preislagen

3600 Thun
Frutigenstrasse 16
Tel. 033 22 16 46

3011 Bern
Gerechtigkeitsgasse 44
Tel. 031 22 64 25

**Schöne
Jugendstil-
möbel**

um 1900 aus Erb-
schaft, Vitrine, Kom-
moden, Auszieh-Ess-
tisch, Stühle, exklusi-
ver Salontisch, Nuss-
baum und Glas
Tel. 43 07 55   (103330)

G. Use the adjectives below (or any others you have learned) to add descriptive information to the post-card. Be sure to use adjective endings where necessary.

| warm | alt | klein | fremd | schön | letzt- | ganz |
| groß | gut | lang | jung | blau | freundlich | grün |

Liebe Familie Müller!

Meinen _____ Urlaub habe ich in einem _____ Wochenendhaus im Schwarzwald verbracht. Ihr könnt die _____ Landschaft auf dieser Karte sehen und auch die _____ Gebäude im Dorf. Das _____ Dorf liegt zwischen einer _____ Stadt und einem _____ _____ See. Ich bin mit meinen _____ Freunden aus Köln gefahren, und sie haben auch ihre Tochter mitgebracht. Während der _____ _____ Abende haben wir draußen gesessen. Das _____ Mädchen hat mit jedem _____ Menschen sprechen wollen. Bald haben uns alle Leute auf der Straße gekannt.

Viele liebe Grüße
Otto Rehhagel

Schwarzwald-Verlag GmbH, 78 Offenburg, Postfach 780 · Ges. gesch. Nr. 618

H. Supply the adjective endings in the following magazine ad for tourists in Schleswig-Holstein, the northernmost state of Germany.

Urlaub im Norden

Sie kennen das schön_____ Schleswig-Holstein noch nicht?

Dann kennen Sie nicht die fantastisch_____ Kontraste zwischen dem blau_____ Meer und den grün_____ Bäumen. Noch kennen Sie nicht die klein_____ Dörfer an der lang_____ weiß_____ Küste (*coast*), die herrlich_____ Luft und das mild_____ Klima. Kommen Sie zu uns und lernen Sie das gesund_____ Lebenstempo unserer sympathisch_____ Einwohner kennen. Fahren Sie Rad auf unseren sicher_____, klein_____ Straßen.

Suchen Sie ein wunderbar_____ Ferienland? Sie finden alles hier bei uns. Rufen Sie uns sofort an!

Das Reisebüro Husum.

I. Rewrite each sentence, beginning with the italicized phrase. Follow the word order rules for expressions of time, manner and place.

BEISPIEL: Morgen gehen *wir* zum Tennisplatz.
Wir gehen morgen zum Tennisplatz.

1. Morgen fahren *wir* mit den Kindern aufs Land.

_____

2. Seit März wohnt *Bernd* bei Freunden in einer Wohngemeinschaft.

_____

3. Am Montag fliege *ich* mit meinen Eltern nach Basel.

_____

4. Hier im Dorf will *Herr Becker* im Februar ein Geschäft aufmachen.

_____

5. Heute kann ich *die vielen alten Zeitungen* mit dem Wagen zum Recycling bringen.

_____

J. Complete the sentences by writing the ordinal numbers in words. Don't forget the adjective endings.

BEISPIEL: Meine Großmutter war das _____ Kind von sechs. (*3rd*)
Meine Großmutter war das **dritte** Kind von sechs.

1. Meine Tochter hat ihr _____ Fahrrad bekommen. (*1st*)

2. Wir haben gerade ihren _____ Geburtstag gefeiert. (*8th*)

3. Am _____ Dezember bleiben alle Läden geschlossen. (*26th*)

4. Man hat mir gesagt, wir dürfen unsere Studentenausweise nur bis zum

_____ Juli benutzen. (*31st*)

5. Heute haben wir den _____ November. (*3rd*)

6. Unser _____ Eindruck war sehr positiv. (*1st*)

K. **In welchem Jahr war das?** Answer the following questions by writing out the appropriate year in words.

1483   1885   1900   1998   2002

1. Wann baute Gottlieb Daimler den ersten Fahrzugmotor?

Im Jahre _____

2. Wann wurde der deutsche Reformator Martin Luther geboren?

Im Jahre _____

3. Seit welchem Jahr zahlt man in Deutschland mit Euro statt mit D-Mark?

Seit dem Jahr _____

4. In welchem Jahre gab es in den deutschsprachigen Ländern eine Rechtschreibreform?

Im Jahre _____

5. Wann starb der deutsche Philosoph Friedrich Nietzsche?

Im Jahre _____

L. **Plural review.** Sort the words below by category according to the plural form and supply the singular article.

Chefin   Büro   Name   Wagen   Gefühl   Stunde   Junge   Geschenk

Eindruck   Stadt   Dorf   Bild   Kellner   Gebäude   Antwort   Mutter

Glas   Mädchen   ~~Kartoffel~~ Rathaus Preis   Foto   Baum   Tag

-e 1. der Tisch, die Tische	-n 2. die Straße, die Straßen	-en 3. die Frau, die Frauen	- 4. der Schüler, die Schüler	-s 5. das Hotel, die Hotels
	die Kartoffel, -n			

¨ 6. der Vater, die Väter	¨er 7. das Buch, die Bücher	¨e 8. der Stuhl, die Stühle	-er 9. das Kind, die Kinder	-nen 10. die Studentin, die Studentinnen

M. **Pronoun word order.** Complete the answer to each question by adding the necessary dative pronoun. You must decide which of the two positions indicated by blanks is the correct one.

BEISPIEL: Schreibst du deinem Freund eine Postkarte?
Ja, ich schreibe _____ eine Postkarte _____ .
Ja, ich schreibe <u>ihm</u> eine Postkarte.

1. Empfiehlst du mir den neuen deutschen Film?

   Ja, ich empfehle _____ den Film _____ sehr.

2. Zeigst du meiner Freundin das neue Vorlesungsverzeichnis?

   Ja, ich zeige _____ es _____ gern.

3. Soll ich euch den neuen Stadtplan von Berlin mitbringen?

   Ja, bring _____ ihn _____ mit.

4. Kaufen Sie der Chefin ein Geburtstagsgeschenk?

   Ja, wir kaufen _____ zusammen ein Geschenk _____ .

5. Verkauft euch Dieter seinen Zweitwagen?

   Ja, er will _____ ihn _____ am Semesterende verkaufen.

N. **Review of question words.** Write questions for which the following sentences would be appropriate answers.

1. Es ist jetzt *zwölf Uhr vierzig.*

   _____

2. Ich arbeite gern *am frühen Morgen.*

   _____

3. Herr Ziegler ist *zu Hause.*

   _____

4. Der Film hat *Erika* nicht gefallen.

   _____

5. Ich frage *Sie,* Frau Lohmann.

   _____

6. Bei *Udo* gibt es heute Abend eine große Party.

   _____

7. Wir fliegen *am 17. Juni.*

_____

8. Heute ist *der erste April.*

_____

9. Ich brauche *ein Kilo* Kartoffeln.

_____

10. Das sind *meine* Kinder!

_____

KAPITEL
10

A. Put each of the verb forms below in the appropriate box in the tables of weak and strong verbs that follow. Then fill in all the remaining boxes.

~~wohnte~~	schreiben	lernt	hielt	gehen	schwamm	arbeitet	schlafen
~~nimmt~~	fliegt	zeigte	fing an	kommt	dankt	spricht	findet
traf	passiert	dauerte	wirft	zerstörte	lösen	verschwenden	empfiehlt

	Infinitive	**er/sie**—present	**er/sie**—simple past
weak verbs	wohnen	wohnt	wohnte
strong verbs	nehmen	nimmt	nahm

B. **Die Schlafmütze** (*The Sleepyhead*). Complete the story, using the simple past forms of the verbs cued.

Letztes Semester _____ meine Freundin Käthe und ich zusammen eine Vorlesung
                 (besuchen)

über Linguistik. Sie _____ schon um 9.15 Uhr _____ und
                (anfangen)

_____ eine Stunde. Manchmal _____ Käthe nach zehn Minuten
 (dauern)   (einschlafen)

_____ und _____ erst am Ende der Stunde wieder _____ .
              (aufwachen)

Wir _____ immer zusammen und Gott sei Dank _____ sie der
    (sitzen)   (sehen)

Professor nie. Wir _____ dann immer gleich ins Café, _____ eine Tasse
            (gehen)   (trinken)

Kaffee und Käthe _____ mich, was der Professor gesagt hatte. Einmal, als ich krank
              (fragen)

_____ , _____ mich Käthe überall und _____ gar nicht in
 (sein)   (suchen)   (gehen)

die Vorlesung, weil sie Angst _____ , sie würde wieder einschlafen. So eine
                       (haben)

Schlafmütze!

C. Fill in the missing phrases in the chart in the appropriate tense.

Modal verbs

present tense	simple past tense	perfect tense
Ich kann fragen.	_____	_____
Sie will bestellen.	_____	_____
_____	Sie musste zahlen.	_____
_____	_____	Er hat es mitnehmen dürfen.

Mixed verbs

Weiß sie es?	_____	_____
_____	Sie brachte etwas.	_____
_____	_____	Hast du sie gekannt?

D. Yesterday you explored the city of Wiesbaden in Hessen. Tell about your visit, supplying the appropriate form of the verb in parentheses in the simple past.

1. Gestern _____ wir unsere alten Freunde in Wiesbaden. (treffen)

2. Leider _____ es den ganzen Tag sehr stark. (regnen)

3. Ich _____ meinen Regenmantel tragen. (müssen)

4. Am Nachmittag _____ unsere Freunde zusammen mit uns einen Stadtbummel

   machen. (können)

5. Ich _____ viel Geld _____ , aber dann _____ ich

   doch nichts kaufen. (mitbringen, wollen)

6. Am Abend _____ wir ins Kino gehen, aber unsere Freunde _____

   den Film schon. (wollen, kennen)

7. Wir _____ nicht, was wir machen _____ . (wissen, sollen)

8. Wir _____ auch sehr müde und hungrig. (werden)

9. Dann _____ wir wieder zu ihnen, _____ zusammen eine Pizza und

   _____ schon um elf Uhr wieder zu Hause in Mainz. (fahren, essen, sein)

E. Am Telefon. Nicole verließ das Haus heute schon um sechs Uhr, als ihr Mann Joachim noch schlief. Um zehn Uhr stand er auf und rief sie an. Schreiben Sie ihr Gespräch (*conversation*) in ganzen Sätzen. (*Use simple past tense for **sein**, **haben**, and the modal verbs; for other verbs use the perfect tense.*)

JOACHIM: wo / sein / du / heute Morgen / ?

_____

ich / hören / dich / gar nicht / .

_____

NICOLE: ich / müssen / schon um sieben Uhr / bei der Arbeit / sein / .

_____

ich / haben / sehr viel / zu tun / .

_____

anrufen / jemand / für mich / ?

_____

JOACHIM: Ja, Inge / wollen / mit dir / sprechen / .

_____

sie / können / gestern / nicht / kommen / / /

_____

denn / jemand / ihr / den Geldbeutel / klauen / . (*use past perfect*)

_____

F. Join each pair of sentences, using one of the conjunctions **wenn**, **wann**, or **als** as appropriate.

BEISPIEL: Ich möchte wissen. Es ist passiert.
            Ich möchte wissen, **wann es passiert ist.**

1. Ich weiß nicht. Du bist geboren.

_____

2. Wir trafen unsere Freunde aus Freiburg. Wir waren damals in Berlin.

_____

_____

3. Ich fahre morgen Rad. Du leihst mir dein Fahrrad.

_____

4. Es gab nicht so viel Luftverschmutzung. Unsere Großeltern waren jung.

_____

_____

5. Ich verstehe sie schlecht. Sie spricht am Telefon.

_____

_____

6. Ich habe keine Ahnung. Sie wollen uns treffen.

_____

G. Complete the sentence with a clause in the past perfect tense. Use the cues in parentheses.

>   BEISPIEL: (die Post / schon / zumachen), als ich mit dem Brief dort ankam.
>   **Die Post hatte schon zugemacht,** als ich mit dem Brief dort ankam.

1. Als wir zu Hause ankamen, (der Regen / schon / anfangen).

_____

_____

2. (nachdem / wir / einen Stadtbummel / machen), wollten wir etwas essen.

_____

_____

3. (Kellnerin / den Fisch / empfehlen), aber wir bestellten nur einen Salat.

_____

_____

4. (da / Jan und Rolf / ihre Ausweise / vergessen), mussten sie den vollen Preis bezahlen.

_____

_____

5. (der Zug / schon / abfahren), als ich am Bahnhof ankam.

_____

_____

6. Ich wollte das Buch lesen, (nachdem / ich / sehen / den Film).

_____

_____

H. Which word does *not* belong in each set? (*circle one*) This exercise includes vocabulary from **Wortschatz 2.**

1. am Anfang / am Ende / auf der Treppe / im Monat / am Nachmittag

2. die Republik / das Volk / der Politiker / die Kunst / die Partei

3. geboren / der Geburtstag / wenig / die Kindheit / der Senior

4. die Ausstellung / das Bild / das Plakat / der Wähler / das Museum

5. zählen / wie viele / die Nummer / die Jugend / ein paar

6. erklären / sammeln / unterbrechen / empfehlen / eine Frage stellen

I. Describe Beate Winkler's workday from beginning to end, using the simple past tense.

aufstehen — *wann?*

Kaffee trinken — *wie viel?*

in die Stadt fahren — *wie?*

lesen wollen — *was?*

mit der Arbeit beginnen müssen — *wann?*

von einer Freundin Geld leihen müssen — *warum?*

nach dem Mittagessen spazieren gehen — *mit wem?*

in die Straßenbahn einsteigen — *wann?*

schon um 9 Uhr ins Bett gehen — *warum?*

Gestern stand Beate Winkler erst um 8 Uhr auf. Sie ...

_____

_____

_____

_____

_____

_____

_____

J. Sort the following expressions into the appropriate column on the next page.

nächste Woche

vom 11. bis 17. März

immer

diese Woche

am Wochenende

den ganzen Tag

jede Woche

im Jahre 1913

damals

~~schon einen Monat~~

vor vier Tagen

selten

am Nachmittag

seit drei Jahren

oft

morgen Nachmittag

gleich

vorher

morgens

im April 1980

jetzt

abends

heute

dreimal

jeden Tag

um elf Uhr

ein Semester

nachher

am Freitag

im Herbst

dieses Semester

seit gestern

eine Stunde

letztes Jahr

manchmal

Wann?	Wie lange?	Wie oft?
	schon einen Monat	

K. **Review of use of tenses.** Circle the English phrase that best expresses the italicized phrase in the German sentence.

1. *Wie lange studierst du schon* in Tübingen?

    a. How long have you been studying . . .

    b. How long are you going to be studying . . .

    c. How long did you study . . .

2. *Wir wohnten fünfzehn Jahre* in dem Haus.

    a. We lived . . . fifteen years ago.

    b. We lived . . . for fifteen years.

    c. We have been living . . . for fifteen years.

3. *Als ich* an der Universität Bonn *anfing,* hatte ich keine Ahnung von Politik.

    a. When I begin . . .

    b. When I have begun . . .

    c. When I began . . .

4. Kannst du mir bitte sagen, *was gestern passiert ist*?

    a. . . . what happened

    b. . . . what is going to happen

    c. . . . what is happening

Circle the best German equivalent for the sentence in English.

5. *What did you see when you were there?*

    a. Was hast du gesehen, als du da warst?

    b. Was siehst du, wenn du da bist?

    c. Was hast du gesehen, wenn du da warst?

6. *We have not seen him for two years.*

    a. Wir haben ihn seit zwei Jahren nicht gesehen.

    b. Wir haben ihn vor zwei Jahren nicht gesehen.

    c. Wir sahen ihn vor zwei Jahren nicht.

7. *I have been working all afternoon.*

    a. Ich habe den ganzen Nachmittag gearbeitet.

    b. Ich arbeite schon den ganzen Nachmittag.

    c. Ich arbeitete den ganzen Nachmittag.

8. *We sat in the café for two hours.*

    a. Wir sitzen seit zwei Stunden im Café.

    b. Wir haben vor zwei Stunden im Café gesessen.

    c. Wir haben zwei Stunden im Café gesessen.

KAPITEL

11

A. Use the elements given to construct question and answer exchanges. Note that all the verbs are reflexive.

BEISPIELE: A: wer / müssen / sich beeilen / ? (*present*)
          <u>Wer muss sich beeilen?</u>

        B: wir / müssen / sich beeilen / .
          <u>Wir müssen uns beeilen.</u>

1. A. wie / du / sich verletzen / ? (*perfect*)

_____

    B. ich / sich verletzen / beim Fußball / . (*perfect*)

_____

2. A. wo / wir / sollen / sich treffen / morgen / ? (*present*)

_____

    B. wir / sich treffen / in der Studentenkneipe / ! (*imperative*)

_____

3. A. seit wann / sich kennen / ihr / ? (*present*)

_____

    B. wir / sich kennen / seit fünf Monaten / . (*present*)

_____

4. A. sich ärgern / deine Schwester / oft / ? (*present*)

_____

    B. sie / sich ärgern / fast jeden Tag / . (*present*)

_____

_____

B. Supply the appropriate accusative or dative reflexive pronoun.

BEISPIELE: Ich setze __mich__ neben meinen Chef.
Möchtest du __dir__ meine neuen Fotos ansehen?

1. Samstags ziehe ich _____ immer alte Kleider an.

2. Willst du _____ noch schnell die Hände waschen, bevor wir essen?

3. Dieses Jahr kann _____ Erich endlich einen warmen Wintermantel leisten.

4. Freut ihr _____ , dass ihr bald wieder in die Schweiz fahrt?

5. Es ist schon spät, wir müssen _____ beeilen.

6. Heute habe ich keine Zeit _____ die Haare zu waschen.

7. Können Sie _____ vorstellen, wie es damals war?

8. Sag mir bitte, wann ich _____ das Zimmer ansehen kann.

9. Letztes Wochenende hat sie _____ schwer verletzt.

10. Wie hast du _____ so schwer erkältet?

C. Part 1: The sentences below describe Marianne's eventful morning. Number them in the order in which they occur.

_____ Sie setzt sich an den Frühstückstisch.

_____ Bevor sie isst, wäscht sie sich.

_____ Dann muss sie sich beeilen.

_____ Sie ärgert sich, dass die Straßenbahn sich verspätet hat.

_____ Nach dem Frühstück zieht sie sich an.

_____ Sie steht sehr langsam auf.

_____ Vor der Wohnungstür fällt sie auf der Treppe und verletzt sich.

___1___ Als sie die Augen aufmacht, freut sie sich über das schöne Wetter.

_____ Sie fühlt sich nun nicht mehr so fantastisch.

Part 2: Now that you have ordered these events, write Marianne's own description of her morning in the simple past tense. (Use **ich** and the past perfect when necessary.)

Als ich gestern die Augen aufmachte, freute ich mich über das schöne Wetter.

_____

_____

_____

_____

_____

_____

_____

_____

_____

_____

D. Rewrite the following sentences, using the new subjects in parentheses.

BEISPIEL: Ich muss mich leider beeilen. (wir)
        <u>**Wir müssen uns** leider beeilen.</u>

1. Ich muss mir neue Schuhe kaufen. (mein Bruder)

_____

2. Kann sie sich nicht selber helfen? (ihr)

_____

3. Ich kann mir gar nicht vorstellen, was du meinst. (sie, *pl.*)

_____

4. Mein Sohn hat sich gestern den Arm verletzt. (ich)

_____

5. Ich setze mich neben Tante Hildegard. (meine Schwester)

_____

6. Letzte Woche habe ich mir das Bein gebrochen. (unser Chef–*reflexive pronoun precedes noun*)

_____

7. Wo kann ich mir hier die Hände waschen? (man)

_____

8. Wie zieht sich Kurt heute Abend an? Elegant oder sportlich? (du)

_____

E. Answer the following questions, replacing the direct object with a pronoun and making word order changes where necessary. Not all the verbs are reflexive.

BEISPIEL: Kannst du dir *das neue Auto* kaufen?
Ja, hoffentlich <u>kann **ich es mir** kaufen.</u>

1. Kannst du dir *diese tolle Wohnung* leisten?

Ja, jetzt _____

2. Kann dir Karl *sein Vorlesungsverzeichnis* geben?

Ich frage Karl, ob er _____

3. Wie oft musst du dir *die Haare* waschen?

Jeden Tag _____

4. Habt ihr euch *die zwei Kirchen* angesehen?

Ja, heute Morgen _____

5. Hat sich Johanna *die Armbanduhr* gekauft?

Ja, sie _____

6. Bringst du mir *den Stadtplan* mit?

Ja, sicher _____

7. Wer schneidet dir denn *die Haare*?

Seit Jahren schneide _____ selber.

F. Put these six adjectives into a list, beginning with the word denoting the largest amount and ending with the word denoting the smallest amount. Note which is the **der**-word and which is the **ein**-word.

wenige   keine   mehrere   viele   alle   einige

_____ (**der**-word)

_____

_____

_____

_____ (**ein**-word)

Now answer the following questions, using the correct form of the words cued.

> **BEISPIEL:** Welche Filme spielen im Moment? (mehrer-, neu-)
> **<u>Mehrere neue Filme.</u>**

1. Mit wem will der Lehrer sprechen? (einig-, bekannt-, Deutsch-)

Mit _____

2. In welchen Buchhandlungen hat er das Buch gesucht? (viel-, groß-)

In _____

3. Welche Gebäude soll ich mir hier ansehen? (all-, alt-)

_____

4. Haben Sie noch Stadtpläne? (kein-, gut-)

Nein _____

5. Wie viele gute Romane habt ihr gelesen? (wenig-, gut-)

_____

G. Complete the following sentences with adjectival nouns denoting people. Form these from the adjectives in parentheses.

> **BEISPIEL:** Was hat der Arzt dem _____ gesagt? (krank)
> Was hat der Arzt dem <u> Kranken </u> gesagt?

1. Haben Sie meinen _____ schon kennen gelernt? (bekannt)

2. In unserem Wohnhaus leben viele _____. (alt)

3. Sophia war eine _____ in diesem Land. (fremd)

4. Im Zug habe ich mit einer _____ geredet. (deutsch)

5. Kein _____ sagt das heute noch. (deutsch)

6. Wir nehmen die _____ immer mit. (klein, *pl.*)

7. Ein _____ von Franz lebt in diesem Dorf. (verwandt)

8. Wir haben angefangen, mit den _____ zusammen zu arbeiten. (grün)

H. Complete each sentence with the cued neuter adjectival noun. Remember to use uppercase for nouns.

1. Gibt's etwas _____ ? (*new*)

2. Es war eigentlich nichts _____ . (*important*)

3. Man hört nicht viel _____ über diesen Schriftsteller. (*good*)

4. Uns ist gestern etwas _____ passiert. (*dumb*)

5. Wir haben etwas _____ verloren. (*expensive*)

6. Es gibt eigentlich wenig _____ in unserem Dorf. (*interesting*)

7. Als Kind habe ich einmal etwas _____ gehört. (*terrible*)

I. Answer the following questions about your preferences, using any of the adjectives below. Pay attention to adjective endings. Remember that unlike English, these adjectives of nationality are spelled in lowercase.

BEISPIEL: Essen Sie lieber amerikanische oder deutsche Schokolade?
<u>**Lieber deutsche Schokolade.**</u>

europäisch	amerikanisch	japanisch	deutsch	französisch
italienisch	englisch	russisch	kanadisch	österreichisch

1. Was für ein Fahrrad würde Ihnen gefallen?

Ein _____

2. Welche Bücher lesen Sie, wenn Sie Zeit haben?

_____

3. Mit was für einem Wagen möchten Sie fahren?

Mit _____ _____

4. Welche Filme sehen Sie gern?

_____

5. Von welcher Fußballmannschaft haben Sie schon mal gehört?

Von _____

6. Welche Musik würden Sie gern kennen lernen?

_____

7. In was für einem Restaurant möchten Sie mal essen?

In _____

J. Find the *opposites* and write them in the blanks. This exercise includes vocabulary from **Wortschatz 2**.

offen	antworten	unruhig	ankommen
gesund	verschieden	nachher	finden
auswandern	glücklich	schwach	sich ausziehen
aufwachen	reich		

1. vorher — _____

2. ruhig — _____

3. stark — _____

4. unglücklich — _____

5. arm — _____

6. krank — _____

7. verlieren — _____

8. sich anziehen — _____

9. abfahren — _____

10. fragen — _____

11. einschlafen — _____

12. geschlossen — _____

13. ähnlich — _____

14. einwandern — _____

K. Use the cues to write three short dialogues.

1. Zwei Freunde, Jens und Philipp, sprechen über Stefan.

PHILIPP: wie / Stefan / sich fühlen / heute / ?

_____ ?

JENS: ich / glauben // der Kopf / noch / weh tun / .

_____ .

2. Julia hat ihre Mutter zum Kaffee eingeladen.

JULIA: sich setzen / bitte / Mutti / !

_____ !

MUTTER: danke schön // ich / sich setzen / hier / an / das Fenster / .

_____ .

3. Ursula freut sich und erzählt Birgit, warum.

BIRGIT: was / sein / los / ? // du / aussehen / so / glücklich / .

_____ .

URSULA: ja // ich / sich kaufen / heute / ein- / toll / neu / Kamera / . (*perfect*)

_____ .

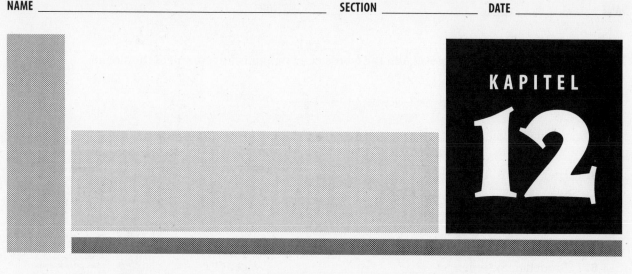

KAPITEL

12

A. Supply the missing comparative and superlative forms of the adjectives **billig** and **schön**.

Comparative Form	*Superlative Form*

Nominative

Das ist ein **billigerer** Mantel.

Das ist eine _____ Jacke.

Das ist ein _____ Hemd.

Das sind _____ Schuhe.

Das ist der **schönste** Mantel.

Das ist die _____ Jacke.

Das ist das _____ Hemd.

Das sind die _____ Schuhe.

Accusative

Dieser Laden hat ...

einen _____ Mantel.

eine _____ Jacke.

ein _____ Hemd.

_____ Schuhe.

Dieser Laden hat ...

den _____ Mantel.

die _____ Jacke.

das _____ Hemd.

die _____ Schuhe.

Dative

Ich kenne einen Laden ...

mit einem _____ Mantel.

mit einer _____ Jacke.

mit einem _____ Hemd.

mit _____ Schuhen.

Das ist der Laden ...

mit dem _____ Mantel.

mit der _____ Jacke.

mit dem _____ Hemd.

mit den _____ Schuhen.

B. Werbetext (*Advertising Slogans*). Add the words cued in English to complete the slogans.

1. „Bei uns gibt es die _____ Pullover!"

(warmest)

2. „Wir haben die _____ Möbel!" (*furniture – plural*)

(most modern)

3. „Hier bei uns finden Sie die _____

(most intelligent)
   Software!"

4. „Suchen Sie ein _____ Telefon?"

(better)

5. „Brauchen Sie einen _____ Wagen?"

(larger)

6. „Hier an der Ostsee wird jeder Mensch _____!"

(healthier)

7. „Bei uns finden Sie die _____ Weine!"

(oldest)

8. „Jeder macht bei uns einen _____ Urlaub."

(longer)

9. „Bei uns findet man nicht nur die _____ Uhren."

(most expensive)

10. „In unseren Turnschuhen laufen Sie _____!"

(the fastest)

11. „Hier bei uns scheint die Sonne _____."

(the strongest)

12. „Was essen Kinder _____?"

(like [to eat] best of all)

Berlins größte
Auto-Selbst-Reparatur-Werkstatt
Eiswerder 10-12, Spandau
Mo - Sa.   8.00   19.00

Tel. 336 44 71
mit 8 Hebebühnen 17,-/h
6 Stellplätzen 12,-/h usw.
1 Lackhalle
5 Waschplätze für Motorwäsche
mit Frank Dampfstrahler

C. **Im Gegenteil!** Respond to these questions by saying that the opposite is true. Use the antonym of the italicized adjective in your answer.

BEISPIEL: Habt ihr die *ältere* Französin gefragt?

           Nein, <u>wir haben die **jüngere** Französin gefragt</u>.

1. Liest du den *längeren* Artikel?

   Nein, _____

2. Kosten Lebensmittel immer *weniger* bei euch?

   Nein, _____

3. Werden die Meere der Welt immer *kälter*?

   Nein, _____

4. Ist das deine *ältere* Schwester?

   Nein, _____

5. Sucht Marianne eine *kleinere* Kamera?

Nein, _____

6. Wird die Partei immer *stärker*?

Nein, _____

D. Use **wie** or **als** to complete the comparisons.

1. Diese Jacke ist fast so teuer _____ ein Mantel.

2. Ich finde rot genauso schön _____ gelb.

3. Das Kleid trage ich lieber _____ den Rock.

4. Das Hemd hat schönere Farben _____ das T-Shirt.

5. Diese Sonnenbrille ist weniger hübsch _____ meine Brille.

6. Die italienischen Schuhe sind mir nicht so bequem _____ die französischen.

7. Die Kleider kosten hier fast genauso viel _____ im anderen Geschäft.

8. Hier sind die Preise besser _____ im anderen Geschäft.

9. Niemand sieht so toll aus _____ wir!

E. **Was essen die Deutschen und alle anderen Europäer?** The following statements compare the Germans' and Europeans' consumption of various foods. The information in the graph will help you choose the correct completion.

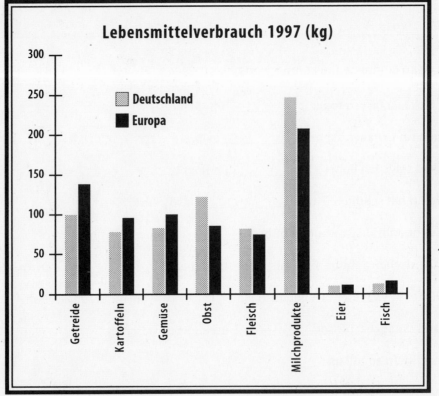

der Verbrauch = *consumption*   Getreide = *grains*   Eier = *eggs*

1. In Deutschland isst man _____ Fleisch als Fisch und

   _____ Gemüse wie Fleisch. (weniger, mehr, fast so viel)

2. In Europa isst man _____ Getreide als in Deutschland, aber

   _____ Milchprodukte. (nicht so viel, mehr, genauso viel)

3. In Deutschland und in ganz Europa isst man Eier _____ .

   (am liebsten, am wenigsten)

4. In Deutschland isst man _____ Getreide als Kartoffeln und

   _____ Kartoffeln wie Gemüse. (weniger, lieber, fast so gern)

5. Von allen Lebensmitteln essen die Deutschen wie auch alle anderen Europäer

   _____ Käse, Joghurt und andere Milchprodukte. (am wenigsten, am meisten)

6. Nun schreiben Sie drei Sätze. Was essen *Sie* gern oder nicht so gern? Was essen Sie am liebsten?

Ich _____

_____

_____

F. Create your own advertisements, using the subjects and adjectives provided. The example is only a model. Do not follow it exactly, but be creative, using as many comparative and superlative forms as possible.

BEISPIEL: (das Fahrrad – fahren / schnell, gut)

Wollen Sie **das schnellste** Fahrrad fahren?
Besitzen Ihre Freunde **schnellere** Fahrräder als Sie?
Oder ist Ihr Fahrrad vielleicht **genauso schnell wie** ihre Fahrräder?
Dann kaufen Sie unsere Fahrräder, denn jeder weiß, **je schneller desto besser**!

1. (der Wohnwagen [*mobile home*] – besitzen / groß, gut)

_____

_____

_____

_____

_____

2. (der Computer – benutzen / neu, schnell)

_____

_____

_____

_____

_____

G. Which word in the set does not have the same relationship to the base word as the others? Circle one.

1. spielen: Karten / Gepäck / Tennis / Musik

2. das Gebäude: Zimmer / Tür / Treppe / Kirche

3. der Beruf: Mechaniker / Bürger / Ärztin / Kellnerin

4. die Fahrkarte: Bus / Bahn / Fahrrad

5. das Papier: Referat / Brief / Artikel / Typ

H. Complete each sentence with the correct relative pronoun.

     BEISPIEL: Ich kenne den Film nicht, __den__ du gestern gesehen hast.

    1. Ist das der Film, _____ in Frankreich so bekannt ist?

    2. Mein Großvater kennt viele Geschichten, _____ ich immer wieder gern höre.

    3. Der Typ, _____ wir getroffen haben, ist Marias Verlobter.

    4. Ist das die skandinavische Schriftstellerin, _____ Romane sehr berühmt sind?

    5. Es sind nicht nur arme Leute, _____ der Staat helfen soll.

    6. Das ist genau die Antwort, _____ ich hören wollte.

    7. Hier ist eine Liste der Mitglieder, _____ Namen Sie noch nicht kennen.

    8. Wir suchen die Dame, _____ dieses Gepäck gehört.

    9. Das Motorrad, _____ er verkaufen will, kann ich mir nicht leisten.

   10. Der Schwimmer, _____ bei den Olympischen Spielen gewonnen hat, war mit mir auf der Schule.

I. Combine each pair of sentences, using the correct preposition followed by a relative clause.

     BEISPIEL: Siehst du den Zug? (Wir wollen mit ihm fahren.)
                  Siehst du den Zug, **mit dem wir fahren wollen**?

    1. Ist das die Lehrerin? (Du erinnerst dich an sie.)

       _____

    2. Kennt ihr den Politiker? (Wir sprechen über ihn.)

       _____

    3. Hier ist ein Foto des jungen Politikers. (Alle reden von ihm.)

       _____

    4. Wie heißt die Frau? (Dein Bruder hat sich mit ihr verlobt.)

       _____

    5. Unser Großvater erzählt gern über die Stadt. (Er hat in dieser Stadt seine Kindheit verbracht.)

       _____

J. Complete each sentence, using the words in parentheses and **was** as a relative pronoun.

> **BEISPIEL:** Ist das alles, (Professor / von uns / verlangen)?
> <u>Ist das alles, **was der Professor von uns verlangt?**</u>

1. Ist das das Schlimmste, (du / können / dir / vorstellen)?

_____

2. Alles, (wir / hören – *perfect tense*), war sehr positiv.

_____

3. Nächste Woche haben wir endlich Semesterferien, (mich / sehr / freuen).

_____

4. Ich habe damals viel gekauft, (ich / heute / nicht mehr / brauchen).

_____

5. Dorothea meint, es gibt nichts, (sie / nicht / können / lernen).

_____

6. Wir konnten die ganze Woche nicht schwimmen, (uns / enttäuschen – *perfect tense*).

_____

_____

K. Use relative clauses to give definitions for the following vocabulary items.

> **BEISPIEL:** Ein Schreibtisch <u>ist ein Tisch, an dem man sitzt und schreibt.</u>

1. Die Buchhandlung _____

2. Ein Computertisch _____

3. Der Mitbewohner _____

4. Die Heimatstadt _____

5. Die Autobahn _____

6. Ein Weinglas _____

7. Ein Wörterbuch _____

L. Give the English equivalent of the following sentences.

1. Du kannst deinen Regenschirm zu Hause lassen.

_____

2. Meine Mutter ließ immer den Arzt kommen, wenn ich krank war.

_____

3. Ich muss mein Auto bald waschen lassen.

_____

4. Heute Abend lassen wir die Kinder das Essen kochen.

_____

5. Die Frage ist nur, ob man mich allein arbeiten lässt.

_____

6. Lass mich doch den Kaffee bezahlen!

_____

M. Rewrite the sentences in the tense indicated.

1. Mein Vater lässt sein Auto nie reparieren. (_perfect_)

_____

2. Hast du deine Kamera zu Hause gelassen? (_present_)

_____

3. Wir ließen uns die Situation erklären. (_perfect_)

_____

4. Unsere Professoren lassen dieses Semester viele Referate schreiben. (_simple past_)

_____

5. Ich lasse mein schweres Gepäck immer im Schließfach (_in a locker_). (_simple past_)

_____

N. Complete the sentences with an appropriate phrase from the list.

manchmal   das letzte Mal   diesmal   zum dritten Mal   zweimal   noch einmal   zigmal

1. Mein Freund und ich gehen _____ im Monat ins Kino.

2. Ich habe Sie nicht verstanden. Können Sie es mir bitte _____ erklären?

3. In der Mensa ist es so laut, dass man _____ die eigene Stimme nicht hören kann.

4. Meine Familie fährt oft nach Europa. _____ waren wir zwei Wochen in der Schweiz.

5. Diesen Film sehe ich jetzt schon _____!

6. Stell dir vor, wir haben das berühmte Gebäude schon _____ gesucht und nie gefunden!

7. Ich glaube, _____ nehmen wir den Stadtplan mit.

O. Part 1: Put these expressions in the correct chronological order.

gestern Morgen   ~~vorgestern~~   morgen Abend
übermorgen   heute Morgen   morgen früh
heute Nachmittag   heute Abend   gestern Abend
morgen Nachmittag

vorgestern _____

_____

_____

_____

_____

_____

_____

_____

Part 2: Answer the following questions using **vor** + *dative* or one of the expressions in the first part of this exercise.

Wenn heute der 15. November ist, wann ist (oder war) …

… der 15. Oktober?   *vor einem Monat.* _____

… der 15. September?   _____

… der 13. November?   _____

… der 8. November?   _____

… der 17. November?   _____

… der 12. November?   _____

… der 10. November?   _____

ZUSAMMENFASSUNG UND WIEDERHOLUNG

(Kapitel 9–12)

FORMS

1. Verbs

A. Simple past tense

1. Weak verbs   p. 274

stem + -te + endings			
ich	sag**te**	wir	sag**ten**
du	sag**test**	ihr	sag**tet**
er, es, sie	sag**te**	sie, Sie	sag**ten**

stem ending in -t + -ete + endings			
ich	arbeit**ete**	wir	arbeit**eten**
du	arbeit**etest**	ihr	arbeit**etet**
er, es, sie	arbeit**ete**	sie, Sie	arbeit**eten**

2. Mixed verbs   p. 278

changed stem + -te + endings			
*wissen, **wusste**, hat gewusst*			
ich	wuss**te**	wir	wuss**ten**
du	wuss**test**	ihr	wuss**tet**
er, es, sie	wuss**te**	sie, Sie	wuss**ten**

Similarly:

bringen	→ **brachte**	nennen	→ **nannte**
mitbringen	→ **brachte mit**	kennen	→ **kannte**
verbringen	→ **verbrachte**		

and the modal verbs (*no umlaut in past stem*):

dürfen	→ **durfte**	müssen	→ **musste**
können	→ **konnte**	sollen	→ **sollte**
mögen	→ **mochte**	wollen	→ **wollte**

3. Verbs **haben** and **werden** (*irregular in the simple past*)   p. 279

haben, **hatte**, hat gehabt			
ich	hat**te**	wir	hat**ten**
du	hat**test**	ihr	hat**tet**
er, es, sie	hat**te**	sie, Sie	hat**ten**

werden, **wurde**, ist geworden			
ich	wur**de**	wir	wur**den**
du	wur**dest**	ihr	wur**det**
er, es, sie	wur**de**	sie, Sie	wur**den**

4. Strong verbs: changed stem + endings   p. 275

nehmen, **nahm**, hat genommen			
ich	nahm	wir	nahm**en**
du	nahm**st**	ihr	nahm**t**
er, es, sie	nahm	sie, Sie	nahm**en**

The simple past tense of strong verbs will be found in the table on pages 276–277 of your textbook. In **Kapitel 10–12**, you learned these additional strong verbs. Review their principal parts.

infinitive	3rd sing. pres.	simple past	perfect
brechen	bricht	**brach**	hat gebrochen
lassen	lässt	**ließ**	hat gelassen
rufen		**rief**	hat gerufen
schneiden		**schnitt**	hat geschnitten
vergleichen		**verglich**	hat verglichen
verschwinden		**verschwand**	ist verschwunden
wachsen	wächst	**wuchs**	ist gewachsen
waschen	wäscht	**wusch**	hat gewaschen

B. Past perfect tense: simple past of the auxiliary + past participle   pp. 283–284

Ich **hatte** das schon **gesagt**.   *I had said it already.*
Sie **war** fünf Jahre da **gewesen**.   *She had been there for five years.*
Nachdem sie **gegessen hatten**, gingen   *After they had eaten, they went to*
   sie ins Theater.   *the theater.*

C. The verb **lassen**   p. 349

1. *to leave* (something or someone), *leave behind* (perfect tense: **hat gelassen**):

   Lassen Sie mich allein.
   Hast du deine Kamera im Hotel **gelassen**?

2. *to allow, let* (perfect tense: double infinitive)

   Sie **lassen** uns heute Nacht hier schlafen.
   Sie haben uns bis neun Uhr **schlafen lassen**.

3. *to have or order something done* (perfect tense: double infinitive)

Sie **lässt** den Arzt kommen.
Sie **hat** den Arzt **kommen lassen.**

A noun or pronoun in the dative indicates for whom the action is performed:

Ich lasse **mir** das Essen bringen.

2. Reflexive verbs and pronouns   p. 303

A. Accusative and dative reflexive pronouns

	accusative	*dative*
ich	**mich**	**mir**
du	**dich**	**dir**
er, es, sie	sich	sich
wir	uns	uns
ihr	euch	euch
sie, Sie	sich	sich

B. Accusative reflexives   pp. 304–306

The reflexive pronoun is *accusative* when the subject and direct object are the same person or thing.

subject		*acc. reflex. / dir. obj.*	
Ich	habe	**mich**	verletzt.
Wir	haben	**uns**	kennen gelernt.
Stefan	muss	**sich**	beeilen.

C. Dative reflexives   pp. 307–308

The reflexive pronoun is *dative* when the subject and indirect object are the same person or thing (something else is the direct object).

subject		*dat. reflex. / indir. obj.*	*dir. obj.*	
Ich	kaufte	**mir**	einen Hut.	
Du	bestellst	**dir**	ein Bier.	
Wir	sehen	**uns**	die Altstadt	an.

D. Reflexive verbs

The following reflexive verbs have been introduced through **Kapitel 12**. Verbs preceded by an asterisk were introduced in the **Grammatik** section of **Kapitel 11** and are not for active mastery unless your instructor indicates otherwise.

sich ändern	*to change*
sich etwas ansehen	*to have a look at something*
sich anziehen	*to get dressed*
sich ausziehen	*to get undressed*
*sich baden	*to take a bath, bathe*
sich beeilen	*to hurry*
*sich duschen	*to take a shower*

sich erinnern an	to remember
sich erkälten	to catch a cold
sich freuen	to be happy
sich fühlen	to feel
*sich die Haare kämmen	to comb one's hair
sich etwas leisten können	to be able to afford something
*sich die Zähne putzen	to brush one's teeth
*sich rasieren	to shave
*sich schminken	to put on makeup
sich setzen	to sit down
sich verletzen	to hurt oneself
sich verloben mit	to get engaged to
sich verspäten	to be late
sich etwas vorstellen	to imagine something
sich waschen	to wash oneself

3. Relative pronouns and relative clauses

A. Relative pronouns
pp. 343–349

	masculine	neuter	feminine	plural
nominative	der	das	die	die
accusative	den	das	die	die
dative	dem	dem	der	denen
genitive	dessen	dessen	deren	deren

B. Rules for use
pp. 344–345

1. The relative pronoun refers to an antecedent, a word that precedes it.

2. The relative pronoun agrees with its antecedent in number and gender.

3. The case of the relative pronoun is determined by its function in the relative clause.

4. Only a preposition may precede the relative pronoun in the relative clause.

5. The relative clause has verb-last word order.

	antecedent	rel. pron.	
Das ist	**der Film,**	**der**	jetzt läuft
		an den	ich mich nicht erinnern konnte.
		von dem	sie sprachen.
		dessen	Anfang mir so gut gefällt

C. Was as a relative pronoun
p. 348

Was is the relative pronoun when the antecedent is:

1. **etwas, nichts, viel, wenig, alles**

   Das war **alles, was** sie sagte.

2. a neuter adjectival noun

   Das war **das Schönste, was** ich je gesehen hatte.

3. an entire clause

   Sie wollen jetzt schlafen, was ich gut verstehen kann.

4. Adjectives and adverbs

A. Adjective endings   p. 247–249

     1. Adjective endings following a **der**-word:

         When the **der**-word has the primary ending, the adjective has a secondary ending.

	masculine			*neuter*			*feminine*			*plural*		
nom.	dieser	junge	Mann	dieses	junge	Kind	diese	junge	Frau	diese	jungen	Leute
acc.	diesen	jungen	Mann	dieses	junge	Kind	diese	junge	Frau	diese	jungen	Leute
dat.	diesem	jungen	Mann	diesem	jungen	Kind	dieser	jungen	Frau	diesen	jungen	Leuten
gen.	dieses	jungen	Mannes	dieses	jungen	Kindes	dieser	jungen	Frau	dieser	jungen	Leute

     2. Adjective endings following an **ein**-word:

         When the **ein**-word has no ending, the adjective has the primary ending (highlighted forms).

	masculine			*neuter*			*feminine*			*plural*		
nom.	ein	junger	Mann	ein	junges	Kind	eine	junge	Frau	meine	jungen	Leute
acc.	einen	jungen	Mann	ein	junges	Kind	eine	junge	Frau	meine	jungen	Leute
dat.	einem	jungen	Mann	einem	jungen	Kind	einer	jungen	Frau	meinen	jungen	Leuten
gen.	eines	jungen	Mannes	eines	jungen	Kindes	einer	jungen	Frau	meiner	jungen	Leute

     3. Adjective endings without a limiting word: p. 249

         The adjective has a primary ending except in masculine and neuter genitive (highlighted forms).

	masculine		*neuter*		*feminine*		*plural*	
nom.	kalter	Wein	kaltes	Wasser	kalte	Milch	kalte	Suppen
acc.	kalten	Wein	kaltes	Wasser	kalte	Milch	kalte	Suppen
dat.	kaltem	Wein	kaltem	Wasser	kalter	Milch	kalten	Suppen
gen.	kalten	Weines	kalten	Wassers	kalter	Milch	kalter	Suppen

B. Adjectives and pronouns for indefinite number   p. 311

     wenige   *few*   **andere**   *other(s)*   **mehrere**   *several*
     einige   *some*   **viele**   *many*

C. Adjectival nouns

     Adjectival nouns are capitalized and receive adjective endings.

     1. Referring to people   pp. 312–313

         Masculine and feminine singular and plural:

attributive adjective	*vs.*	*adjectival noun*
unsere kleine Tochter		**Unsere Kleine** ist heute krank. *Our little girl is sick today.*
ein deutscher Student		Dieser Student ist **Deutscher**. *This student is a German.*
mit den alten Leuten		Ich will mit **den Alten** arbeiten. *I want to work with (the) old people.*

The following words are *always* adjectival nouns:

der / die **Bekannte***   *acquaintance, friend*
der / die **Deutsche***   *German*
der / die **Verwandte***   *relative*
der **Beamte***   *official (m.)*

(BUT: **die Beamtin** is not an adjectival noun)

2. Referring to qualities   p. 314

Neuter, singular only:

Dar ist das Schönste, was ich je   *That's the most beautiful thing*
  gesehen habe.   *I've ever seen.*
Haben Sie **etwas Billigeres**?   *Do you have anything cheaper?*
Ich habe **nichts Interessantes** gehört. *I have not heard anything interesting.*

D. Comparison of adjectives and adverbs   pp. 336–343

1. Basic forms

positive degree	comparative degree (+ er)	superlative degree (am -(e)sten)
glücklich	glücklich**er**	**am** glücklich**sten**
interessant	interessant**er**	**am** interessant**esten**

2. With adjective endings

eine glücklich**e**   Kindheit   *a happy childhood*
eine glücklich**ere** Kindheit   *a happier childhood*
die   glücklich**ste** Kindheit   *the happiest childhood*

interessant**e**   Ideen   *interesting ideas*
interessant**ere**   Ideen   *more interesting ideas*
die interessant**esten** Ideen   *the most interesting ideas*

Note the two possibilities in the superlative of predicate adjectives:

Diese Ideen sind **am interessantesten**.
Diese Ideen sind **die interessantesten**.

3. Adjectives and adverbs with umlaut in the comparative and superlative   p. 340

old	alt	älter	am ältesten
young	jung	jünger	am jüngsten
dumb	dumm	dümmer	am dümmsten
smart	klug	klüger	am klügsten
cold	kalt	kälter	am kältesten
warm	warm	wärmer	am wärmsten
short	kurz	kürzer	am kürzesten
long	lang	länger	am längsten
strong	stark	stärker	am stärksten
weak	schwach	schwächer	am schwächsten
sick	krank	kränker	am kränksten
healthy	gesund	gesünder	am gesündesten
poor	arm	ärmer	am ärmsten
hard, harsh	hart	härter	am härtesten
often	oft	öfter	am öftesten
red	rot	röter	am rötesten
black	schwarz	schwärzer	am schwärzesten

* Note how the ending differs after an **ein**-word: ein Bekannt**er**, ein Deutsch**er**.

4. Irregular comparatives and superlatives   p. 341

big	**groß**	**größer**	**am größten**
good, well	**gut**	**besser**	**am besten**
high	**hoch, hoh-**	**höher**	**am höchsten**
near	**nahe**	**näher**	**am nächsten**
much, many	**viel**	**mehr**	**am meisten**
gladly	**gern**	**lieber**	**am liebsten**
		(preferably, rather)	*(to like most of all to)*

FUNCTIONS

1. Making comparisons   p. 342

A. **genauso ... wie** = *just as . . . as* (with positive degree)

nicht so ... wie = *not as . . . as*

Die zweite Erzählung war **nicht so interessant wie** die erste.

B. **als** = *than* (with comparative degree)

Jetzt sind die Preise **höher als** letztes Jahr.

C. **immer** + *compararative degree* indicates progressive change

Im Frühling werden die Tage **immer länger**.

D. **je ... desto** = *the . . . the . . .* (with comparative degree)

Je früher, desto besser.

Je mehr man lernt, **desto mehr** versteht man.

Note that **je** requires verb-last word order, while **desto** requires verb-second word order.

2. Enumerating: ordinal numbers

From first to nineteenth: *cardinal number + -t- + adjective ending* (note irregular forms in boldface)   p. 254

der, das, die	**erste**	1st	elfte	11th
	zweite	2nd	zwölfte	12th
	dritte	3rd	dreizehnte	13th
	vierte	4th	vierzehnte	14th
	fünfte	5th	fünfzehnte	15th
	sechste	6th	sechzehnte	16th
	siebte	7th	siebzehnte	17th
	achte	8th	achtzehnte	18th
	neunte	9th	neunzehnte	19th
	zehnte	10th		

Twentieth and above: *cardinal number + -st- + adjective ending*

der, das, die	zwanzigste	20th
	einundzwanzigste	21st
	siebenundfünfzigste	57th

3. Specifying time

A. Dates, days, months, decades, and years

1. Asking for the date   p. 255

nom.	**Der Wievielte** ist heute? Heute ist **der erste Februar**.	What's today's date?
acc.	**Den Wievielten** haben wir heute? Heute haben wir **den ersten Februar**.	Today is February First.

2. In what part of the day?   p. 353

gestern Abend	*yesterday evening*
heute Abend	*this evening*
in der Nacht	*at night*
morgen früh	*tomorrow morning*
morgen Nachmittag	*tomorrow, afternoon*

3. On what day of the week? **am ...**

Wann fährst du ab?
Am Donnerstag. Aber **am Montag** komme ich zurück.

4. On what day of the month? **am ...**   p. 255

Wann ist er angekommen?
Am 5. April. (am fünften April)

Wann kommen Sie zurück?
Ich komme **am 11. Oktober** zurück. (am elften Oktober)

5. In what month? **im ...**

Wann waren Sie in Rom?
Im September. Aber **im Dezember** war ich wieder zu Hause.

6. In what year?   p. 255

In welchem Jahr ist er gestorben?
Er ist **im Jahre 1955** gestorben. *or* Er ist **1955** gestorben.

7. In what decade? **die 30er-(dreißiger) Jahre** = *the Thirties*   p. 317

die goldenen 20er-(zwanziger) Jahre	*the golden 20s (Twenties)*
während der 60er-Jahre	*during the 8Os*
in den frühen 90er-Jahren	*in the early 90s*

The number does not inflect as an adjective, regardless of case.

B. Other time expressions

1. When? At what time?   p. 103

Wann warst du dort?
Letzten Montag. / Letztes Jahr. / Letzte Woche.

Wann machst du das?
Nächsten Dienstag. / Nächstes Semester. / Nächste Woche.

2. How often?

Wie oft machst du das?
Jeden Tag. / Jedes Wochenende. / Jede Woche.

3. ago = **vor** + *dative*   p. 285

   Wann warst du in Rom?
   Das war **vor drei Jahren**.

   Wann ist der Unfall passiert?
   Vor einer Stunde.

4. Expressing duration: *How long?*   p. 103

   a. time phrase in accusative case

      Ich habe **einen Tag** gewartet.

      Wie lange warst du dort?
      Den ganzen Tag. / Das ganze Jahr. / Die ganze Woche.

   b. If an action ends in the past, use simple past or perfect tense.   p. 286

      Ich **studierte** vier Semester in Berlin. ⎱ *I studied in Berlin (for) four semesters.*
      Ich **habe** vier Semester in Berlin **studiert**. ⎰

   c. If an action is continuing in the present, use present tense plus **schon**
      or **seit**.   p. 286

      Ich **wohne schon ein Jahr** hier. ⎱ *I've been living here for a year.*
      Ich **wohne seit einem Jahr** hier. ⎰

5. Time phrases with **Mal**   p. 352

   a. **das Mal** = *time* (in the sense of "an occurrence")

      das erste (zweite, dritte) Mal   *the first (second, third) time*
      zum ersten (zweiten) Mal   *for the first (second) time*

   b. cardinal number + **-mal** = *how many times*

      Ich bin **einmal** dort gewesen.   *I've been there once.*
      Den Film habe ich **dreimal** gesehen. *I've seen the film three times.*
      Das habe ich schon **zigmal** gesagt.   *I've said that umpteen times.*

6. Equivalents of English *when*   pp. 281–282

   a. **wann** = *at what time?*

      Wann ist das passiert?
      Ich weiß nicht, **wann** das passiert ist.

   b. **wenn**

      Conjunction = *when* (in the present or future)
      Wenn Sie uns besuchen, zeigen wir Ihnen die Stadt.

      Conjunction = *whenever* (in past or present)
      Wenn ich nach Berlin kam, haben wir uns immer gesehen.

      Conjunction = *if*
      Wenn ich kann, helfe ich dir gerne.

   c. **als** = *when* (for a single event or period in the past—almost always
      used with simple past tense)

      Als ich jung war, durfte ich nicht allein in die Stadt.

4. Talking about clothing and parts of the body   p. 307

German usually uses dative pronouns. not possessive adjectives, when talking about clothing and parts of the body.

Meine Freundin schneidet **mir** die Haare.	*My girlfriend cuts **my** hair.*
Ziehen Sie **sich** den Mantel an.	*Put on **your** coat.*
Stefanie hat **sich** das Bein gebrochen.	*Stefanie broke **her** leg.*
Ich muss **mir** die Zähne putzen.	*I have to brush **my** teeth.*

5. Specifying time, manner, and place: word order of adverbs   p. 253

Think of the adverbs as answering the following questions in alphabetical order:

	wann?	*wie?*	*wo(hin)?*
Ich werde	morgen	mit meinen Freunden	vor der Bibliothek warten.
Gehen wir	jetzt	schnell	zum Supermarkt!

6. Setting a scene with *bei*   p. 316

bei = *while . . . ing,* or *at* (an activity or someone's home or business)

Die laute Musik stört mich **beim Lesen.**
Marion ist heute **bei ihren Verwandten.**

USEFUL IDIOMS AND EXPRESSIONS

You should be able to use all these idioms and expressions actively.

1. Requesting information

Was ist los?
Darf ich eine Frage stellen?
Was hast du zum Geburtstag bekommen?
Wieso?
Was ist aus ihm geworden?

2. Reactions and opinions

Das ist schade.
Das tut mir weh.
Na endlich!
Augenblick bitte!
Danke, gleichfalls!
So ein Mist!
Na und?
Ich habe keine Ahnung.
Viel Spaß!

3. Colloquialisms

Ich bin leider **knapp bei Kasse.**
Das war eine **dreckige** Arbeit!
Jemand hat mir den Geldbeutel **geklaut!**

TEST YOUR PROGRESS

Check your answers with the Answer Key at the end of this Workbook/Laboratory Manual/Video Workbook.

A. Complete these sentences with the appropriate reflexive phrase cued in English.

1. Ich höre, dein Vater hat _____ (*got hurt*).

2. Ja, aber Gott sei Dank _____ (*he already feels*) viel besser.

3. Stimmt es, dass Rita und Rudi _____ (*have gotten engaged*)?

4. Richtig, darum _____ (*they're happy*) so sehr.

5. Komm doch, wir müssen _____ (*hurry up*).

6. Hast du _____ (*already gotten dressed*)?

7. Noch nicht, die Zeitung möchte ich _____ (*have a look at*).

B. Complete this paragraph with the appropriate word or phrase cued in English. Don't forget the adjective endings!

Wenn man (1) _____ (*this*) Monat ins (2) _____

(*old*) Landesmuseum geht, sieht man (3) _____ (*a new*) Ausstellung über

(4) _____ (*German*) Geschichte in (5) _____ (*our*)

Jahrhundert. Dort kann man sich (6) _____ (*various interesting*) Plakate

ansehen und (7) _____ (*the political*) Kunst in der Zeit der

(8) _____ (*first German*) Republik studieren. Man sieht auf

(9) _____ (*these old*) Plakaten, wie die (10) _____

(*many*) Parteien versucht haben, die Ängste (11) _____ (*of the German*

people) zu manipulieren. Das (12) _____ (*first*) Bild ist ein

(13) _____ (*good*) Beispiel für (14) _____ (*political*)

Plakate während (15) _____ (*this important*) Epoche. Es zeigt

(16) _____ (*a "strong"*) Mann. Natürlich sollten die

(17) _____ (*unemployed Germans*) an einen „Führer" denken.

C. Fill in the blanks with **wenn**, **wann**, or **als** as appropriate.

(1) _____ ich jung war, wollte ich Fußballspieler werden. (2) _____ mein Vater mich

jeden Samstag zum Spiel mitnahm, habe ich mich immer gefreut. (3) „_____ darf ich einen

Fußball haben?" fragte ich immer. Vater sagte: (4) „_____ du sechs bist." (5) _____ ich

aber sechs wurde, wollte ich Cowboy werden. Ich kann mich nicht erinnern, (6) _____ ich

Arzt werden wollte. (7) _____ ich Ihnen jetzt sage, was ich bin, glauben Sie es mir nicht: Ich

bin doch Fußballspieler geworden!

D. Use the verb **lassen** in the German equivalents of these sentences.

1. Please let me stay!

_____

2. Did you leave your luggage in the car?

_____

3. I'm having the food brought to me.

_____

4. Did you have the doctor come? (*use perfect tense*)

_____

5. Leave your coat on the chair.

_____

6. Can we let the children play for another hour?

_____

E. Restate each sentence, putting the adjective or adverb into the comparative and then into the superlative.

BEISPIEL: Unsere Cousine ist *eine gute* Schülerin.
   Unsere Cousine ist **eine bessere** Schulerin.
   Unsere Cousine ist **die beste** Schülerin.

1. Ich würde *gern* deutschen Wein trinken.

_____

_____

2. Die Menschen aus dieser Gegend sind *arm*.

_____

_____

3. Ihren Namen habe ich *oft* gehort.

_____

_____

4. Das ist ja *ein starker* Kaffee.

_____

_____

5. Schmidts haben *viele* Kinder.

_____

_____

6. Mein Mantel ist *warm*.

_____

_____

7. Man hat hier *große* Gebäude gebaut.

_____

_____

8. *Viele* Menschen verstehen mich nicht.

_____

_____

9. Wer fand diese Geschichte *interessant*?

_____

_____

10. Du scheinst *ein kluges* Kind zu sein.

_____

_____

F. Fill in the blanks with the appropriate relative pronoun.

1. Wie heißt der Chef, für _____ Sie arbeiten?

2. Er heißt Kurt Martens und sein Sohn, mit _____ ich zur Schule ging, heißt Knut.

3. Ist das nicht der Junge, _____ (*whose*) Foto in der Zeitung war?

4. Ja, die Fußballmannschaft, für _____ er spielt, hat letzte Woche gewonnen.

5. Auf der Speisekarte ist nichts, _____ ich nicht schon kenne.

6. Was war das Schönste, _____ du dort gemacht hast?

7. Ich habe gute Freunde kennen gelernt, mit _____ ich über alles reden konnte.

8. Die Professorin, bei _____ ich ein Seminar über deutsche Literatur belegte, hat mir wirklich geholfen.

9. Die deutschen Studenten, _____ im Studentenwohnheim wohnten, waren auch sehr sympathisch.

10. Ja, das war etwas, _____ ich nie vergessen kann.

G. Insert a phrase with **Mal** or **-mal** into these sentences.

1. Das war _____ (*the last time*), dass ich sie gesehen habe.

2. Ich werde ihn _____ (*one more time*) fragen.

3. Seid ihr mehr als _____ (*three times*) in der Schweiz gewesen?

4. Ja, das _____ (*second time*) war ich erst elf Jahre alt.

5. Aber _____ (*back then*) konnte ich noch nicht so gut Deutsch wie jetzt.

6. Nächsten Sommer fahre ich _____ (*for the fourth time*) nach Zürich.

H. Wie sagt man das auf Deutsch?

1. What kind of a car do you have? (use **du**)

_____

2. I broke my arm a month ago.

_____

3. He drove to Berlin this morning.

_____

4. When you came home you disturbed me. (use **du**)

_____

5. How long have you been learning German? (use **du**)

_____

6. Those are the students whose names I've forgotten.

_____

7. I went to the station with them the day before yesterday.

_____

8. The blue shirt was the most expensive.

_____

9. After we had eaten, we went to the movies.

_____

10. Back then we lived in a small apartment.

_____

11. He is a friend of mine.

_____

12. My sister is younger than I am.

_____

KAPITEL
13

A. Complete each sentence with the preposition that complements the verb.

BEISPIEL: Ich interessiere mich __für__ diese Schriftstellerin.

1. Warten die anderen _____ uns?

2. Wir können diesen Beamten _____ Auskunft bitten.

3. Niemand hat sich bis jetzt _____ die Klausur vorbereitet.

4. Es ist wirklich schwierig sich _____ die langen Vorlesungen zu gewöhnen.

5. Es lohnt sich nicht mehr _____ das Problem zu sprechen.

6. Wir kümmern uns jetzt mehr _____ unsere Verwandten.

7. Darf ich Sie _____ unseren Termin erinnern?

B. Answer the following questions with the prepositional objects cued. Be sure to use the correct case.

BEISPIEL: Wofür interessiert ihr euch? (die Geschichte der Schweiz)
           __Für die Geschichte der Schweiz.__

1. Woran erinnerst du dich gut? (meine Schulklasse)

   _____

2. Wofür interessiert sich Frau Brandt? (die Geschichte der Partei)

   _____

3. Worauf wartet ihr denn? (der nächste Zug)

   _____

4. Worauf bereiten Sie sich vor? (meine Urlaubsreise)

   _____

5. Woran müssen sich Irene und Thomas in den USA gewöhnen? (das amerikanische Essen)

_____

6. Worum wollen wir den Lehrer bitten? (etwas mehr Zeit)

_____

C. Which forms are missing in the list below?

worüber?	über	darüber
	auf	
worum?		
		dafür
	an	
wovor?		
		damit
	in	

D. Now use the appropriate expression from the table above to complete the following dialogues.

1. „ _____ sprecht ihr?"

„ _____ die Europäische Union."

„ _____ möchte ich auch gern sprechen."

2. „ _____ freust du dich so?"

„ _____ unsere Reise nach Basel."

„ _____ freuen wir uns auch schon lange!"

3. „ _____ kümmert sich Jens jetzt so sehr?"

„ _____ die Umweltverschmutzung."

„ _____ müssen wir uns alle kümmern!"

4. „ _____ interessiert sich der neue Mitbewohner?"

„ _____ politische Diskussionen."

„Wirklich? _____ interessiere ich mich gar nicht."

5. „Du siehst schrecklich aus! Was ist los?"

„Ich habe Angst."

„ _____ denn?"

„ _____ der Klausur, die ich morgen schreibe."

„ _____ brauchst du wirklich keine Angst zu haben."

E. Review separable-prefix verbs. Choose the best verb from the list below to complete the sentences. Remember that in the present tense and the imperative, the separable prefix is placed at the end of the clause.

vorhaben	sich auskennen	sich vorbereiten	aufräumen
weggehen	mitmachen	zuhören	sich anziehen

1. _____ doch bitte deinen Schreibtisch _____, bevor du gehst!

2. Was _____ ihr heute Abend _____? Geht ihr mit uns essen?

3. _____ du dich in dieser Gegend _____ oder soll ich am Informationsschalter fragen?

4. _____ mir bitte gut _____, denn ich muss dir etwas Wichtiges erzählen.

5. Der Arzt ist vor einer Stunde _____, aber er kommt sicher bald zurück.

6. Warum hast du dir keine Handschuhe _____?

7. _____ ihr dieses Jahr bei der Kunstausstellung in der Schule _____?

8. Wir haben uns gestern Abend auf die Klassendiskussion gut _____.

F. Assume that you have not understood what has just been said. Ask for clarification as in the examples. Use a **wo**-compound or a *preposition* + *pronoun* as appropriate.

BEISPIELE: Rolf spielt mit seinem neuen Computer.
<u>**Womit**</u> spielt er?

Rolf spielt heute Fußball mit Kirsten.
<u>Mit **wem**</u> spielt er?

1. Unsere Klasse hat heute über eine interessante Erzählung gesprochen.

_____ ?

2. Wir haben mit einem Glas Wein angefangen.

_____?

3. Ich habe mich plötzlich wieder an meine französischen Bekannten erinnert.

_____?

4. Ich musste mich an das Klima gewöhnen.

_____?

5. Ich interessiere mich seit Jahren für das Mittelalter.

_____?

G. Answer the questions negatively with a **da**-compound or a *preposition + pronoun*.

> **BEISPIELE:** Spielt Ralph mit seinem neuen Computer?
> <u>Nein, er spielt **nicht damit.**</u>
>
> Spielt Hans-Peter Fußball mit Kirsten?
> <u>Nein, er spielt **nicht mit ihr.**</u>

1. Redet Peter jedes Wochenende mit seinen Eltern?

Nein, _____

2. Interessierst du dich auch für die Geschichte Russlands?

_____

3. Gewöhnt sich deine Schwester an das Stadtleben?

_____

4. Wartet ihr schon lange auf uns?

_____

5. Erinnern Sie sich gern an Ihre Kindheit?

_____

H. You belong to a group of students just taking off for a semester of study in Zürich, Switzerland. Describe your situation. Use the *future tense* to construct sentences with the cues provided.

> **BEISPIEL:** wir / studieren / nächstes Semester / Zürich / .
> <u>**Wir werden nächstes Semester in Zürich studieren.**</u>

1. wir / am Anfang / nicht / gut / sich auskennen / .

_____

2. zuerst / ich / sich kaufen / einen guten Stadtplan von Zürich / .

_____

3. David / versuchen / ein Zimmer bei einer Familie zu bekommen / .

_____

4. Beth / belegen / einen Sprachkurs für Ausländer / .

_____

5. wir / kaufen / sofort / Monatskarte / für / die Straßenbahn / .

_____

6. wir / müssen / sich gewöhnen an / das Schweizerdeutsch / .

_____

I. Wie sagt man das auf Deutsch? (Use **möchten** or **wollen** with a **dass**-clause construction.)

1. They want us to help them.

_____

2. I would like him to write a letter.

_____

3. I want you to listen to me.

_____

4. Do you want me to do that?

_____

5. I don't want you to say anything.

_____

J. Complete the following sentences with **nach**, **zu**, or **bei**. Form a contraction with the definite article where necessary. Refer to textbook p. 229 to review.

BEISPIEL: Gehst du mit _____ Hauptbahnhof?
Gehst du mit __zum__ Hauptbahnhof?

1. Meine Eltern sind _____ unseren Verwandten aus Basel gefahren.

2. Um neun fahre ich _____ Uni.

3. Meine Schwester wohnt noch _____ Hause und arbeitet _____ Bäcker.

4. Wann fährst du _____ Europa?

5. Will er mit dem Rad _____ Zürich fahren?

6. Heute Abend gehen wir _____ Manfred.

7. Heute muss ich _____ Post.

8. Stör mich bitte nicht _____ Lesen!

9. Gehst du bitte _____ Schalter mit?

10. Ich wohne nicht mehr _____ meiner Tante in Karlsruhe, sondern bin

_____ Heidelberg umgezogen.

K. Complete the following dialogues with the appropriate vocabulary. This exercise includes vocabulary from **Wortschatz 2**.

stolz auf   sich wundern   antworten auf   Angst haben vor
denken an   sich etwas überlegen   verantwortlich für   sich ärgern

1. – Ich bin mit meinem Referat endlich fertig und bin sehr _____ darauf!

– Wie lang ist es geworden?

– Du wirst dich _____! Fünfunddreißig Seiten lang!

2. – Hast du wirklich _____ _____ der Reaktion deiner

Chefin?

– Ja, sie wird sich _____, dass ich _____ diesen Brief

noch nicht _____ habe.

– Bist du denn _____ alles _____?

– Ja, wenn sie nicht da ist.

3. – Warum bist du so müde?

– Ich weiß nicht. Das muss ich _____ _____. Vielleicht kann ich

mehr Sport treiben.

– Ja! _____ nicht nur _____ deine Arbeit, sondern tue auch etwas für

die Gesundheit!

KAPITEL 14

A. Fill in the missing verb forms, using the person indicated for each verb.

Present	Past	Perfect	General Subjunctive (present tense)
sie liest			
		du hast gehabt	
	sie war		
		ich bin gefahren	
er läuft			
	sie lagen		
		sie ist ausgestiegen	
	ich ging		
ihr werdet			
		sie hat getan	
sie weiß			
	er sprach		
		wir haben gearbeitet	
	ich aß		
sie halten			

B. The first sentence gives the facts. Make wishes contrary to these facts using the general subjunctive. Don't forget to change negative to positive and vice versa. Replace nouns with pronouns whenever possible.

    BEISPIEL: Wir haben keine Zeit.
                 Ich wünschte, **wir hätten Zeit!**

  1. Du bist immer so pessimistisch.

      Ich wünschte, _____!

  2. Ich habe Angst.

      Ich wünschte, _____!

  3. Unsere Gäste kommen nicht.

      Ich wünschte, _____!

  4. Meine Schwester macht heute nicht mit.

      Ich wünschte, _____!

  5. Unsere Großmutter fühlt sich schlecht.

      Ich wünschte, _____!

  6. Uwe will nicht Direktor werden.

      Ich wünschte, _____!

  7. Daran kann ich mich nicht erinnern.

      Ich wünschte, _____!

  8. Mein Mann interessiert sich nicht dafür.

      Ich wünschte, _____!

C. Your friends are describing their problems to you. Give them advice by using **können** or **sollen** in the subjunctive and the cue provided.

    BEISPIEL: Jeden Tag komme ich zu spät zur Deutschstunde. (etwas früher aufstehen)
                 Du solltest etwas früher aufstehen.
                 or:
                 Du könntest etwas früher aufstehen.

  1. Auf der letzten Reise hat man unser Geld gestohlen. (das nächste Mal / Reisechecks mit-nehmen)

      _____

2. Mir tun heute Abend die Beine so weh! (ein warmes Bad nehmen)

_____

3. Ich werde nachmittags immer so müde. (abends früher schlafen gehen)

_____

4. Mein Mann und ich können nur schlecht Englisch. (Englischstunden nehmen)

_____

5. Ich kann meine Sachen nie finden. (Zimmer aufräumen)

_____

6. Ich komme oft zu spät zu meiner ersten Stunde. (das Haus früher verlassen)

_____

D. The first two sentences give the facts. Write conditions contrary to these facts, using **würde** in the conclusion clause.

BEISPIEL: Ich habe wenig Zeit. Ich helfe Ihnen nicht.
Wenn ich Zeit hätte, würde ich Ihnen helfen.

1. Ich habe im Moment keinen Durst. Ich bestelle nichts.

_____

2. Wir haben ein Auto. Wir fahren nie mit der Straßenbahn.

_____

3. Meine Freunde interessieren sich nicht für Politik. Wir sprechen nicht viel darüber.

_____

4. Ich bin schlecht gelaunt. Ich gehe heute Abend nicht aus.

_____

5. Er will mir nicht zuhören. Er unterbricht mich immer.

_____

6. Udo hat wenig Geld. Er kauft sich keinen Computer.

_____

E. Review noun and verb combinations. Supply the direct objects for each verb cued in English. Put the article in the accusative case. Some words may be used more than once.

Was kann man alles aufmachen?

eine Tür _____ ⎤
_____ ⎥
_____ ⎥ aufmachen
_____ ⎥
_____ ⎥
_____ ⎦

(*a door*)

(*a window*)

(*a suitcase*)

(*a store*)

(*a bottle*)

(*a letter*)

Was kann man verstehen?

_____ ⎤
_____ ⎥
_____ ⎥
_____ ⎥
_____ ⎥ verstehen
_____ ⎥
_____ ⎥
_____ ⎦

(*the language*)

(*the book*)

(*the people*)

(*the movie*)

(*the question*)

(*the answer*)

(*the German language*)

(*the letter*)

Was kann man lernen?

_____ ⎤
_____ ⎥ lernen
_____ ⎦

(*a new word*)

(*a foreign language*)

(*a song*)

Was kann man waschen?

_____ ⎤
_____ ⎥ waschen
_____ ⎦

(*the car*)

(*the dog*)

(*a shirt*)

Was kann man (sich) putzen?

_____ ⎤
                          ⎥ putzen   (*the nose*)
_____ ⎥   (*the shoes*)
                          ⎥   (*the teeth*)
_____ ⎦

Was kann man erwarten?

_____ ⎤
                          ⎥ erwarten (*an answer*)
_____ ⎥   (*a letter*)
                          ⎥   (*a visit*)
_____ ⎦

F. Complete these contrary-to-fact conditions with clauses in the subjunctive. You may find some of the phrases from Übung E useful.

BEISPIEL: Wenn es nicht so spät wäre, **putzte ich mir die Zähne.**

1. Wenn ich mehr Fremdsprachen könnte, _____

   _____

2. Wenn ich einen neuen Sportwagen hätte, _____

   _____

3. Wenn ich nur fünf Euro hätte, _____

   _____

4. Wenn ich großen Hunger hätte, _____

   _____

5. Wenn wir jetzt Ferien hätten, _____

   _____

G. First read the facts. Then imagine what you could do if the opposite were true. Begin with a **wenn**-clause and invent your own conclusion. You may find some of the phrases from Übung E useful.

BEISPIEL: Ich wohne nicht in Wien.
          Wenn ich in Wien wohnte, könnte ich jeden Tag guten Kaffee trinken.

1. Ich habe keine Zeit.

   _____

2. Es regnet.

   _____

3. Meine neue Stelle gefällt mir.

_____

4. Meine Freundin kommt heute leider nicht.

_____

5. Mir ist es heute zu kalt.

_____

6. Ich arbeite nicht gern mit dem Computer.

_____

7. Ich kann kein Chinesisch.

_____

8. Wir haben kein Zimmer frei.

_____

H. Using a time expression from the left-hand column and a verb phrase from the right-hand column, explain how you might live your life differently if you could.

immer	allein sein
meistens	viel reisen
oft	noch studieren
manchmal	Besuch haben
morgens	einen Ausflug machen
nachmittags	faul sein
abends	frühstücken
jeden Tag	Musik hören
jede Woche	sich auf die Arbeit konzentrieren
stundenlang	lachen und froh sein
eine Zeit lang	

BEISPIEL: Ich wünschte, _ich könnte abends gemütlich sitzen._ _____

1. Ich wünschte, ich müsste nicht _____

2. Ich wünschte, ich dürfte _____

3. Ich würde gern _____

4. Ich wünschte, ich könnte _____

5. Ich wünschte, _____

I. Rewrite each question below in the subjunctive to express politeness.

> **BEISPIEL:** Kann ich noch ein Stück Kuchen haben?
> **Könnte ich noch ein Stück Kuchen haben?**

1. Darf ich mir die Wohnung ansehen?

_____?

2. Können Sie bitte langsamer reden?

_____?

3. Machen Sie bitte ein Foto von uns? (würde)

_____?

4. Hast du jetzt noch etwas Zeit?

_____?

5. Bringen Sie mir bitte auch ein Bier? (würde)

_____?

J. Review time expressions. Answer the following questions with complete sentences. Begin your answer with the time expression cued in English.

> **BEISPIEL:** Wann werden Sie diesen Artikel schreiben? (*next week*)
> **Nächste Woche werde ich ihn schreiben.**

1. Wann werden Sie wieder Deutsch belegen? (*next year*)

_____

2. Wann seid ihr zum letzten Mal zu Hause gewesen? (*last month*)

_____

3. Wann gehst du meistens schlafen? (*around twelve o'clock*)

_____

4. Wann wollen Sie mit Ihrem Rechtsanwalt sprechen? (*tomorrow morning*)

_____

5. Wie lange wird Jutta bei eurer Firma bleiben? (*a whole year*)

_____

6. Wie lange hatte er auf eine Antwort von der Firma gewartet? (*for weeks*)

_____

K. Which word does *not* belong to the set? This exercise includes vocabulary from **Wortschatz 2**.

BEISPIEL: die Nase, das Ohr, der Fuß,   *der Fuß* _____
der Mund, das Auge

1. das Haus, die Wohnung, das Zimmer,   _____
   die Heimat, die Auskunft, die Wohngemeinschaft

2. die Geschichte, die Erzählung,   _____
   der Witz, der Spiegel

3. selten, öfter, manchmal,   _____
   offen, zunächst

4. montags, dienstags, mittags,   _____
   donnerstags, freitags

5. schneien, sportlich,   _____
   das Spiel, gewinnen

6. anrufen, tanzen, erzählen,   _____
   berichten, fragen

L. Fill in the blank with a noun or verb derived from the base word, or with the English equivalent.

1. **fahren**   = *to drive*

   die Fahrkarte _____   = *ticket*

   _____   = *to ski*

   _____   = *bicycle*

   _____   = *to depart*

2. **das Zimmer**   = *room*

   _____   = *bathroom*

   das Esszimmer   = _____

   das Wohnzimmer   = _____

   das Schlafzimmer   = _____

   _____   = *single room*

3. **das Buch**   = *book*

   _____   = *bookstore*

   das Bücherregal   = _____

4. fliegen   =   *to fly*

      der Flughafen   = _____

      _____ =   *airplane*

5. die Karte   =   *ticket, map*

      _____ =   *postcard*

      die Landkarte   = _____

      die Wanderkarte   = _____

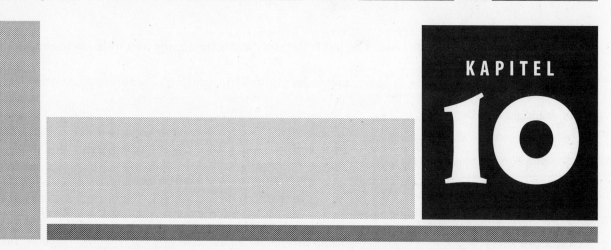

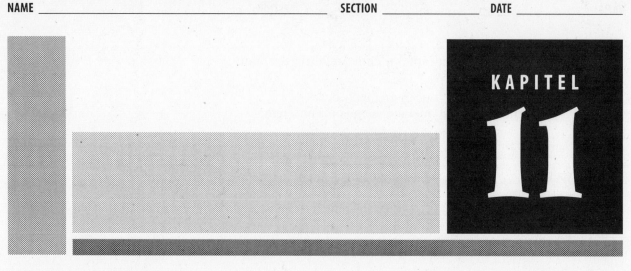

Was kann man (sich) putzen?

$\left.\begin{array}{l}\rule{6cm}{0.4pt}\\[0.5em]\rule{6cm}{0.4pt}\\[0.5em]\rule{6cm}{0.4pt}\end{array}\right\}$ putzen   *(the nose)*   *(the shoes)*   *(the teeth)*

Was kann man erwarten?

$\left.\begin{array}{l}\rule{6cm}{0.4pt}\\[0.5em]\rule{6cm}{0.4pt}\\[0.5em]\rule{6cm}{0.4pt}\end{array}\right\}$ erwarten   *(an answer)*   *(a letter)*   *(a visit)*

F. Complete these contrary-to-fact conditions with clauses in the subjunctive. You may find some of the phrases from Übung E useful.

BEISPIEL: Wenn es nicht so spät wäre, **putzte ich mir die Zähne.**

1. Wenn ich mehr Fremdsprachen könnte, _____

_____

2. Wenn ich einen neuen Sportwagen hätte, _____

_____

3. Wenn ich nur fünf Euro hätte, _____

_____

4. Wenn ich großen Hunger hätte, _____

_____

5. Wenn wir jetzt Ferien hätten, _____

_____

G. First read the facts. Then imagine what you could do if the opposite were true. Begin with a **wenn**-clause and invent your own conclusion. You may find some of the phrases from Übung E useful.

BEISPIEL: Ich wohne nicht in Wien.
       Wenn ich in Wien wohnte, könnte ich jeden Tag guten Kaffee trinken.

1. Ich habe keine Zeit.

_____

2. Es regnet.

_____

A. Give both the present and past general subjunctive forms of the following verb phrases.

	Present Subjunctive	*Past Subjunctive*
ich gebe	*ich gäbe*	*ich hätte gegeben*
sie wird		
er arbeitet		
sie gehen		
wir sind		
sie sitzen		
ich lasse		
du weißt		
ich tue		
wir fahren		
sie kommt		
ich schreibe		

B. Below are some things the Ziegler family has done in recent months. Last week Herr Ziegler learned he's being transferred from Bonn to his company's office in Vancouver. Use the past subjunctive to say what they would have done differently if they had had more notice.

BEISPIEL: Herr Ziegler hat im letzten Monat viel im Haus repariert.
Er hätte nicht so viel repariert.

1. Frau Ziegler hat bei einer neuen Firma angefangen.

_____

2. Sie haben sich einen Zweitwagen gekauft.

_____

3. Sie haben eine große Urlaubsreise geplant.

_____

4. Die Kinder haben in der Schule nur Französisch gelernt.

_____

5. Sie haben den Kindern ein Klavier gekauft.

_____

6. Sie haben ihre Verwandten in Thüringen selten besucht.

_____

C. Complete the following sentences, using the cues in parentheses to form subjunctive clauses in the *past tense.*

BEISPIEL: Ich wünschte, (ich / früher / Italienisch /lernen / können)
Ich wünschte, **ich hätte früher Italienisch lernen können**.

1. Maria wünschte, (sie / damals /ihr Beruf/ wechseln / können)

_____

2. Der Arzt (damals / meine Reaktion / verstehen / sollen)

_____

3. Ich wünschte, (ich / in der Schweiz / Ski fahren / können)

_____

4. Die Kinder (nicht / einfach / weggehen / dürfen)

_____

5. Meine Freundin wünschte, (sie / eine Frage / stellen / können)

_____

D. Use the cues provided to explain under what conditions these things would have been possible.

     BEISPIEL: Habt ihr das Museum besucht? (mehr Zeit haben)
                  Nein, aber wir **hätten es besucht, wenn wir mehr Zeit gehabt hätten**.

   1. Seid ihr schwimmen gegangen? (Wetter wärmer)

       Nein, aber wir _____

       _____

   2. Hast du dir heute etwas gekocht? (Lust haben)

       Nein, aber ich _____

       _____

   3. Hast du eigentlich den Brief eingeworfen? (zur Post gehen)

       Nein, aber ich _____

       _____

   4. Haben Sie ein Doppelzimmer genommen? (kein Einzelzimmer frei)

       Nein, aber ich _____

       _____

   5. Hast du alles mit Reiseschecks bezahlt? (noch kein Geld wechseln)

       Nein, aber ich _____

       _____

E. Supply the correct form of the verb **werden** to complete these passive sentences in the tense indicated.

   1. Heute Abend _____ viele junge Leute erwartet. (*present*)

   2. _____ du schon eingeladen _____? (*perfect*)

   3. Letztes Jahr _____ mein Geburtstag nicht gefeiert. (*simple past*)

   4. Ich glaube, ich _____ bald abgeholt. (*present*)

   5. Gestern Abend _____ zwei Flaschen Rotwein getrunken. (*simple past*)

   6. Hoffentlich _____ ohne den Chef nichts geplant. (*simple past*)

   7. Die neuen Fahrräder _____ leider alle schon verkauft _____.
       (*perfect*)

   8. Dieser Roman _____ letztes Jahr schon übersetzt _____.
       (*past perfect*)

F. Write out the following newspaper headlines as full sentences, using the passive construction in the tense indicated. Then rewrite each sentence with the modal verb provided, making sure to use the same tense as in the original headline.

> **BEISPIEL:** Mehr Geld für Freizeitaktivitäten ausgegeben. (present)
> Mehr Geld wird für Freizeitaktivitaten ausgegeben.
> (dürfen) <u>Mehr Geld **darf** für Freizeitaktivitäten **ausgegeben werden**</u>.

1. Eine neue Schnellstraße gebaut! (*present*)

   a. _____

   b. (sollen) _____

2. Vier Bergsteiger am Wochenende gerettet! (*simple past*)

   a. _____

   b. (können) _____

3. Ein gestohlenes Kunstwerk wieder gefunden! (*present perfect*)

   a. _____

   b. (können) _____

4. Immer mehr Buchhandlungen geschlossen! (*present perfect*)

   a. _____

   b. (müssen) _____

5. Gespräche zwischen den EU-Mitgliedstaaten begonnen! (*simple past*)

   a. _____

   b. (müssen) _____

G. Complete each sentence with the correct form of **werden** and then give the English equivalent. The tense of each sentence is indicated in parentheses. *NOT* all of these sentences are passive.

> **BEISPIEL:** Nach dem Studium _____ ich eine Stelle suchen müssen. (*future*)
> Nach dem Studium <u>_werde_</u> ich eine Stelle suchen müssen.
> <u>*After college I will have to look for a job.*</u>

1. Hans und Sonja _____ am 10. Juni umziehen. (*future*)

   _____

2. Gestern _____ ich einundzwanzig. (*simple past*)

   _____

3. Die Feier _____ im Juni stattfinden! (*future*)

   _____

4. Der Supermarkt _____ schon um sieben Uhr morgens aufgemacht. (*present*)

   _____

5. Seine Schwester _____ eine berühmte Schriftstellerin _____.
   (*perfect*)

   _____

6. Muss das Zimmer nicht irgendwann aufgeräumt _____? (*present*)

   _____

7. Viele Umweltprobleme _____ gestern Abend diskutiert _____ .
   (*perfect*)

   _____

H. Answer the following questions, using adjectives made from the present participles of the verbs in parentheses. Include the definite articles in the noun phrase.

   BEISPIEL: Wen wollte die Mutter nicht stören? (schlafen / Kinder)
   <u>Sie wollte die schlafenden Kinder nicht stören.</u>

   1. Worüber schreiben die Journalisten? (über / steigen / Preise)

      _____

   2. Wo kann ich etwas darüber lesen? (im / folgen /Artikel)

      _____

   3. Wovon spricht der Professor? (von / wachsen / Gefahr)

      _____

   4. Wann findet die große Demonstration statt? (am / kommen / Sonntag)

      _____

I. Add the particle **hin-** or **her-** as appropriate.

   1. – Gehen wir doch _____aus! Wir können heute draußen frühstücken.

      – Gern, aber nachher muss ich leider wieder _____ein, um Klavier zu üben.

   2. – Kommt ihr zu mir _____auf?

      – Das geht leider nicht. Komm doch in fünf Minuten zu uns _____unter!

J. Choose the appropriate German equivalent for *think* and write it in the correct blank.

denken an   halten für   meinen
glauben   sich etwas überlegen

1. Ich _____ , wir müssen an der nächsten Haltestelle aussteigen.

2. Mein Opa _____ gern _____ seine Jugend.

3. Ich muss _____ die Antwort genau _____ .

4. Bernd und Marion _____ , wir sollten noch ein paar Minuten auf sie
   warten. Vielleicht kommen sie doch.

5. Hannah _____ diesen Politiker _____ einen
   Esel.

K. Review the verb + preposition combinations. Write the correct preposition and the appropriate case
for the prepositional object (e.g., gehören **zu** + *dat.*, schreiben **über** + *acc.*).

auf   um   an   für   über   vor

halten _____ + _____

sich aufregen _____ + _____

bitten _____ + _____

sich gewöhnen _____ + _____

sich freuen _____ + _____

warten _____ + _____

ankommen _____ + _____

sich interessieren _____ + _____

lachen _____ + _____

sich kümmern _____ + _____

sich erinnern _____ + _____

sich vorbereiten _____ + _____

sich konzentrieren _____ + _____

Angst haben _____ + _____

L. Use at least 6 of the 14 verbs in Übung K to write the conversation taking place in the picture below. Remember to use **wo**-compounds and **da**-compounds as appropriate.

BEISPIEL: „Woran denkst du im Moment?"
„Ich denke an meine Urlaubspläne."
„Ja, daran denke ich auch gerade."

_____

_____

_____

_____

_____

_____

_____

KAPITEL 16

A. Answer the following questions, using **als ob** and the cues in English.

BEISPIEL: Wie sahen Müllers aus? (*as though they had recovered*)
Sie sahen aus, als ob sie sich erholt hätten.

1. Wie sah das Auto aus? (*as though it were new*)

    _____

2. Wie sah Claudias Wohnung aus? (*as though Claudia had tidied up*)

    _____

3. Wie gut sprach Horst Englisch? (*as though he were an American*)

    _____

4. Was war Karls Reaktion? (*acted as though he had not heard me*)

    _____

B. Give both the general and special subjunctive forms of these verbs in the present tense.

	General Subjunctive	*Special Subjunctive*
es ist		
sie hat		
er wird		
sie muss		
sie will		
er weiß		
sie sind		

C. Rewrite the following quotations in indirect speech, using the *special subjunctive* without **dass** (or *general subjunctive* as needed). You may also need to change pronouns and possessive adjectives.

BEISPIEL: Der Politiker sagte: „Die Verkehrsmittel in der Schweiz **sind** ausgezeichnet. Viele Leute **fahren** lieber mit der Bahn als mit dem eigenen Wagen."

Der Politiker sagte, die Verkehrsmittel in der Schweiz **seien** ausgezeichnet. Viele Leute **führen** lieber mit der Bahn als mit dem eigenen Wagen.

1. Der Deutsche sagte: „In meinem Land ist die Arbeitslosigkeit heute auch ein Problem."

_____

_____

2. Die Professorin meinte: „Da spielt die Angst eine große Rolle."

_____

_____

3. In der Zeitung steht: „Im Jahre 2002 hat man deutlich mehr deutsche Autos verkauft als vor einem Jahr."

_____

_____

4. Die Wissenschaftler berichten: „Wir werden den Schwarzwald noch retten können."

_____

_____

5. Ich habe im Radio gehört: „Die Chemieindustrie verbraucht heute weniger Öl als vor fünf Jahren."

_____

_____

6. Die Chefin sagte mir: „Ich weiß noch nicht, ob es im Sommer mehr Stellen gibt."

_____

_____

7. Eine Feministin meinte: „Schon vor Jahren haben Frauen dieses Thema diskutiert."

_____

_____

8. Mein Vater erinnerte sich: „Damals redete man nur vom Frieden."

_____

D. Rewrite the following directly quoted questions and commands in indirect quotation. Use special *subjunctive* or *general subjunctive,* as needed.

> **BEISPIELE:** Er fragte mich: „Waren Sie schon beim Arzt?"
> <u>Er fragte mich, **ob ich schon beim Arzt gewesen sei.**</u>
>
> Sie sagte dem Patienten: „Machen Sie einen neuen Termin!"
> <u>Sie sagte dem Patienten, **er solle einen neuen Termin machen.**</u>

1. Die Professorin fragte die Studenten: „Wie viele von Ihnen haben in den Semesterferien gearbeitet?"

   _____

   _____

2. Sie sagte einer Studentin: „Erzählen Sie von Ihren Erfahrungen."

   _____

   _____

3. Eine Studentin fragte die anderen: „Könnt ihr euch vorstellen arbeitslos zu sein?"

   _____

   _____

4. Ein Student wollte wissen: „Gibt es auch Arbeitslose in der Schweiz?"

   _____

   _____

5. Ein Kursteilnehmer fragte: „Wird sich nächstes Jahr sehr viel ändern?"

   _____

   _____

6. Jemand sagte: „Reden wir über ein neues Thema!"

   _____

   _____

E. Reconstruct the discussion at the conference (**Tagung**) from the following newspaper report. Write the direct quotation of each speaker in the *Tagungsprotokoll* on the next page.

Nur elf Prozent der deutschen Führungsgruppe sind weiblich

FRAUEN – DIE CHEFS VON MORGEN

Neues Projekt bei Siemens für mehr Chancengleichheit

Von Martin Hammer

Bei der Gleichstellung von Männern und Frauen ist Deutschland Spitze° – wenigstens theoretisch. Mit dem Artikel 3 im Grundgesetz **hätten** die Deutschen einen der weitreichendsten° Verfassungsartikel zur Gleichberechtigung weltweit, meinte Siemens-Personalvorstand° Peter Pribilla auf der Tagung „Frauen zeigen Profil". Die Praxis° sieht anders aus. In Deutschland sind nur elf Prozent der Führungspositionen mit Frauen besetzt, aber in USA oder Kanada sind es 46 und 42 Prozent.

Familienministerin Christine Bergmann erklärte, es **sei** wichtig im internationalen Vergleich aufzuholen°. Und das nicht nur aus gesellschaftspolitischen, sondern auch aus wirtschaftlichen Gründen. Frauen **seien** heute so gut ausgebildet° wie noch nie. Pribilla meinte, Gründe für die schwache Präsenz von Frauen in Führungspositionen **lägen** – trotz höheren Bildungsniveaus° – in der traditionellen Berufswahl und typischen Rollen in der Familie. Nicht nur in den Köpfen **müsse** sich etwas ändern. Man **brauche** vor allem bessere Kinderbetreuung°. Mit dem Projekt „Diversity" **würde** sich Siemens in Zukunft besonders um Chancengleichheit kümmern. Siemens **habe vor**, mehr Frauen in die Firma und dann auch in Führungspositionen zu bringen. Vor allem beim Recruiting **sollten** Mädchen im Vordergrund stehen. Man **müsse** ihnen klar machen, dass technische Berufe faszinierend **seien**.

(adapted from Süddeutsche Zeitung, 11. Juni 2002)

the leader

farthest reaching

director of personnel

in practice

to catch up

educated

level of education

child care

Tagungsprotokoll „Frauen zeigen Profil":

PRIBELLA: *Die Deutschen haben einen der weitreichendsten Verfassungsartikel zur*

Gleichberechtigung weltweit.

BERGMANN: _____

_____

_____

_____

_____

PRIBELLA: _____

_____

_____

_____

_____

_____

_____

_____

_____

_____

_____

F. What is happening Saturday afternoon in this apartment house? (Use the passive voice in your answers.)

1. *Hier wird gesungen.* _____

2. _____

3. _____

4. _____

5. _____

6. _____

7. _____

8. _____

9. _____

10. _____

G. Rewrite each sentence in the active voice, using **man** as the subject. Keep the tense of the original sentence.

    BEISPIEL: Die Kinder sind nicht eingeladen worden.
    <u>**Man hat die Kinder nicht eingeladen.**</u>

1. Es wurde wochenlang gefeiert.

_____

2. Deutscher Wein wurde getrunken.

_____

3. Das darf nicht vergessen werden.

_____

4. Mir wurde keine Antwort gegeben.

_____

5. Seine Erzählung ist unterbrochen worden.

_____

6. Hoffentlich kann ihre Adresse gefunden werden.

_____

H. The following sentences use the impersonal passive construction. Give an English equivalent for each one. There are several possible answers.

1. Es wird viel über die Wirtschaft berichtet.

_____

2. An der Kasse wird gezahlt.

_____

3. Hoffentlich wird mir geholfen.

_____

4. Warum wurde nicht über dieses Problem gesprochen?

_____

5. Bei uns wird oft bis zwei Uhr getanzt.

_____

6. An der Uni wird viel über Politik geredet.

_____

I. Vocabulary review. For each sentence choose the best equivalent.

1. *Was meinst du dazu?*

    a. Was bedeutet das?

    b. Welche Person meinst du?

    c. Was sagst du zu unserem Plan?

2. *Ich finde dieses Einzelzimmer nicht schlecht.*

    a. Ich habe keine Schwierigkeiten ein Zimmer zu finden.

    b. Dieses Zimmer gefällt mir.

    c. Ich kann das Zimmer nicht finden.

3. *Lieber nicht in die Mensa!*

    a. Ich sitze gern in der Mensa.

    b. Ich möchte heute nicht essen.

    c. Gehen wir doch ins Restaurant.

4. *Sie haben schon Recht!*

    a. Es stimmt schon, was Sie sagen.

    b. Das haben Sie früher schon gesagt.

    c. Sie sagen es richtig.

5. *Was für eine Briefmarke ist das?*

    a. Was ist denn „eine Briefmarke"?

    b. Wo kommt die Briefmarke her?

    c. Ist die Briefmarke für mich?

6. *Zeig mal her!*

    a. Das möchte ich auch mal sehen.

    b. Das gehört mir.

    c. Gib es mir bitte zurück.

J. What is the meaning of **sollen** and **wollen** in the following sentences? Circle the most probable equivalent in English and then write out each sentence in English.

1. Ihre neue Wohnung soll gemütlich sein. (*should / is said to*)

   _____

2. Ich will für die Zukunft planen. (*claim to / want to*)

   _____

3. Zuerst wollen wir alles bezahlen. (*claim to / want to*)

   _____

4. Sie sollen im schönsten Viertel der Stadt leben. (*should / are said to*)

   _____

5. Dieser Typ will ein bekannter Künstler sein. (*claims to / wants to*)

   _____

K. Match the appropriate complements with the verbs. Then write a sentence using each verb and its complement. More than one combination may be possible. This exercise includes vocabulary from **Wortschatz 2.**

die ganze Hausarbeit	gleichberechtigt	auf unsere Koffer	die Wahlen
an der Diskussion	eine Alternative	um mehr Geld	den Zug
seit zwei Jahren			das Essen

1. _gleichberechtigt_____ sein

    _Meinst du, dass alle Menschen gleichberechtigt sind?_____

2. _____ teilnehmen

    _____

3. _____ bezahlen

    _____

4. _____ machen

    _____

5. _____ bitten

    _____

6. _____ verheiratet sein

    _____

7. _____ bieten

_____

8. _____ aufpassen

_____

9. _____ verpassen

_____

10. _____ stattfinden

_____

ZUSAMMENFASSUNG UND WIEDERHOLUNG

(Kapitel 13–16)

FORMS

1. Future Tense

Inflected form of **werden** + infinitive   p. 371

auxiliary	*infinitive*
Ich **werde** das in Zukunft	**empfehlen**.
Sie **wird** dich nicht	**verstehen**.

2. General Subjunctive

A. Present tense of the general subjunctive   pp. 393–403

  1. Weak verbs

  Present subjunctive has the same form as past indicative:

wenn ich wohn**te**	*if I lived*	wenn wir wohn**ten**	*if we lived*
wenn du wohn**test**	*if you lived*	wenn ihr wohn**tet**	*if you lived*
wenn sie wohn**te**	*if she lived*	wenn sie, Sie wohn**ten**	*if they, you lived*

  2. Strong verbs

  Present subjunctive =
  simple past stem + umlaut whenever possible + subjunctive endings: p. 394

fahren simple past stem **fuhr**			
wenn ich **führe**	*if I drove*	wenn wir **führen**	*if we drove*
wenn du **führest**	*if you drove*	wenn ihr **führet**	*if you drove*
wenn er **führe**	*if he drove*	wenn sie, Sie **führen**	*if they, you drove*

  3. Modal verbs   p. 396

  Present subjunctive =
  past indicative (**ich sollte, durfte**) + umlaut when infinitive has umlaut (**ich
  sollte, dürfte**):

ich **dürfte**	*I would be allowed*	ich **müsste**	*I would have to*
ich **könnte**	*I could*	ich **sollte**	*I ought to*
ich **möchte**	*I would like to*	ich **wollte**	*I would want to*

4. **haben, werden, wissen**   p. 398

   Present subjunctive =
   past indicative (**hatte, wurde, wusste**) + umlaut (**hätte, würde, wüsste**):

wenn ich **hätte**	*if I had*	wenn wir **hätten**	*if we had*
wenn du **hättest**	*if you had*	wenn ihr **hättet**	*if you had*
wenn sie **hätte**	*if she had*	wenn sie, Sie **hätten**	*if they, you had*

wenn ich **würde**	*if I became*	wenn wir **würden**	*if we became*
wenn du **würdest**	*if you became*	wenn ihr **würdet**	*if you became*
wenn er **würde**	*if she became*	wenn sie, Sie **würden**	*if they, you became*

wenn ich **wüsste**	*if I knew*	wenn wir **wüssten**	*if we knew*
wenn du **wüsstest**	*if you knew*	wenn ihr **wüsstet**	*if you knew*
wenn sie **wüsste**	*if she knew*	wenn sie, Sie **wüssten**	*if they, you knew*

5. Present subjunctive with **würden**   p. 399

ich **würde kommen**	*I would come*	wir **würden kommen**	*we would come*
du **würdest kommen**	*you would come*	ihr **würdet kommen**	*you would come*
er **würde kommen**	*he would come*	sie, Sie **würden kommen**	*they, you would come*

B. Past tense of the general subjunctive   p. 419

1. Without a modal verb

   Present subjunctive of **sein** or **haben** + past participle:

Ich **hätte** auf dich **gewartet**.	*I would have waited for you.*
Wir **wären** gestern Abend **gekommen**.	*We would have come yesterday evening.*

2. With a modal verb   p. 421

   Present subjunctive of **haben** + double infinitive:

Ihr **hättet** länger **warten sollen**.	*You should have waited longer.*
Sie **hätte** auch **mitkommen dürfen**.	*She would have been allowed to come along too.*

3. **Special subjunctive (for indirect quotation)**   pp. 446–450

   A. Present tense of the special subjunctive

   Infinitive stem + subjunctive endings:

Der Kanzler sagte, er **wisse** das schon.	*The Chancellor said he already **knew that**.*
Frau Braun meint, dass sie das verstehen **könne**.	*Mrs. Brown says that she **can** understand that.*

   B. Future tense of special subjunctive   p. 447

   Present special subjunctive of **werden** + infinitive:

Laura fragte, ob er bald **zurückkommen werde**.	*Laura asked if he **would come back** soon.*

C. Past tense of the special subjunctive   p. 447

Present special subjunctive of **haben** or **sein** + past participle:

Richard sage, er **habe** das nicht **getan**.   *Richard says he **didn't do** that.*
Marie fragte, ob er schon **angekommen sei**.   *Marie asked whether he **had**
                                                        already **arrived**.*

4. Passive voice

A. Basic conjugation   pp. 422–427

Inflected Form of **werden** + *past participle*		
passive infinitive		gesehen werden	*to be seen*
present	Er **wird**	gesehen.	*He is seen.*
past	Er **wurde**	gesehen.	*He was seen.*
future	Er **wird**	gesehen werden.	*He will be seen.*
perfect	Er **ist**	gesehen worden.	*He has been seen.* or *He was seen.*
past perfect	Er **war**	gesehen worden.	*He had been seen.*

B. Passive with a modal verb.   p. 426

Inflected Modal + *passive indefinite*		
present	Das **muss**	geändert werden.	*That must be changed.*
past	Das **musste**	geändert werden.	*That had to be changed.*
future	Das **wird**	geändert werden müssen.	*That will have to be changed.*
perfect	Das **hat**	geändert werden müssen.	*That had to be changed.*
past perfect	Das **hatte**	geändert werden müssen.	*That had had to be changed.*

C. Impersonal passive construction (for human activities)   p. 451

The verb is *always* third-person singular. There is no expressed subject.

Hier **wird** oft **getanzt**.   ***There's** often **dancing** here.*

Impersonal **es** begins the sentence if no other element occupies first position.

Es wird hier oft getanzt.

5. Verbs with prepositional complements   pp. 365–368

A. Here is a list of all the verbs with prepositional complements that you have learned.

Angst haben vor *(+ dat.)*	*to be afraid of*
antworten auf *(+ acc.)*	*to answer something*
arbeiten an *(+ dat.)*	*to work on*
sich ärgern über *(+ acc.)*	*to get annoyed at, be annoyed about*
aufpassen auf *(+ acc.)*	*to look after; pay attention to*
sich aufregen über *(+ acc.)*	*to get upset, excited about*
bitten um	*to ask for, request*
denken an *(+ acc.)*	*to think of*
sich erholen von	*to recover from*
erinnern an *(+ acc.)*	*to remind of*
sich erinnern an *(+ acc.)*	*to remember*
sich freuen auf *(+ acc.)*	*to look forward to*

sich gewöhnen an *(+ acc.)*	*to get used to*
halten für	*to take for, regard as, think X is*
sich interessieren für	*to be interested in*
sich konzentrieren auf *(+ acc.)*	*to concentrate on*
sich kümmern um	*to look after, take care of, deal with*
reagieren auf *(+ acc.)*	*to react to*
sprechen (schreiben, lesen, lachen, usw.) über *(+ acc.)*	*to talk (write, read, laugh, etc.) about*
teilnehmen an *(+ dat.)*	*to take part in*
sich verloben mit	*to become engaged to*
sich vorbereiten auf *(+ acc.)*	*to prepare for*
warten auf *(+ acc.)*	*to wait for*
sich wundern über *(+ acc.)*	*to be surprised, amazed at*

B. Da- and **wo-**compounds   pp. 369–371

Use a **da-** or **wo-**compound instead of a *preposition + pronoun* when the prepositional object is an inanimate noun.

animate noun object	*pronoun object*
Er dachte **an seine Freundin**.	Er dachte **an sie**.
Sie interessiert sich **für Goethe**.	**Für wen** interessiert sie sich?

inanimate noun object	*da-* or *wo-compound*
Er dachte an **die Deutschstunde**.	Er dachte **daran**.
Sie interessiert sich **für Geschichte**.	**Wofür** interessiert sie sich?

6. Participles

A. Present participles as adjectives and adverbs (infinitive + **-d**)   p. 428

schlafen + **-d** → **schlafend**   *sleeping*
spielen + **-d** → **spielend**   *playing*

As an adjective, the present participle takes the usual adjective endings.

Stört das **schlafende** Mädchen nicht.	*Don't disturb the **sleeping** girl.*
Spielende Kinder sind manchmal laut.	***Playing** children are sometimes loud.*

B. Past participles as adjectives   pp. 319–320

Gut **vorbereitete** Studenten lernen am meisten.	*Well-**prepared** students learn the most.*
Ich muss meinen **reparierten** Wagen heute abholen.	*I have to pick up my **repaired** car today.*

FUNCTIONS

1. Stating conditions and wishes contrary to fact: general subjunctive

A. Conditions contrary to fact   p. 400

condition	*conclusion*
Wenn ... (subjunctive verb),	(subjunctive verb) **...**
Wenn ich Zeit **hätte**,	**würde** ich Ihnen helfen.
... (subjunctive verb) **...** ,	**wenn ...** (subjunctive verb).
Ich **würde** Ihnen helfen,	**wenn** ich Zeit **hätte**.

B. Wishes contrary to fact
p. 394

Ich wünschte, ... (subjunctive verb) ...

Ich **wünschte,** ich **könnte** mir   *I wish I could afford*
etwas Besseres leisten.   *something better.*

2. Making hypothetical statements and questions
p. 401

German uses the subjunctive for hypothetical statements and questions, where English uses *would, could,* or *ought to.*

Du **solltest** daran denken.   *You **ought to** think of that.*
Wir **könnten** nach Grinzing fahren.   *We **could** drive to Grinzing.*

3. Making polite requests: general subjunctive
p. 403

Use the general subjunctive for polite requests. Note the difference in tone between the indicative and subjunctive.

Haben Sie ein Zimmer frei?   *Do you have a room free?*
Hätten Sie ein Zimmer frei?   *Would you have a room free?*

4. Describing with *als ob*: general or special subjunctive
p. 445

Es war,
Er tut,   } **als ob ...** (subjunctive verb.)
Sie sah aus,

Sie sehen aus, **als ob** Sie   *You look as if you had slept badly.*
schlecht **geschlafen hätten**.

5. Quoting indirectly: special subjunctive
pp. 446–450

A. When special subjunctive is required

Formal German (such as journalistic reporting and research papers) requires special subjunctive for indirect quotation. In everyday conversation, most Germans use general subjunctive or indicative for indirect quotation.

B. Tenses in indirect quotation
pp. 448–449

The tense of the indirect quote is the same as the tense of the direct quote from which it derives.

	Direct quotation	*Indirect quotation*	
present	„Ich **bin** müde."	Luise sagte, sie **sei** müde.	*present*
past	„Ich **war** müde."	Luise sagte, sie **sei** müde **gewesen**.	*past*
past	„Ich **bin** müde **gewesen**."		
future	„Ich **werde** müde **sein**."	Luise sagte, sie **werde** müde **sein**.	*future*

C. Yes/no questions in indirect quotation begin with **ob.**
p. 450

„Hast du Zeit?" → Sie fragte, **ob** ich Zeit hätte.

D. Commands in indirect quotation use the verb **sollen.**
p. 450

„Denk daran!" → Johann sagte, ich **sollte** daran denken.

6. Indicating direction

pp. 428–430

A. Away from the speaker: **hin**

B. Toward the speaker: **her**

7. Indicating possibility, probability, hearsay, and doubt with modal verbs

p. 454

A. Possibility: **mögen**

Die Arbeit **mag** hart sein, aber sie muss trotzdem gemacht werden.

The work may be hard, but it has to be done anyway.

B. Strong probability: **müssen**

Sie **muss** schon in Europa sein.

She must be in Europe already.

C. Hearsay: **sollen**

Schmidts **sollen** doch so glücklich sein.

The Schmidts are supposed to be so happy.

    D. Fairly strong possibility: **können**

       Er **kann** noch berühmt werden   *He may yet become famous.*

    E. Doubting a claim: **wollen**

       Was? Dieser Politiker **will** ehrlich sein?   *What? This politician claims to be honest?*

8. Wanting X to do Y   pp. 372–373

Use **möchten** or **wollen** followed by a **dass**-clause.

    Wollen Sie, **dass** ich später vorbeikomme?   *Do you want me to come by later?*
    Nein, **ich möchte, dass** wir   *No, I'd like us to talk briefly*
       jetzt kurz zusammen reden.   *together right now.*

USEFUL IDIOMS AND EXPRESSIONS

You should be able to use all these idioms and expressions actively.

1. Specifying time

In Zukunft werde ich mehr Geld brauchen.   Ich habe **eine Zeit lang** in der Türkei gearbeitet.
Eines Tages müssen wir das erledigen.   **Höchste Zeit!**
Wir haben **jahrelang** darauf gewartet.

2. Requesting information

Kennen Sie sich hier aus?   Wie komme ich dahin?
Darf ich Sie um Auskunft bitten?   Worum geht es in dem Buch, das du liest?

3. Expressing reactions and opinions

Das kann ich nicht ernst nehmen.   Verflixt nochmal!
Kein Wunder!   Ich bin baff!
Das mag sein.   Das muss ich mir überlegen.
Was sagen (meinen) Sie dazu?   Es kommt darauf an.

4. Making requests and commands

Hören Sie gut zu!   Passen Sie auf!
Sei mir bitte nicht böse!   Zeig mal her.

5. Introducing people

Darf ich (dir / Ihnen) meinen Freund Jan vorstellen?
Darf ich mich vorstellen?
Angenehm. / Freut mich. / Sehr erfreut.

TEST YOUR PROGRESS

Check your answers with the Workbook Answer Key at the end of this book.

A. Provide the German prepositional phrase cued in English (the English equivalent may not contain a preposition).

1. Wie lange warten Sie schon (*for something new*)?

   _____

2. Wie habt ihr (*to her idea*) reagiert?

   _____

3. Ich kann mich sehr gut (*my childhood*) erinnern.

   _____

4. Wir müssen uns (*for the test*) vorbereiten.

   _____

5. Kannst du dich bei diesem Wetter (*on your work*) konzentrieren?

   _____

6. Ich kümmere mich nicht genug (*of my health*).

   _____

7. Willst du (*in the discussion*) teilnehmen?

   _____

8. Nein, ich interessiere mich nicht (*in such problems*).

   _____

9. Ich kann mich nicht (*to your friends*) gewöhnen.

   _____

10. Denkt Rolf noch (*of me*)? _____

11. Natürlich. Er bat mich (*for your address*).

    _____

12. Meine Schwester hat sich (*to a German*) verlobt.

    _____

13. (*About this topic*) haben sich die Studenten sehr aufgeregt.

    _____

14. Er erinnert mich (*of his father*). _____

B. Answer the following questions affirmatively. Replace the prepositional phrase with a **da**-compound or the personal object with a pronoun.

BEISPIELE: Bereiten Sie sich auf Ihre Reise vor?
Ja, wir bereiten uns **darauf** vor.

Erinnern Sie sich noch an meine ältere Schwester?
Ja, ich erinnere mich noch **an sie.**

1. Haben Sie auf seinen Brief geantwortet?

   _____

2. Interessieren Sie sich für klassische Musik?

   _____

3. Kannst du dich an diesen Typ gewöhnen?

   _____

4. Hat Sabina sich um ihren Bruder gekümmert?

   _____

5. Hast du dich über seine Reaktion gewundert?

   _____

6. Habt ihr auch an die anderen Studenten gedacht?

   _____

C. Read the facts below and write conditional sentences contrary to these facts. Use the general subjunctive.

BEISPIEL: Weil du viel Tennis spielst, bist du fit.
Wenn du nicht viel Tennis spieltest, wärest du nicht fit.

1. Weil du nur halbtags arbeitest, haben wir nicht genug Geld.

   _____

2. Wir haben nichts gekauft, weil der Laden noch nicht auf war.

   _____

3. Weil er nicht freundlich ist, kann man nicht leicht mit ihm reden.

   _____

4. Weil die Straßenbahn nicht weiter fährt, müssen wir jetzt laufen.

   _____

5. Ich habe ihr nicht gratuliert, weil ich nicht wusste, dass sie heute Geburtstag hat.

   _____

D. Read the facts below and use the subjunctive to write wishes contrary to these facts. Begin the sentence with **Ich wünschte ...** .

BEISPIEL: Wir haben nicht genug Zeit.
<u>**Ich wünschte,** wir hätten genug Zeit.</u>

1. Wir sind noch nicht angekommen.

_____

2. Heute Morgen haben wir die Wohnung nicht aufgeräumt.

_____

3. In der Altstadt gibt es kein Café.

_____

4. Leider habe ich meine Reiseschecks vergessen.

_____

5. Die Preise sind gestiegen.

_____

E. Respond to each sentence by saying that the persons under discussion only *look* as though something were the case.

BEISPIEL: Ist Rolf wirklich so optimistisch?
<u>Nein, er sieht nur aus, als ob er optimistisch **wäre**.</u>

1. Sind deine Mitbewohner wirklich so ordentlich?

_____

2. Haben deine Freunde wirklich so viel Geld?

_____

3. Ist Jutta wirklich so konservativ geworden?

_____

4. Ist Frank wirklich gerade aus den Ferien zurückgekommen?

_____

F. Make these requests more polite by putting them into the subjunctive.

   1. Können Sie mir helfen?

   _____

   2. Darf ich eine Frage stellen?

   _____

   3. Tragen Sie mir das Gepäck?

   _____

   4. Haben Sie ein Zimmer mit Bad?

   _____

   5. Wann soll ich das für Sie machen?

   _____

G. Restate the following sentences in the passive. Keep the same tense as the active sentence.

   BEISPIEL: Max baut dieses Haus.
                 <u>Dieses Haus wird von Max gebaut.</u>

   1. Karl hat diesen Brief geschrieben.

   _____

   2. Hinter dem Dom baute die Stadt eine neue Schule.

   _____

   3. Professor Müller hält die Vorlesung.

   _____

   4. Viele Studenten haben diese Zeitung gelesen.

   _____

   5. Mein Freund wird dieses Problem lösen.

   _____

H. Restate the sentences in the passive.

BEISPIEL: Wer soll diese Frage beantworten?
<u>Von wem soll diese Frage beantwortet werden?</u>

1. Das kann der Chef eines Tages entscheiden.

_____

2. Das ganze Buch muss man bis Donnerstag lesen.

_____

3. Unseren Zweitwagen müssen wir leider verkaufen.

_____

4. Ein solches Klischee kann man nicht ernst nehmen.

_____

5. Können alle Schüler die Frage verstehen?

_____

I. Replace the verb in parentheses with an adjective formed from its present or past participle. Don't forget adjective endings.

BEISFIEL: Wann werden die _____ (bestellen) Bücher endlich ankommen?
Wann werden die _**bestellten**_ Bücher endlich ankommen?

1. Ich kann bei _____ (schließen) Fenstern nicht schlafen.

2. Gott sei Dank habe ich das _____ (verlieren) Geld wieder gefunden.

3. Der Verkehr auf der Straße hat die _____ (schlafen) Gäste gestört.

4. Dieser Historiker hat viele _____ (vergessen) Namen genannt.

5. Der gerade _____ (abfahren) Zug fährt nach Madrid.

J. Wie sagt man das auf Deutsch?

1. What are you thinking of?

_____

2. I thought the book was very interesting.

_____

3. I have to think about that for a while.

_____

4. We could go to Grinzing. What do *you* think?

_____

5. I think that's a good answer.

_____

K. Restate the following sentences using the appropriate subjective modal.

BEISPIEL: Es ist unglaublich, dass sie Ausländer sind.
Sie können keine Ausländer sein.

1. Ich bin sicher, dass das unser alter Lehrer ist.

_____

2. Man sagt, die Preise im Ausland seien niedriger.

_____

3. Es ist möglich, dass das stimmt.

_____

4. Vielleicht ist er schon dreißig.

_____

5. Sie sagt, sie sei eine gute Künstlerin, aber ich glaube ihr nicht.

_____

L. Report what Gabi said to you, using special subjunctive.

1. Ich war gestern in der Mensa. (Gabi sagte, sie ...)

_____

2. Das Essen hat mir gut geschmeckt.

_____

3. Ich bereite mich jetzt auf eine Klausur vor.

_____

4. Hat dich Heinz angerufen?

_____

5. Ich bin jetet ziemlich müde.

_____

6. Zeig mir dein Referat über Kafka.

_____

LABORATORY MANUAL

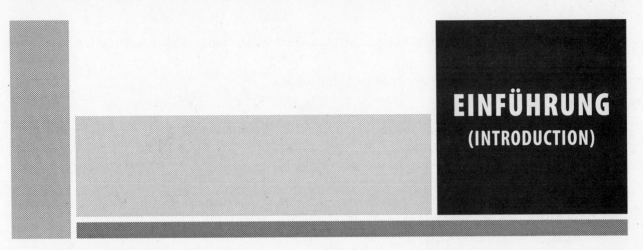

EINFÜHRUNG
(INTRODUCTION)

In this introductory chapter you will learn the alphabet, the sounds of German, and some phrases that you will hear in short dialogues. Later on, you may return to this section of the audio program in order to review the sounds of German that you find difficult to understand or say.

The audio program begins with short dialogues from the Introductory Chapter of your textbook in **Stufe 1**. Please listen carefully to the voices you will hear and repeat after the pauses. You may refer to the printed text of the dialogues in your textbook.

Stufe 1, page 2

Dialogues 1–13
The Days of the Week

Stufe 2, page 8

The Alphabet
Dialogues 1–11

Stufe 3, page 14

The Numbers from 0 to 20
Dialogues 1–4
The Months

THE SOUNDS OF GERMAN

The following descriptions are meant as an introduction to the sounds of German you will practice with the audio program. For some of the sounds you will hear a comparison between the pronunciation of a word in English and a word in German which sound similar, but do not necessarily have the same meaning. You should practice by listening carefully to the recording while you follow the lists of words here in the Laboratory Manual. Then, in the pauses, try to imitate what you have heard.

Vowels

German vowels, unlike English vowels, are "pure," that is, they do not glide off into another sound at the end. The English *o* in *flow*, for instance, glides off to *u*. The *a* in *bait* glides off to *ee*. Compare:

English	*German*
flow	Floh
bait	Beet

German has both long and short vowels. Short vowels are tenser and of much shorter duration than long vowels.

German spelling is a much better indication of pronunciation than is English spelling. German vowels are long when they are:

1. followed by an unpronounced **h**: **Sohn**, **lehnen**

2. doubled: **Beet**, **Saat**

3. followed by a single consonant (in most cases): **Wesen**, **Blume**

German vowels are generally short if they are followed by double or multiple consonants: **bitte**, **offen**, **links**.

a Long **a** sounds like English *a* in *Ma* and *Pa*. Short **a** sounds the same, but is tenser and shorter. Notice that the following pairs of words are identical except for the length of the vowels.

long a	short a
Wahn	wann
Bahn	Bann
Kahn	kann
Schafe	schaffe

e Long **e** sounds like English *ay* in *hay*, but without gliding off to *ee*. Short **e** sounds like English *e* in *let*.

long e	short e
den	denn
wen	wenn
Beet	Bett
stehlen	stellen

i Long **i** (usually spelled **ie**) sounds like English *ee* in *free*. Short **i** sounds like English *i* in *fit*, but is shorter and tenser.

long i	short i
bieten	bitten
Miete	Mitte
ihn	in
Bienen	binnen

o Long **o** sounds like English *o* in *so*, but without gliding off to *u*. Short **o** sounds like English *au* in *caught*, but is tenser and shorter. Short **o** is a difficult sound for English speakers and will need extensive practice.

long o	short o
wohne	Wonne
Ofen	offen
Sohle	solle
Ton	Tonne
Sohn	Sonne

Be sure to distinguish among long **a**, short **a**, and short **o**.

long a	short a	short o
Bahn	Bann	Bonn
kam	Kamm	komm
fahl	Fall	voll
Haken	hacken	hocken
Gas	Gassen	gossen

u Long **u** sounds like English *oo* in *soon,* but the lips are more rounded and there is no off-glide. Short **u** sounds like English *u* in *put.*

long u	*short u*
Mus	muss
Ruhm	Rum
Buhle	Bulle
Huhn	Hunne

Vowels with Umlaut: ä, ö, ü German spelling adds a diacritical mark called an umlaut to three vowels: **ä, ö,** and **ü.** In the speech of most Germans, **ä** is the equivalent of **e,** both long and short, but **ö** and **ü** represent sounds different from **o** and **u.**

ö The sound represented by **ö** has no English equivalent. To make long **ö,** round your lips to say German long **o,** freeze them in that position, and say German long **e** instead. Short **ö** is pronounced in the same way, except that it is shorter and tenser.

long o	*long ö*	*short o*	*short ö*
Ton	Töne	Gott	Götter
Sohn	Söhne	konnte	könnte
Lohn	Löhne	Topf	Töpfe
Floh	Flöhe	Bock	Böcke
Bogen	Bögen	Dorf	Dörfer

ü The sound represented by **ü** (also spelled **y**) has no English equivalent. To make long **ü,** round your lips to say German long **u,** freeze them in that position, and say German long **i** instead. Short **ü** is pronounced in the same way, except that it is shorter and tenser.

long u	*long ü*	*short u*	*short ü*
gut	Güte	Mutter	Mütter
Mut	Mythos	Kunst	Künste
Fuß	Füße	Bund	Bünde
Zug	Züge	Kuss	Küsse
Schub	Schübe	Busch	Büsche

Unstressed -e and -er It is important to distinguish between two unstressed vowel sounds occurring at the end of words and syllables.

Unstressed **-e** sounds like English *a* in *sofa* (the so-called "schwa"). Unstressed **-er** is a vowel sound that resembles the **u** in English *but.* The difference between **träge** and **Träger,** for instance, is that in the latter, the tongue is quickly retracted at the end of the word.

unstressed -e	*unstressed -er*
träge	Träger
Liebe	lieber
lese	Leser
bitte	bitter
Wunde	Wunder

Diphthongs

Diphthongs are combinations of two vowel sounds. There are three of them in German: The diphthong **au** sounds like English *ow* in *cow:* **Haus**. The diphthong **ei** (also spelled **ai**) sounds like English *ei* in *height:* **Leid**.

The diphthong **eu** (also spelled **äu**) sounds like English *oi* in *oily:* **Leute, läuten**.

au	*ei (ai)*	*eu (äu)*
Laus	leise	Läuse
aus	Eis	äußern
Frau	frei	Freude
laut	leiten	läuten
baut	beide	Beute

The sound spelled **ie** is not a diphthong, but simply a long German **i**.

Consonants

ch   After the "back" vowels **a**, **o**, **u**, and **au**, the sound represented by **ch** sounds like Scots *ch* in *Loch Ness*.

Bach	Loch	Tuch	auch

After other vowels and consonants, **ch** sounds like English *h* in *Hugh* or *huge,* if you draw out this sound before saying the *u*.

echt	Milch
Bäche	durch
ich	fürchten
Teich	manchmal
Löcher	

Contrast back **ch** and front **ch**:

Bach	Bäche
Loch	Löcher
Buch	Bücher
Brauch	Bräuche

-ig   When **-ig** ends a word, it is pronounced as if it were spelled **-ich**. When it is followed by an ending, it is pronounced **-ig**.

-ich	*-ig-*
König	Könige
Pfennig	Pfennige
fertig	fertige
artig	artige

chs   The combination **chs** is pronounced **ks**.

sechs	Fuchs
Wachs	wuchs

l German **l** is pronounced with the top of the tongue against the upper gum ridge and with the tongue flat from front to back, not dipped in the middle and raised at the back, like an American *l*. The American *l* in initial position is closer to the German **l** than is the American *l* when it comes in the middle or at the end of a word.

English	*German*
leaf	lief
light	Leid
late	lädt
built	Bild
plots	Platz
feel	fiel
hell	hell
pole	Pol

r German never uses the American *r*, in which the tip of the tongue curves backward. Some Germans tongue-trill the **r**, but most use the uvular **r** (the back of the tongue is raised toward the uvula, the small flap of tissue hanging down at the back of your mouth) and it is the one you should learn. Uvular **r** is similar to the back **ch**, except that the **r** is voiced (the vocal cords vibrate). In order to locate this position in your mouth, practice pronouncing the following sequence of three words. Keep your vocal cords vibrating on the **r** in **waren: wach, wachen, waren**.

Beere	Frau	Rede
ihre	frei	rot
Ohren	Trauer	richtig
lehren	grün	Raum

When **r** is not followed by a vowel, it usually becomes a vowel sound like English *u* in *but*.

consonantal r	*vocalic r*
Ehre	er
ihre	ihr
führe	für
studiere	studiert
bittere	bitter
höre	hört

b, d, g The letters **b**, **d**, and **g** are pronounced as in English. The German **g** is usually "hard" as in English *go:* **gehen**.

Bube	Bude	Tage
leben	leiden	legen

When **b**, **d**, and **g** come at the end of a word or syllable, or before **s** or **t**, they become "unvoiced," that is, the vocal cords do not vibrate and **b** thus sounds like **p**, **d** sounds like **t**, and **g** like **k**.

voiced (b, d, g)	*unvoiced (p, t, k)*
Diebe	Dieb
leben	lebt
schieben	schiebst
Lieder	Lied
Fäden	fad
Kriege	Krieg
legen	legt
liegen	liegst

j   The letter **j** is pronounced like English *y*.

    ja   jagen   jung   je

qu   The letters **qu** stand for the consonant combination **kv**.

    Qualität   quer   Quark   Quatsch

s   Before vowels, **s** is voiced like English *z* in *zeal*. In all other positions, **s** is unvoiced like English *s* in *seal*.

voiced s	*unvoiced s*
so	es
lesen	ist
Gänse	Thomas

ss, ß   The letters **ss** and **ß** (the latter called **ess-tsett** in German and "digraph s" in English) stand for unvoiced **s** (as in English *seal*). Note that **ß** is used when the unvoiced **s** follows long vowels and diphthongs.

lasse	saß	Schloss	groß
esse	ließ	Fluss	Fuß
wissen	weiß	muss	Grüß

v   The letter **v** usually stands for the same sound as **f**. In words of foreign origin, however, it is pronounced like English *v* (i.e., voiced).

v = f	*voiced v*
Vetter	*Vera*
vier	*Vase*
voll	*Universität*

w   The letter **w** stands for the sound spelled *v* in English.

wir	Wetter
Wasser	Wagen

y   The letter **y** occurs only in words of foreign origin and is most commonly pronounced like **ü**.

    Physik
    Gymnasium
    Symphonie

z, tz   Both **z** and **tz** are pronounced like *ts* in English *its*. This sound can come at the beginning of a word in German, not just in the middle and at the end as in English.

    Zoo
    zehn
    sitzen
    Zug
    Satz

Consonant Clusters: *gn, kn, pf, ps*

Be careful to pronounce both elements of the following consonant clusters, especially when they occur at the beginning of a word or syllable.

gn	*kn*	*pf*	*ps*
Gnade	Knie	Apfel	Psalm
Vergnügen	Knabe	Pfanne	Psychologie
Gnom	Knall	Pferd	Psychiater

ng   In German, the letters **ng** always stand for the sound in English *singer*, never for the sound in English *finger*.

Sänger	Achtung
Finger	Hunger
Ring	

sch, st-, sp-   The German sound spelled **sch** is like the English sound spelled *sh*, but with more pronounced lip-rounding:

Schiff	Schule
Asche	schön
rasch	schwer

The combinations **st-** and **sp-** at the beginning of a word or syllable are pronounced **scht-** or **schp-**.

spielen	spüren
Stein	versprechen
aufstehen	

-tion   This combination is always pronounced **-tsion,** with the primary word stress on the last syllable.

Nation
Zivilisation
Tradition

Glottal stop

The glottal stop is used more frequently in German than in English. It is the brief closing of the vocal cords one hears between the words of the phrase "Utica Avenue." It is the way we distinguish between *a nice man* and *an iceman*. In German, it occurs before all words and syllables beginning with a vowel.

er ist es	ich arbeite oft
eine alte Adresse	in einer Oper

USEFUL CLASSROOM EXPRESSIONS

You will now hear some expressions that will be useful in class. Repeat each one after the speaker. Try to imitate the rhythm and intonation as well as the pronunciation.

Wie sagt man „the book" auf Deutsch?	*How do you say "the book" in German?*
Man sagt „das Buch".	*You say "das Buch."*
Übersetzen Sie bitte.	*Please translate.*
Wiederholen Sie bitte.	*Please repeat.*
Üben wir!	*Let's practice!*
Machen Sie Nummer drei, bitte.	*Please do number three.*
Alle zusammen, bitte.	*All together, please.*
Sie sprechen zu leise.	*You're speaking too softly.*
Sprechen Sie bitte lauter.	*Please speak more loudly.*
Sie sprechen zu schnell.	*You're speaking too fast.*
Sprechen Sie bitte langsamer.	*Please speak more slowly.*
Wie bitte?	*I beg your pardon? What did you say?*
Antworten Sie bitte auf Deutsch!	*Please answer in German.*
Das ist richtig.	*That's correct.*
Das ist falsch.	*That's incorrect.*
Verstehen Sie das?	*Do you understand that?*

KAPITEL
1

DIALOGE (p. 22)

Turn to page 22 in your textbook. You will hear each dialogue twice. The first time, the speakers will be talking at normal speed. The second time, they will pause after each phrase so you can repeat aloud what they have just said. Each dialogue is followed by an exercise that tests your comprehension.

Following each dialogue you will hear a series of statements. Decide whether each statement is true or false (**richtig oder falsch**) and mark the answer below. You can check your answers with the Laboratory Manual Answer Key.

Fragen zu den Dialogen (Questions on the dialogues)

Dialog 1: *In Eile*

1. R F   3. R F
2. R F   4. R F

Dialog 2: *Die Mensa*

1. R F   4. R F
2. R F   5. R F
3. R F

Dialog 3: *Typisch für September*

1. R F   4. R F
2. R F   5. R F
3. R F

HÖREN SIE GUT ZU! (Listen carefully!)

Listen to the dialogue as many times as necessary. Then answer the questions you will hear. Respond in English for now. In later chapters you'll be using German. You can check your answers with the Laboratory Manual Answer Key. This dialogue is *not* printed in your textbook.

1. _____

2. _____

3. _____

4. _____

ÜBUNG ZUR AUSSPRACHE (Pronunciation practice)

Practice the difference between the front **ch** that follows **e, i, ie, ei, ö, ü, eu,** and **äu** and the back **ch** after **a, o, u,** and **au.**

When a noun with **ch** takes an umlaut in the plural, the sound of **ch** automatically shifts from back to front.

Repeat each word pair after the speaker.

back ch (*singular*)	**front ch** (*plural*)
Buch (*book*)	Bücher
Bach (*brook*)	Bäche
Loch (*hole*)	Löcher
Brauch (*custom*)	Bräuche
Tuch (*cloth*)	Tücher
Dach (*roof*)	Dächer
Koch (*cook*)	Köche
Schlauch (*hose*)	Schläuche

In the sentences below, pay attention to the difference between front and back **ch**. Remember that final **-ig** is pronounced as though it were spelled **-ich**. Listen as the speaker reads each sentence, then repeat it in the pause provided.

1. Was ma**ch**st du heute Abend?

2. I**ch** gehe zu Friedri**ch**. Du au**ch**?

3. Natürli**ch**!

4. Fliegst du am Mittwo**ch** nach Züri**ch**?

5. Vielleicht.

6. I**ch** ni**ch**t. Das Wetter ist zu schle**ch**t.

LYRIK ZUM VORLESEN (Poetry for reading aloud) (p. 26)
Kinderreime

Practice saying the poems you will hear. Stop the recording after each verse or line and read aloud. Try to imitate the rhythm and intonation as well as the pronunciation. The poems are printed in your textbook.

ÜBEN WIR! (Let's practice!) (pp. 28–38)

The exercises in this section of the audio program are designed to give you additional practice with the grammatical structures and the vocabulary you are learning. Each exercise is referred to by the number of the corresponding grammar exercise in your textbook. Listen to the directions and respond in the pauses.

Übung 1: *Wer kommt morgen?*

Use the pronoun you hear to say who is coming tomorrow.

> **BEISPIEL:** ich
> **Ich komme** morgen.

Variation zur Übung 1

Use the pronoun you hear to say who is doing a lot.

> **BEISPIEL:** ich
> **Ich mache** viel.

Übung 3: *Wer arbeitet heute?*

Use the pronoun you hear to say who is working today.

> **BEISPIEL:** wir
> **Wir arbeiten** heute.

Variationen zur Übung 3

A. Use the subject you hear to say who is in a hurry.

> **BEISPIEL:** *Er* ist in Eile. (ich)
> **Ich bin** in Eile.

B. Tell who will be back on Wednesday.

> **BEISPIEL:** Am Mittwoch ist Tanja wieder zurück. (ich)
> Am Mittwoch **bin ich** wieder zurück.

Übung 7

Answer the questions affirmatively. Use a pronoun.

> **BEISPIEL:** Ist Rolf heute gut gelaunt?
> Ja, **er** ist heute gut gelaunt.

Variation zur Übung 7

Answer the questions, using the appropriate pronoun and verb form.

> **BEISPIELE:** Ist das die Tafel?
> Ja, das ist **sie**.
>
> Sind das die Türen?
> Ja, das **sind sie**.

Übung 9

Give the singular and plural forms of the nouns you will hear with their articles.

> **BEISPIEL:** das Kind
> **das Kind, die Kinder**

Übung 10

Make the subject plural and change the verb accordingly.

> **BEISPIEL:** Der Herr kommt um elf.
> **Die Herren kommen** um elf.

Variation zum Gruppenspiel 12

Replace the subject with the new word you hear. Be sure to use the correct article and verb form.

> **BEISPIELE:** Wie ist die Suppe heute? (Wetter)
> Wie ist **das Wetter** heute?
>
> Wann kommen die Herren zurück? (Frau)
> Wann **kommt die Frau** zurück?

Übung 15

Change these statements to yes/no questions.

> **BEISPIEL:** Stefan arbeitet in Stuttgart.
> **Arbeitet Stefan** in Stuttgart?

ÜBUNG ZUR BETONUNG (Practice with stress)

Listen to each word or phrase as it is spoken. Repeat it in the pause provided, and then underline the stressed syllable or syllables in the list below. Check your answers with the Laboratory Manual Answer Key.

na tür lich	zu rück
ty pisch	Ent schul di gung
Sep tem ber	im Mo ment
ar bei ten	for mell
ü bri gens	die Uni ver si tät
die Sup pe	der Stu dent
al so	der Tou rist
a ber	der A me ri ka ner
viel leicht	wahr schein lich
wa rum	zum Bei spiel

LESESTÜCK (p. 42)

▮ *Wie sagt man „you" auf Deutsch?*

Listen to the reading as you follow the text on p. 42 in your textbook. Pay attention to the speaker's pronunciation and sentence intonation.

DIKTAT (Dictation)

You will hear each sentence twice. After the first reading, try to write all that you have heard in the space below. After the second reading, fill in what you have missed. (The dictation contains material from all of Chapter 1. You should study the **Grammatik** and the **Lesestück** before doing it.)

1. _____
   _____

2. _____
   _____

3. _____
   _____

4. _____
   _____

5. _____
   _____

6. _____
   _____

7. _____
   _____

8. _____
   _____

9. _____
   _____

10. _____
    _____

KAPITEL

2

DIALOGE (p. 47)

Turn to page 47 in your textbook. You will hear each dialogue twice. The first time, the speakers will be speaking at normal speed. The second time, they will pause after each phrase so you can repeat aloud what they have just said. Each dialogue is followed by an exercise that tests your comprehension.

Following each dialogue you will hear a series of statements. Decide whether each statement is true or false (**richtig oder falsch**) and mark the answer below. You can check your answers with the Laboratory Manual Answer Key.

Fragen zu den Dialogen

Dialog 1: *Wer liest die Zeitung?*

1. R F   **3.** R F

2. R F   **4.** R F

Dialog 2: *Ich hab' eine Frage*

1. R F   **3.** R F

2. R F   **4.** R F

Dialog 3: *Georg sucht ein Zimmer*

1. R F   **4.** R F

2. R F   **5.** R F

3. R F

HÖREN SIE GUT ZU!

Listen to the dialogue as many times as necessary. Then answer in English the questions you will hear. You can check you answers with the Laboratory Manual Answer Key. This dialogue is *not* printed in your textbook.

1. _____

2. _____

3. _____

4. _____

ÜBUNG ZUR AUSSPRACHE

In the following pairs, the first word begins with the letter **z** (pronounced like **ts**), the second word begins with the letter **s** (pronounced as a voiced **s** like English **z**). Practice the difference between the two sounds as you repeat each word pair after the speaker.

Zone	Sohn	zagen	sagen
Zeit	seit	Ziege	Siege
zog	Sog	Zoo	so

Now listen to the following sentences and repeat them in the pauses provided.

1. Ist meine Zeitung hier im Zimmer? Ich suche sie.

2. Du sagst, du siehst die Zeitung nicht? Ich lese sie.

3. Das ist ziemlich typisch.

4. Sie gibt die Zeitung zurück.

LYRIK ZUM VORLESEN (p. 50)
Liebeslied

Practice saying the poem you will hear. Stop the recording after each verse or line and read aloud. Try to imitate the rhythm and intonation as well as the pronunciation. The poem is printed in your textbook.

ÜBEN WIR! (pp. 50–58)

The exercises in this section of the audio program are designed to give you additional practice with the grammatical structures and the vocabulary you are learning. Each exercise is referred to by the number of the corresponding grammar exercise in your textbook. Listen to the directions and respond in the pauses.

Variation zur Übung 1

Tell who has the newspaper.

> **BEISPIEL:** Wer hat die Zeitung? (Michael)
> **Michael hat** sie.

Variation zur Übung 3

Rephrase the question as a statement, using the accusative case for the subject. Pay attention to the gender of the noun.

> **BEISPIEL:** Wo ist **ein** Stuhl?
> Ich suche **einen** Stuhl.

Variation zur Kettenreaktion 5

Say you have the items your roommate is looking for. Be sure to use the accusative case for the object.

> **BEISPIEL:** Wo ist der Artikel?
> Ich habe **den Artikel**.

Variation zur Partnerarbeit

Respond to the following sentences substituting an accusative pronoun for the direct-object noun.

BEISPIEL: Vater kennt Katrin.
Ich kenne **sie** auch.

Variation zur Gruppenarbeit 9

Tell who is doing what. (sehen, sprechen, nehmen, lesen, essen)

BEISPIEL: Ich sehe das Haus. (Katrin)
Katrin sieht das Haus.

Variationen zur Übung 12

A. Your friend is looking for various things and people, and you say that they're not here.

BEISPIEL: Ich suche meine Zeitung.
Sie ist nicht hier.

B. Replace the direct object with the new one you will hear.

BEISPIEL: Ich kenne nur deine Schwester. (ihren Bruder)
Ich kenne nur **ihren Bruder**.

C. Answer the questions according to the example.

BEISPIEL: Kennst du meinen Bruder?
Ja, ich kenne **deinen Bruder**.

ÜBUNG ZUR BETONUNG

Listen to each word or phrase as it is spoken. Repeat it in the pause provided, and then underline the stressed syllable or syllables in the list below. Check your answers with the Laboratory Manual Answer Key.

Nord a me ri ka	zu Hau se	der Kon flikt	der Fern seh er
der Ar ti kel	die Al ter na ti ve	nor mal	das Bü ro
die Leu te	die Dis kus si on	das Pro blem	so gar
die Zei tung	we nig stens	re la tiv	be rufs tä tig
al le	ü ber all	so zi al	
vie len Dank	die Fa mi li e	tra di ti o nell	

LESESTÜCK (p.62)
Die Familie heute

Listen to the reading as you follow the text on p. 62 in your textbook. Pay attention to the speaker's pronunciation and sentence intonation.

DIKTAT

You will hear each sentence twice. After the first reading, try to write all that you have heard in the space below. After the second reading, fill in what you have missed. (The dictation contains material from all of Chapter 2. You should study the **Grammatik** and the **Lesestück** before doing it.)

1. _____

_____

2. _____

_____

3. _____

_____

4. _____

_____

5. _____

_____

6. _____

_____

7. _____

_____

8. _____

_____

9. _____

_____

10. _____

_____

KAPITEL

3

DIALOGE (p. 69)

Turn to page 69 in your textbook. You will hear each dialogue twice. The first time, the speakers will be speaking at normal speed. The second time, they will pause after each phrase so you can repeat aloud what they have just said. Each dialogue is followed by an exercise that tests your comprehension.

Following the first two dialogues you will hear a series of statements. Decide whether each statement is true or false (**richtig oder falsch**) and mark the answer below. For the third dialogue, choose the best answer to the questions you will hear. You can check your answers with the Laboratory Manual Answer Key.

Fragen zu den Dialogen

Dialog 1: *Du hast es gut!*

1. R F   **3.** R F

2. R F   **4.** R F

Dialog 2: *Eine Pause*

1. R F   **3.** R F

2. R F   **4.** R F

Dialog 3: *Heute gibt's keine Chemiestunde*

1. a. Sie ist die Chemielehrerin.   **3.** a. Sie wissen nicht.
    b. Die Lehrerin ist krank.   b. Sie wollen einen Kaffee trinken.
    c. Sie ist nicht da.   c. Sie wollen eine Klassenarbeit schreiben.

2. a. Sie müssen heute eine Klassenarbeit in Chemie schreiben.
    b. Sie müssen nach Hause gehen.
    c. Sie müssen keine Klassenarbeit schreiben.

HÖREN SIE GUT ZU!

Listen to the dialogue as many times as necessary. Then answer the questions you will hear. You can check your answers with the Laboratory Manual Answer Key. This dialogue is *not* printed in your textbook.

1. _____

2. _____

3. _____

4. _____

5. _____

ÜBUNG ZUR AUSSPRACHE

Practice the difference between long **o** and long **ö**, short **o** and short **ö**. (In some proper names, **ö** is spelled **oe**.) Repeat each word pair after the speaker.

long o	*long ö*	*short o*	*short ö*
Gote	Goethe	Gott	Götter
Ton	Töne	konnte	könnte
Sohn	Söhne	Bock	Böcke
schon	schön	Kopf	Köpfe
Ostern	Österreich	Stock	Stöcke

Now repeat each sentence after the speaker, paying particular attention to ö.

1. Hatte Goethe viele Söhne?

2. Das möchte ich auch wissen. Ich weiß nur, er hatte keine Töchter.

3. Können wir im Oktober Köln besuchen?

4. Hoffentlich. Im Oktober ist es in Köln sehr schön.

LYRIK ZUM VORLESEN (p. 73)
Bruder Jakob and Rätsel

Practice saying the song and rhyming riddles you will hear. Stop the recording after each verse or line and read aloud. Try to imitate the rhythm and intonation as well as the pronunciation. The texts are printed in your textbook.

ÜBEN WIR! (pp. 77–86)

The exercises in this section of the audio program are designed to give you additional practice with the grammatical structures and the vocabulary you are learning. Each exercise is referred to by the number of the corresponding grammar exercise in your textbook. Listen to the directions and respond in the pauses.

Variationen zur Übung 1

A. Replace the dependent infinitive with the one you will hear.

   BEISPIEL: Ich möchte ein bisschen laufen. (arbeiten)
   Ich möchte ein bisschen **arbeiten**.

B. Replace the modal verb in second position with the one you will hear.

   BEISPIEL: Heute muss ich arbeiten. (will)
   Heute **will** ich arbeiten.

C. Replace the infinitive in the question with the one you hear.

> **BEISPIEL:** Sollen wir jetzt lesen? (kochen)
> Sollen wir jetzt **kochen**?

D. Replace the verb phrase with the one you will hear.

> **BEISPIEL:** Wir können hier bleiben. (Klaus fragen)
> Wir können **Klaus fragen**.

E. Replace the sentence, using the correct form of the modal verb you hear.

> **BEISPIEL:** Ich mache meine Arbeit. (wollen)
> Ich will meine Arbeit **machen**.

Variation zur Partnerarbeit 3

Restate the question, using the modal verb without the infinitive.

> **BEISPIEL:** Wann kommen Sie nach Berlin? (können)
> Wann **können** Sie nach Berlin?

Variation zur Kettenreaktion 8

Use the new subject you hear and change the verb accordingly.

> **BEISPIEL:** Ich fahre heute nach Frankfurt. (Birgit)
> **Birgit fährt** heute nach Frankfurt.

Übung 11

Negate these sentences by adding **nicht**.

> **BEISPIEL:** Kurt besucht seinen Bruder.
> Kurt besucht seinen Bruder **nicht**.

Übung 12

Negate these sentences by adding **nicht**.

> **BEISPIEL:** Das Wetter ist schön.
> Das Wetter ist **nicht** schön.

Variation zur Übung 14

A. Replace the direct object with the one you hear.

> **BEISPIEL:** Ich habe leider im Moment kein Geld. (keine Zeit)
> Ich habe leider im Moment **keine Zeit**.

B. Negate these sentences with the correct form of **kein**.

> **BEISPIEL:** Meine Familie besitzt ein Haus.
> Meine Familie besitzt **kein** Haus.

Variationen zur Übung 20

Contradict the following negative statements and questions, beginning your answer with a stressed **doch**.

> **BEISPIEL:** Besuchst du mich nicht?
> **Doch**, ich besuche dich.

ÜBUNG ZUR BETONUNG

Listen to each word or phrase as it is spoken. Repeat it in the pause provided, and then underline the stressed syllable or syllables in the list below. Check your answers with the Laboratory Manual Answer Key.

in ter na ti o nal	Pull o ver
op ti mis tisch	ent schei den
ehr lich	da rum
lang wei lig	dort drü ben
re la tiv	die Mu sik
in te res sant	das Sy stem
lang sam	das Schul sy stem
die Freun din	die Haus auf ga be
die Deutsch stun de	die Fremd spra che
ein biss chen	a me ri ka nisch
Eu ro pa	die A me ri ka ner
die Eu ro pä er in	ei gent lich
ge nug	das The a ter

LESESTÜCK (p. 89)
▨ Eine Klassendiskussion

Listen to the reading as you follow the text on p. 89 in your textbook. Pay attention to the speaker's pronunciation and sentence intonation.

DIKTAT

You will hear each sentence twice. After the first reading, try to write all that you have heard in the space below. After the second reading, fill in what you have missed. (The dictation contains material from all of Chapter 3. You should study the **Grammatik** and the **Lesestück** before doing it.)

1. _____

_____

2. _____

_____

3. _____

_____

4. _____

_____

5. _____

_____

6. _____

_____

7. _____

_____

8. _____

_____

9. _____

_____

10. _____

_____

KAPITEL 4

DIALOGE (p. 97)

Turn to page 97 in your textbook. You will hear each dialogue twice. The first time, the speakers will be talking at normal speed. The second time, they will pause after each phrase so you can repeat aloud what they have just said. Each dialogue is followed by an exercise that tests your comprehension.

Following the first and third dialogues you will hear a series of statements. Decide whether each statement is true or false (**richtig oder falsch**) and mark the answer below. For the second dialogue, choose the best answer to the questions you will hear. You can check your answers with the Laboratory Manual Answer Key.

Fragen zu den Dialogen

Dialog 1: *Am See*

1. R F

2. R F

3. R F

Dialog 2: *Winterurlaub*

1. a. Am See.
   b. In München.
   c. In Kitzbühel.

2. a. Im Januar.
   b. Im Sommer.
   c. Morgen.

3. a. Nein, nicht im Januar.
   b. Das wissen sie noch nicht.
   c. Ja, nur im Januar.

4. a. ... eine Stadt in Deutschland.
   b. ... ein Berg.
   c. ... eine Stadt in Österreich.

Dialog 3: *Morgens um halb zehn*

1. R F

2. R F

3. R F

4. R F

HÖREN SIE GUT ZU!

Listen to the dialogue as many times as necessary. Then answer the questions you will hear. You can check your answers with the Laboratory Manual Answer Key. This dialogue is *not* printed in your textbook.

1. _____

2. _____

3. _____

4. _____

5. _____

ÜBUNG ZUR AUSSPRACHE

Notice the difference between the German uvular **r** before a vowel and the vocalic **r** at the end of a word or syllable, or before a consonant. Repeat each group of three words after the speaker.

rieb	Bier	führt
Rat	Haar	Fahrt
rot	Tor	bohrt
Ruhm	fuhr	Furcht
Reh	er	ehrt

Repeat each sentence after the speaker.

1. Wir brauchen einen riesengroßen Regenschirm.

2. Du hast Recht. Groß genug für drei.

3. Ist der Pullover für mich?

4. Natürlich ist er für dich!

5. Wir brauchen eine Straßenkarte von Österreich.

6. Wir fahren im Winter nach Innsbruck.

LYRIK ZUM VORLESEN (p. 101)
▨ *Die Jahreszeiten*

Practice saying the poem you will hear. Stop the recording after each verse or line and read aloud. Try to imitate the rhythm and intonation as well as the pronunciation. The poem is printed in your textbook.

ÜBEN WIR! (pp. 102–115)

The exercises in this section of the audio program are designed to give you additional practice with the grammatical structures and the vocabulary you are learning. Each exercise is referred to by the number of the corresponding grammar exercise in your textbook. Listen to the directions and respond in the pauses.

Variation zur Übung 2

Respond positively to these questions, using the appropriate accusative pronoun.

BEISPIEL: Fahren wir ohne *Hans*?
Ja, wir fahren ohne **ihn**.

Variation zur Übung 8

Use the wir-imperative to suggest that you and a friend both do these things.

BEISPIEL: Ich möchte eine Reise machen.
Ich auch! **Machen wir** eine Reise!

Übung 9: *Machen Sie das doch!*

Encourage other people to go ahead with their plans. Use the **Sie**-imperative and the flavoring particle **doch**.

BEISPIEL: Ich möchte eine Reise machen.
Machen Sie doch eine Reise!

Variation zur Übung 10

Now tell other people *not* to do certain things.

BEISPIELE: Soll ich eine Reise machen?
Nein, machen Sie **keine** Reise!

Soll ich zu Hause bleiben?
Nein, bleiben Sie **nicht** zu Hause!

Variation zur Übung 12

Your friend Beate wonders whether she should do certain things. Tell her to go ahead. Use the flavoring particle **doch**.

BEISPIEL: Soll ich bleiben?
Ja, bleib **doch**!

Variation zur Partnerarbeit 13

Now tell Beate what *not* to do.

BEISPIEL: Soll ich bleiben?
Nein, bleib **nicht**.

Übung 17: *Sollen wir das machen?*

A. Tell the children what to do. Use the **ihr**-imperative.

BEISPIEL: Sollen wir bald nach Hause kommen?
Ja, **kommt** doch bald nach Hause!

B. Now tell them what *not* to do.

BEISPIEL: Sollen wir nach Hause kommen?
Nein, kommt **nicht** nach Hause!

Variation zur Übung 19

Tell the following people not to be so pessimistic.

BEISPIEL: Heinrich
Sei doch nicht so pessimistisch.

Übung 23: *Nein, noch nicht*

Answer the following questions about Katrin Berger negatively, saying that things haven't happened yet.

> **BEISPIEL:** Ist Katrin *schon* da?
> Nein, sie ist **noch nicht** da.

Übung 24

Say that you don't have any of these things yet.

> **BEISPIEL:** Haben Sie *schon* Kinder?
> Nein, ich habe **noch keine** Kinder.

Übung 25

Answer the questions negatively.

> **BEISPIEL:** Wohnen Sie *noch* zu Hause?
> Nein, ich wohne **nicht mehr** zu Hause.

Übung 26

Answer the questions negatively.

> **BEISPIEL:** Hat er *noch* Arbeit?
> Nein, er hat **keine** Arbeit **mehr**.

Variation zu Übungen 25 und 26

Answer the questions, using **nicht mehr** or **kein mehr**.

> **BEISPIEL:** Sind deine Eltern noch jung?
> Nein, sie sind **nicht mehr** jung.

Variation zur Partnerarbeit 27

An acquaintance suggests some activities. Respond by saying you like to do them.

> **BEISPIEL:** Wollen wir schwimmen?
> O ja, ich schwimme **gern**.

Variation zur Übung 29

Tell who likes vegetables.

> **BEISPIEL:** Wer mag Gemüse? (die Schüler)
> **Die Schüler mögen** Gemüse.

Variation zur Übung 33

Begin these sentences with the adverb you hear, placing the verb in second position.

> **BEISPIEL:** Er ist noch nicht da. (sicher)
> **Sicher** ist er noch nicht da.

ÜBUNG ZUR BETONUNG

Listen to each word or phrase as it is spoken. Repeat it and underline the stressed syllable or syllables in the list below. You can check your answers with the Laboratory Manual Answer Key.

die Ge o gra phie	Ös ter reich
die Ko lo nie	das Se mi nar
die Kul tur	noch nicht
der Ur laub	im mer noch
hof fent lich	Gott sei Dank!
zu sam men	selbst ver ständ lich
noch ein mal	mo dern
die Haupt rol le	nach her
das Volks lied	die Re gi on
der Kon trast	I ta li en
das Kli ma	

LESESTÜCK (p. 118)

▓ *Geographie und Klima*

Listen to the reading as you follow the text on pp. 118–119 in your textbook. Pay attention to the speaker's pronunciation and sentence intonation.

DIKTAT

You will hear each sentence twice. After the first reading, try to write all that you have heard in the space below. After the second reading, fill in what you have missed. (The dictation contains material from all of Chapter 4. You should study the **Grammatik** and the **Lesestück** before doing it.)

1. _____

   _____

2. _____

   _____

3. _____

   _____

4. _____

   _____

5. _____

   _____

6. _____

   _____

7. _____

   _____

8. _____

   _____

9. _____

   _____

10. _____

   _____

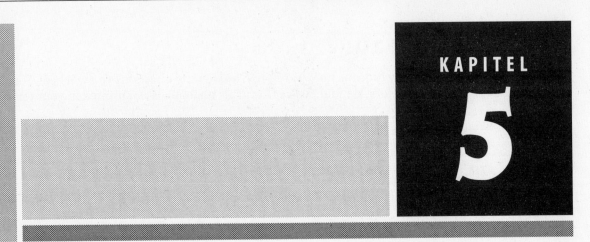

KAPITEL

5

DIALOGE (p. 126)

Turn to page 126 in your textbook. You will hear each dialogue twice. The first time, the speakers will be speaking at normal speed. The second time, they will pause after each phrase so you can repeat aloud what they have just said. Each dialogue is followed by an exercise that tests your comprehension.

Following the first two dialogues you will hear a series of questions. Choose the best answer. After the third dialogue you will hear a series of statements. Decide whether each statement is true or false (**richtig oder falsch**) and mark the answer below. You can check your answers with the Laboratory Manual Answer Key.

Fragen zu den Dialogen

Dialog 1: *Der neue Bäckerlehrling kommt an*

1. a. Er heißt Markus.
   b. Er heißt Georg.
   c. Er heißt Martin.

2. a. Nein, morgen.
   b. Ja, gleich.
   c. Ja, um zwölf.

3. a. Seit einem Jahr.
   b. Seit Freitag.
   c. Seit vier Jahren.

4. a. Sie arbeiten jetzt.
   b. Sie gehen einkaufen.
   c. Georg zeigt Martin den Laden.

Dialog 2: *Beim Bäcker*

1. a. Ein Bauernbrot und drei Brötchen.
   b. Zwei Bauernbrote und vier Brötchen.
   c. Ein Bauernbrot und sechs Brötchen.

2. a. Ja, von heute Morgen.
   b. Ja, von Montag.
   c. Ja, von gestern.

3. a. Sechs Stück.
   b. Sechzehn.
   c. Acht Stück.

4. a. Drei Euro siebzig.
   b. Fünf Euro fünfunddreißig.
   c. Drei Euro fünfundsiebzig.

Dialog 3: *Schule oder Beruf?*

1. R F

2. R F

3. R F

4. R F

5. R F

HÖREN SIE GUT ZU!

Listen to the dialogue as many times as necessary. Then answer the questions you will hear. You can check your answers with the Laboratory Manual Answer Key. This dialogue is *not* printed in your textbook.

1. _____

2. _____

3. _____

4. _____

ÜBUNG ZUR AUSSPRACHE

In the following exercises, you will practice the sound of the German l. Pronounce the German l like the *l* in the English word *leaf.*

Repeat each word after the speakers.

laut	bald
Lied	Zoll
Lob	Zahl
hilft	wohl
half	Wolle

Listen as the speaker reads each sentence, then repeat it in the pause provided.

1. Lina, warum willst du nicht in der Schule bleiben?

2. Ich finde die Schule langweilig. Ich will in einem Laden arbeiten.

3. Verlass die Schule nicht, Lina! Du hast noch viel zu lernen.

LYRIK ZUM VORLESEN (p. 130)
▓ Der Arbeitsmann

Practice saying the poem you will hear. Stop the recording after each verse or line and read aloud. Try to imitate the rhythm and intonation as well as the pronunciation. The poem is printed in your textbook.

ÜBEN WIR! (pp. 131–141)

The exercises in this section of the audio program are designed to give you additional practice with the grammatical structures and the vocabulary you are learning. Each exercise is referred to by the number of the corresponding grammar exercise in your textbook.

Listen to the directions and respond in the pauses.

Variationen zur Übung 2

A. Beate has some extra tickets. Use the cue to tell her whom to give them to.

> **BEISPIEL:** Wem soll ich die Karten geben? (Lehrer)
> Gib sie **dem Lehrer**.

B. Tell Beate whom you are buying a motorcycle for.

> **BEISPIEL:** Wem kaufst du das Motorrad? (Freund)
> Ich kaufe es **meinem Freund**.

Variation zur Übung 5

People are asking you to do various things, and you agree to do them. Use a dative pronoun in your answer.

> **BEISPIEL:** Kannst du Christine das Buch geben?
> Ja, ich kann **ihr** das Buch geben.

Variationen zur Übung 7

A. Answer the questions affirmatively. Replace the direct object with a pronoun.

> **BEISPIEL:** Wem schenkst du *das Motorrad*? Deiner Schwester?
> Ja, ich schenke **es** meiner Schwester.

B. Your housemate is asking when you are going to do certain things. Say that you'll do them tomorrow. Use two pronouns in your answer.

> **BEISPIEL:** Wann gibst du Hermann das Buch?
> Ich gebe **es ihm** morgen.

Variationen zur Übung 9

A. Replace the prepositional phrase with the one you will hear.

> **BEISPIEL:** Ich arbeite heute bei euch. (bei Ihnen)
> Ich arbeite heute **bei Ihnen**.

B. Replace the dative prepositional objects with the new ones you will hear.

> **BEISPIEL:** Wir sehen euch nach der Deutschstunde. (Essen)
> Wir sehen euch nach **dem Essen**.

C. In the following sentences the cue is in the nominative case. You are to change it to the dative case.

D. In the following sentences the cue is in the nominative case. You are to change it to the dative case.

Variationen zur Übung 13

A. Substitute the new element that you hear for the appropriate word in the model sentence.

> **BEISPIEL:** Ich fange *heute* bei euch an. (morgen)
> Ich fange **morgen** bei euch an.

B. Replace the subject with the new one you will hear.

> **BEISPIEL:** Er steht bald auf. (ich)
> **Ich stehe** bald auf.

C. Replace the verb with the new one you will hear.

> **BEISPIEL:** Ich fange heute Abend an. (aufhören)
> Ich **höre** heute Abend **auf**.

Variationen zur Übung 14

A. Restate the sentence without the modal verb.

> **BEISPIEL:** Anton muss um sieben Uhr aufstehen.
> Anton **steht** um sieben Uhr **auf**.

B. You will hear a command or suggestion. Repeat it, using the form of the imperative appropriate to the person cued.

> **BEISPIEL:** Stehen Sie bitte bald auf! (du)
> **Steh** bitte bald **auf**!

C. Say that you cannot do what you are told to do.

> **BEISPIEL:** Fang am Mittwoch an!
> Ich **kann** am Mittwoch **nicht anfangen**.

D. Add the elements you will hear one by one to the sentence.

> **BEISPIEL:** Du stehst auf. (morgen)
> Du stehst **morgen** auf. (um zehn Uhr)
> Du stehst morgen um **zehn Uhr** auf.

Exercise on Professions

Replace the noun with the one you will hear and change the subject accordingly. Refer to Übung A on page 142 of your textbook.

> **BEISPIEL:** Er möchte **Automechaniker** werden. (Professorin)
> Sie möchte **Professorin** werden.

ÜBUNG ZUR BETONUNG

Listen to each word or phrase as it is spoken. Repeat it and underline the stressed syllable or syllables in the list below. You can check your answers with the Laboratory Manual Answer Key.

ak tu ell	ab hol en
die Fir ma	ver las sen
der Kor res pon dent	fern seh en
re a lis tisch	der Jour na list
heu te Mor gen	der Au to me cha ni ker
an fan gen	ein paar
auf hö ren	per fekt
die Le bens mit tel	das Mit tag es sen
die Bä cke rei	die U ni ver si tät
das A bi tur	ein ver stan den
ein kau fen	Sonst noch et was?
spa zie ren ge hen	der Stadt plan
vor bei kom men	

LESESTÜCK (p. 145)
▨ *Drei Deutsche bei der Arbeit*

Listen to the reading as you follow the text on pp. 145–146 in your textbook. Pay attention to the speaker's pronunciation of words and sentence intonation.

DIKTAT

You will hear each sentence twice. After the first reading, try to write all that you have heard in the space below. After the second reading, fill in what you have missed. (The dictation contains material from all of Chapter 5. You should study the **Grammatik** and the **Lesestück** before doing it.)

1. _____
   _____

2. _____
   _____

3. _____
   _____

4. _____
   _____

5. _____
   _____

6. _____
   _____

7. _____
   _____

8. _____
   _____

9. _____
   _____

10. _____
    _____

DIALOGE (p. 154)

Turn to page 154 in your textbook. You will hear each dialogue twice. The first time, the speakers will be speaking at normal speed. The second time, they will pause after each phrase so you can repeat aloud what they have just said. Each dialogue is followed by an exercise that tests your comprehension.

Following the first and third dialogues you will hear a series of statements. Decide whether each statement is true or false (**richtig oder falsch**) and mark the answer below. For the second dialogue choose the best answer to the questions you will hear. You can check your answers with the Laboratory Manual Answer Key.

Fragen zu den Dialogen

Dialog 1: *Karin sucht ein Zimmer*

1. R F   3. R F

2. R F   4. R F

Dialog 2: *Am Semesteranfang*

1. a. In der Bibliothek und später in der Buchhandlung.
   b. Im Studentenwohnheim.
   c. Zu Hause.

2. a. Ein Buch.
   b. Eine Vorlesung.
   c. Ein Vorlesungsverzeichnis.

3. a. Unter dem Schreibtisch.
   b. Unter der Zeitung.
   c. Auf der Zeitung.

4. a. Vier Euro.
   b. Zwei Euro.
   c. Drei Euro.

Dialog 3: *An der Uni in Tübingen*

1. R F   3. R F

2. R F   4. R F

HÖREN SIE GUT ZU!

Listen to the dialogue as many times as necessary. Then answer the questions you will hear. You can check your answers with the Laboratory Manual Answer Key. This dialogue is *not* printed in your textbook.

1. _____

2. _____

3. _____

4. _____

ÜBUNG ZUR AUSSPRACHE

In the following pairs of words **b**, **d**, and **g** are pronounced unvoiced as [p], [t], and [k] at the end of a word or syllable, or before **s** or **t**. Repeat each word pair after the speaker.

b > p		*d > t*		*g > k*	
Diebe	Dieb	Seide	seid	fliegen	flieg
Weiber	Weib	leide	Leid	Wege	Weg
sieben	Sieb	Lieder	Lied	steigen	steig
schoben	schob	Tode	Tod	sagen	sag
schieben	schiebt	Gestade	Stadt	fragen	fragt

Now repeat each sentence after the speaker.

1. Wann seid ihr endlich gefahren?

2. Im Herbst, und ihr?

3. Wir sind im Winter gefahren, wir und unsere Freunde.

4. Was hat dein Freund gesagt?

5. Er fragt, ob ihr das Kind gesehen habt.

6. Sag ihm, wir haben es leider nicht gesehen.

LYRIK ZUM VORLESEN (p. 158)
Wanderers Nachtlied

Practice saying the poem you will hear. Stop the recording after each verse or line and read aloud. Try to imitate the rhythm and intonation as well as the pronunciation. The poem is printed in your textbook.

ÜBEN WIR! (pp. 159–172)

The exercises in this section of the audio program are designed to give you additional practice with the grammatical structures and the vocabulary you are learning. Each exercise is referred to by the number of the corresponding grammar exercise in your textbook. Listen to the directions and respond in the pauses.

Variation zur Übung 1

Substitute the new subject you will hear.

BEISPIEL: *Wir* waren gestern bei Freunden. (ich)
Ich war gestern bei Freunden.

Variationen zur Übung 2

A. Replace the last word in each sentence with the new word you will hear.

> **BEISPIEL:** Das hat sie gestern gesagt. (gehabt)
> Das hat sie gestern **gehabt**.

B. A friend tells you what she has done. Respond that you would like to do the same.

> **BEISPIEL:** Ich habe in Berlin gewohnt.
> Ich **möchte** auch in Berlin **wohnen**.

C. Restate the sentences with the new subjects provided.

> **BEISPIEL:** *Ich* habe gestern einen Schreibtisch gekauft. (Clara)
> **Clara hat** gestern einen Schreibtisch gekauft.

Variation zur Übung 5

Restate the sentences with the new subjects provided.

> **BEISPIEL:** *Ich* habe ihnen Geld gegeben. (Richard)
> **Richard hat** ihnen Geld gegeben.

Variation zur Kettenreaktion 7

Restate the sentences with the new subjects provided.

> **BEISPIEL:** *Wir* sind gestern nach Berlin geflogen. (diese Herren)
> **Diese Herren sind** gestern nach Berlin geflogen.

Variationen zur Übung 9

A. Replace the last word in each sentence with the new one you will hear.

> **BEISPIEL:** Hast du es schon gesungen? (gegessen)
> Hast du es schon **gegessen**?

B. Restate the following sentences in the perfect.

> **BEISPIEL:** Emma liest die Zeitung.
> Emma **hat** die Zeitung **gelesen**.

Variationen zur Übung 12

A. Restate the sentence with the new subject you will hear.

> **BEISPIEL:** *Ich* habe um drei Uhr aufgehört. (wir)
> **Wir haben** um drei Uhr aufgehört.

B. Restate the following sentences in the perfect tense.

> **BEISPIEL:** Sie macht die Tür auf.
> Sie hat die Tür **aufgemacht**.

Variationen zur Übung 13

A. Restate the sentence with the new subject you will hear.

> **BEISPIEL:** *Christian* hat alles vergessen. (Herr Bender)
> **Herr Bender hat** alles vergessen.

B. Restate the following sentences in the perfect tense.

> **BEISPIEL:** Ich besuche seine Vorlesung.
> Ich **habe** seine Vorlesung **besucht**.

Variation zur Übung 14

Change the following sentences to the perfect tense.

BEISPIEL: Kennst du dieses Buch schon?
Hast du dieses Buch schon **gekannt**?

Variation zur Gruppenarbeit 22

Substitute the new verb you will hear and change the article if necessary.

BEISPIEL: Georg wartet vor dem Geschäft. (fahren)
Georg **fährt** vor das **Geschäft**.

Variation zur Partnerarbeit 28

Substitute the new nouns you will hear.

BEISPIEL: Kennen Sie den Herrn? (Tourist)
Kennen Sie **den Touristen**?

ÜBUNG ZUR BETONUNG

Listen to each word or phrase as it is spoken. Repeat it in the pause provided, and then underline the stressed syllable or syllables in the list below. Check your answers with the Laboratory Manual Answer Key.

die Phi lo so phie	eine Ka ta stro phe	die Wohn ge mein schaft
der Stu den ten aus weis	das Vor le sungs ver zeich nis	die Klau sur
das Haupt fach	das Stu den ten wohn heim	kos ten los
die Ge schich te	ge ra de	ver ant wort lich
das The a ter	aus ge ben	das Pro gramm
das Se mi nar	un mög lich	pri vat
so fort	die Se mes ter fe ri en	das Kon zert
die U ni ver si tät	das Re fe rat	fi nan zie ren
mit brin gen	ent täu schen	ant wor ten

LESESTÜCK (p. 175)
Ein Brief aus Freiburg

Listen to the reading as you follow the text on pp. 175–176 in your textbook. Pay attention to the speaker's pronunciation and sentence intonation.

DIKTAT

You will hear each sentence twice. After the first reading, try to write all that you have heard in the space below. After the second reading, fill in what you have missed. (The dictation contains material from all of Chapter 6. You should study the **Grammatik** and the **Lesestück** before doing it.)

1. _____

   _____

2. _____

   _____

3. _____

   _____

4. _____

   _____

5. _____

   _____

6. _____

   _____

7. _____

   _____

8. _____

   _____

9. _____

   _____

10. _____

   _____

KAPITEL

7

DIALOGE (p. 183)

Turn to page 183 in your textbook. You will hear each dialogue twice. The first time, the speakers will be speaking at normal speed. The second time, they will pause after each phrase so you can repeat aloud what they have just said. Each dialogue is followed by an exercise that tests your comprehension.

Following the first two dialogues you will hear a series of statements. Decide whether each statement is true or false (**richtig oder falsch**) and mark the answer below. After the third dialogue you will hear a series of questions. Choose the best answer. You can check your answers with the Laboratory Manual Answer Key.

Fragen zu den Dialogen

Dialog 1: *Am Bahnhof*

1. R F   **3.** R F

2. R F   **4.** R F

Dialog 2: *Vor der Urlaubsreise*

1. R F   **4.** R F

2. R F   **5.** R F

3. R F

Dialog 3: *Am Telefon*

1. a. Er hat gearbeitet.
   b. Er hat geschlafen.
   c. Er hat gegessen.

2. a. Auf dem Bett.
   b. Auf dem Sofa.
   c. Draußen.

3. a. Nein, er ist sehr müde.
   b. Ja, er will nicht mehr schlafen.
   c. Nein, er will jetzt wieder ins Bett.

4. a. Seine Frau ist allein gereist.
   b. Seine Tochter hat mit ihrem Freund eine Reise gemacht.
   c. Sein Sohn ist allein gereist.

HÖREN SIE GUT ZU!

Listen to the dialogue as many times as necessary. Then answer the questions you will hear. You can check your answers with the Laboratory Manual Answer Key. This dialogue is *not* printed in your textbook.

1. _____

2. _____

3. _____

4. _____

5. _____

ÜBUNG ZUR AUSSPRACHE

Practice the pronunciation of the sound represented by **ü** and occasionally by **y**. You will hear word pairs contrasting long **u** and long **ü**; long **i** and long **ü**; and long **ü** and short **ü**. Repeat each pair of words after the speaker.

long u	long ü		long i	long ü		long ü	short ü
fuhr	für		vier	für		Hüte	Hütte
Schnur	Schnüre		Tier	Tür		Mühle	Müller
Hut	Hüte		Mieder	müder		Mythe	Mütter
Mut	Mythe		sieden	Süden		Düne	dünner
gut	Güte		Kiel	kühl			

Now practice the sentences below.

1. Günther kommt aus Lübeck und kennt den Süden nicht.
2. Müssen wir schnell machen?
3. Ja, wir müssen früh da sein. Später gibt es keine Züge mehr nach München.

LYRIK ZUM VORLESEN (p. 187)
Wanderschaft

Practice saying the poem you will hear. Stop the recording after each verse or line and read aloud. Try to imitate the rhythm and intonation as well as the pronunciation. The poem is printed in your textbook.

ÜBEN WIR! (pp. 189–198)

Listen to the directions and respond in the pauses.

Übung 2

Respond to each statement as in the example.

BEISPIEL: Dieser Berg ist steil.
Ja, aber nicht jeder Berg ist steil.

Variation zur Partnerarbeit 4

Join the following sentences together with the coordinating conjunctions you will hear.

BEISPIEL: Ich lese gern. Ich habe nie genug Zeit. (aber)
Ich lese gern, **aber** ich habe nie genug Zeit.

1. Das Telefon hat geklingelt. Du warst nicht zu Hause.

2. Ich kann im Studentenwohnheim kochen. Ich muss nicht viel Geld ausgeben.

3. Ich mache das Fenster auf. Es ist wirklich sehr warm.

4. Müssen Sie morgen abfahren? Können Sie noch einen Tag bleiben?

5. Ich ziehe nicht aus. Mein Freund zieht ein.

6. Es tut mir Leid. Ich kann dir nicht helfen.

7. Für diesen Kurs schreibe ich keine Klausur. Ich schreibe ein Referat.

8. Ich bin im Seminar. Die Diskussion finde ich uninteressant.

Übung 5: *Aber* oder *sondern*?

Listen to each pair of sentences and then connect them with **aber** or **sondern**. Use ellipsis where possible.

> **BEISPIEL:** Sie fliegt nach Italien. Ihr Mann fährt mit dem Zug.
> Sie fliegt nach Italien, **aber** ihr Mann fährt mit dem Zug.

Variationen zur Übung 7

A. Substitute each new item you will hear.

> **BEISPIEL:** Der Koffer gefällt mir. (dieser Hut)
> **Dieser Hut** gefällt mir.

B. Substitute the new dative objects cued in English.

> **BEISPIEL:** Bernd soll uns helfen. (me)
> Bernd soll **mir** helfen.

Variation zur Übung 10

Answer the following questions affirmatively. Substitute dative pronouns in your response.

> **BEISPIEL:** Geht es Luise besser?
> Ja, es geht **ihr** besser.

Übung 17

Change these sentences from present to perfect tense.

> **BEISPIEL:** Wir dürfen nicht laut singen.
> Wir **haben** nicht laut singen **dürfen**.

Übung 18: *Wie viel Uhr ist es?*

Answer the questions you hear according to the times you see printed below. Use the official 24-hour clock.

> **BEISPIEL:** Wie viel Uhr ist es?
> 11:20 p.m.
> **Es ist dreiundzwanzig Uhr zwanzig.**

1. 1:55 P.M.

2. 6:02 P.M.

3. 11:31 A.M.

4. 9:47 P.M.

5. 10:52 P.M.

6. 2:25 A.M.

ÜBUNG ZUR BETONUNG

Listen to each word or phrase as it is spoken. Repeat it in the pause provided, and then underline the stressed syllable or syllables in the list below. Check your answers with the Laboratory Manual Answer Key.

der Ho ri zont	ge fal len
die Wan der lust	spon tan
ge nie ßen	Mün chen
ver bring en	un be kannt
ü ber nach ten	das Ge päck
Frank reich	Das macht nichts.
das In stru ment	Das ist mir e gal.
die Ka me ra	so wie so
die Ju gend her ber ge	be quem
das Ben zin	re ser vie ren
sym pa thisch	das Flug zeug
aus stei gen	ver rückt
er fährt Rad	der Kon takt
ab fah ren	

LESESTÜCK (p. 202)

Unterwegs mit Fahrrad, Auto und der Bahn

Listen to the reading as you follow the text on pp. 202–203 in your textbook. Pay attention to the speaker's pronunciation and sentence intonation.

DIKTAT

You will hear each sentence twice. After the first reading, try to write all that you have heard in the space below. After the second reading, fill in what you have missed. (The dictation contains material from all of Chapter 7. You should study the **Grammatik** and the **Lesestück** before doing it.)

1. _____

   _____

2. _____

   _____

3. _____

   _____

4. _____

   _____

5. _____

   _____

6. _____

   _____

7. _____

   _____

8. _____

   _____

9. _____

   _____

10. _____

    _____

KAPITEL

8

DIALOGE (p. 210)

Turn to page 210 in your textbook. You will hear each dialogue twice. The first time, the speakers will be speaking at normal speed. The second time, they will pause after each phrase so you can repeat aloud what they have just said. Each dialogue is followed by an exercise that tests your comprehension.

For the first dialogue choose the best answer to the questions you will hear. Following the second and third dialogues you will hear a series of statements. Decide whether each statement is true or false (**richtig oder falsch**) and mark the answer below. You can check your answers with the Laboratory Manual Answer Key.

Fragen zu den Dialogen

Dialog 1: *Im Restaurant: Zahlen bitte!*

1. a. Er hat ein Schnitzel und eine Suppe gehabt.
b. Er hat ein Schnitzel, aber kein Bier gehabt.
c. Er hat ein Schnitzel und einen Salat gehabt.

2. a. Er möchte noch ein Bier bestellen.
b. Er möchte noch eine Tasse Kaffee bestellen.
c. Er möchte nichts mehr bestellen.

3. a. Es hat ihm ausgezeichnet geschmeckt.
b. Das Essen hat ihm nicht geschmeckt.
c. Es hat ihm ziemlich gut geschmeckt.

4. a. Es kostet fünfzig Euro fünfzig.
b. Es kostet elf Euro fünfzig.
c. Es kostet fünfzehn Euro fünfzig.

Dialog 2: *Was brauchen wir noch?*

1. R F

2. R F

3. R F

4. R F

Dialog 3: *Ein Stadtbummel*

1. R F

2. R F

3. R F

4. R F

HÖREN SIE GUT ZU!

Listen to the dialogue as many times as necessary. Then answer the questions you will hear. You can check your answers with the Laboratory Manual Answer Key. This dialogue is *not* printed in your textbook.

1. _____

2. _____

3. _____

4. _____

ÜBUNG ZUR AUSSPRACHE

In the following pairs of words notice the difference between the unstressed -e sound, which sounds like English *a* in *sofa,* and the unstressed -er, which resembles the *u* in English *but.* Practice the difference between the two sounds as you repeat each word pair after the speaker.

final -e	*final -er*	*final -e*	*final -er*
schaue	Schauer	bitte	bitter
eine	einer	lose	loser
fahre	Fahrer	Wunde	Wunder
rede	Räder	gönne	Gönner
Liebe	lieber	müde	müder

Now repeat the folowing sentences after the speaker.

1. Ist Walter Fabrikarbeiter?

2. Ja, er arbeitet in einer Fabrik in Hannover. Seine Freundin heißt Susanne Müller.

3. Ich glaube, ich kenne sie. Sie wohnt in einer Stadt in der Nähe von Hannover.

LYRIK ZUM VORLESEN (p. 214)
Ich weiß nicht, was soll es bedeuten

Practice saying the poem you will hear. Stop the recording after each verse or line and read aloud. Try to imitate the rhythm and intonation as well as the pronunciation. The poem is printed in your textbook.

ÜBEN WIR! (pp. 216–230)

Listen to the directions and respond in the pauses.

Übung 1: *Ich weiß, dass ...*

Expand the statements you will hear, as in the example.

BEISPIEL: Die Wurst ist teuer.
Ich weiß, dass sie teuer **ist.**

Übung 2: *Ich weiß nicht, ob ...*

Respond to the following questions by saying that you don't know. Begin with „**Ich weiß nicht, ob ...**"

BEISPIEL: Ist dieses Restaurant teuer?
Ich weiß nicht, ob es teuer **ist.**

Variation zur Partnerarbeit 3

Explain why you are staying home today. Change the sentence you will hear to a **weil**-clause. Remember to place the verb at the end of that clause.

> BEISPIEL: Das Wetter ist so schön.
> Ich bleibe zu Hause, **weil** das Wetter so schön **ist**.

Variation zur Übung 5

You don't know the answers to these questions about your friends' bicycle tour. Begin your response with the phrase **Ich weiß nicht ...**

> BEISPIEL: Wer steht da?
> Ich weiß nicht, **wer da steht**.

Übung 7: *Ich habe eine Frage*

Say what someone has asked you.

> BEISPIELE: Wann stehen Sie auf?
> **Sie möchte wissen**, wann du **aufstehst**.
>
> Kommt Bernd vorbei?
> **Er möchte wissen**, **ob** Bernd **vorbeikommt**.

Variation zur Übung 8

Reverse the order of the clauses in the sentences you will hear.

> BEISPIEL: Sie kann mir nicht sagen, wo sie wohnt.
> **Wo sie wohnt, kann sie** mir nicht sagen.

Variation zur Übung 12

Restate the sentences you will hear as infinitve phrases. Begin with the cued phrase, as in the example.

> BEISPIEL: Er schreibt den Brief. (Er hat Zeit ...)
> Er hat Zeit **den Brief zu schreiben**.

Variationen zur Übung 13

A. Tell why you have to go home. Replace the second sentence with an infinitive phrase plus **um ... zu**.

> BEISPIEL: Ich muss nach Hause. Ich muss das Essen kochen.
> Ich muss nach Hause, **um das Essen zu kochen**.

B. Tell why you are going to town. Use the cue you will hear.

> BEISPIEL: Ich gehe heute in die Stadt. Ich möchte einen Film sehen.
> Ich gehe heute in die Stadt, **um einen Film zu sehen**.

Übung 16

Combine these sentences, changing the second one to an **ohne ... zu** phrase.

> BEISPIEL: Er hat den Koffer genommen. Er hat mich nicht gefragt.
> Er hat den Koffer genommen, **ohne mich zu fragen**.

Übung 17

Change these noun phrases from nominative to genitive case.

> **BEISPIEL:** der Zug
> der Zug, **des Zuges**

Variation zur Übung 18

Whom do these things belong to? Use the genitive case in your answer.

> **BEISPIEL:** Gehört diese Uhr deiner Schwester?
> Ja, das ist die Uhr **meiner Schwester.**

ÜBUNG ZUR BETONUNG

Listen to each word or phrase as it is spoken. Repeat it in the pause provided, and then underline the stressed syllable or syllables in the list below. Check your answers with the Laboratory Manual Answer Key.

die Alt stadt	aus ge zeich net
die In du strie stadt	ein la den
der As pekt	noch et was
das Res tau rant	in der Nä he
die Dy nas tie	der Ein druck
das Lo kal	der Fuß gäng er
an der ecke	das Jahr hun dert
der Sa lat	das Fahr rad
die So zi al ar bei te rin	ge ra de aus
trotz dem	die Ge le gen heit
die Kar tof fel	zu erst
der Stadt bum mel	im Ge gen teil
zum A bend es sen	die Se hens wür dig keit
das Ge bäu de	die Hei mat stadt
das Mu se um	

LESESTÜCK (p. 232)

Aspekte der Großstadt

Listen to the reading as you follow the text on pp. 232–234 in your textbook. Pay attention to the speaker's pronunciation and sentence intonation.

DIKTAT

You will hear each sentence twice. After the first reading, try to write all that you have heard in the space below. After the second reading, fill in what you have missed. (The dictation contains material from all of Chapter 8. You should study the **Grammatik** and the **Lesestück** before doing it.)

1. _____

_____

2. _____

_____

3. _____

_____

4. _____

_____

5. _____

_____

6. _____

_____

7. _____

_____

8. _____

_____

9. _____

_____

10. _____

_____

KAPITEL
9

DIALOGE (p. 241)

Turn to page 241 in your textbook. You will hear each dialogue twice. The first time, the speakers will be speaking at normal speed. The second time, they will pause after each phrase so you can repeat aloud what they have just said.

Following the first and third dialogues you will hear a series of statements. Decide whether each statement is true or false (**richtig oder falsch**) and mark the answer below. For the second dialogue you will hear a series of questions. Mark the best answer. You can check your answers with the Laboratory Manual Answer Key.

Fragen zu den Dialogen

Dialog 1: *Recycling in unserem Wohnhaus*

1. R F   3. R F

2. R F   4. R F

Dialog 2: *Ein umweltfreundliches Geburtstagsgeschenk*

1. a. Das Fahrrad war ein Geburtstagsgeschenk von seinen Eltern.
   b. Marianne hat es ihm geschenkt.
   c. Sein Freund hat ihm ein Rad statt eines Wagens geschenkt.

2. a. Sie besitzen immer noch einen Wagen.
   b. Nein, denn sie brauchen keinen Wagen mehr.
   c. Sie besitzen einen Wagen, aber er ist ziemlich kaputt.

3. a. Sie wohnen auf dem Land, aber sie wollen bald umziehen.
   b. Sie wohnen in der Stadt, aber sie wollen umziehen.
   c. Sie wohnen jetzt in der Stadt.

4. a. Wenn man Rad fährt, bleibt man fit.
   b. Mit einem Rad kommt man schnell in die Stadt.
   c. Ein Rad ist billig und macht keine Luftverschmutzung.

Dialog 3: *Treibst du Sport?*

1. R F   3. R F

2. R F   4. R F

HÖREN SIE GUT ZU!

Listen to the dialogue as many times as necessary. Then answer the questions you will hear. You can check your answers with the Laboratory Manual Answer Key. This dialogue is *not* printed in your textbook.

1. _____

2. _____

3. _____

4. _____

5. _____

ÜBUNG ZUR AUSSPRACHE

Starting with chapter 9 there will be no further drills on the sounds of German. It is a good idea to go back to the Introductory Chapter from time to time as you make further progress in German.

LYRIK ZUM VORLESEN (p. 245)

Die Lorelei 1973

Practice saying the poem you will hear. The poem is printed in your textbook.

ÜBEN WIR! (pp. 250–257)

Listen to the directions and respond in the pauses.

Variationen zur Übung 1

A. Substitute the new phrase you will hear.

> **BEISPIEL:** Wo ist das neue Fahrrad? (neue Buch)
> Wo ist das **neue Buch**?

B. Replace the noun with the new noun you will hear, making the necessary changes in adjective endings and the form of the verb.

> **BEISPIEL:** Dieses schöne Geschenk gefällt mir. (Geschenke)
> **Diese schönen Geschenke** gefallen mir.

C. Add each new adjective you will hear to the basic sentence, using the appropriate adjective ending.

> **BEISPIEL:** Mir gefällt das Haus. (schön)
> Mir gefällt das **schöne** Haus. (alt)
> Mir gefällt das **schöne alte** Haus.

Variationen zur Übung 2

A. Substitute the new phrase you will hear.

> **BEISPIEL:** Wo ist mein neues *Fahrrad*? (neues Auto)
> Wo ist **mein neues Auto**?

B. Replace the object noun in the sentence with the new one you will hear. Use the correct adjective ending. First, replace the object.

> **BEISPIEL:** Ich kenne einen interessanten *Mann*. (Lehrerin)
> Ich kenne **eine interessante Lehrerin**.

C. Replace the subject with the new one you will hear.

> **BEISPIEL:** Ihr neues *Rad* hat viel gekostet. (Uhr)
> **Ihre neue Uhr** hat viel gekostet.

D. Replace the dative object with the new one you will hear.

> **BEISPIEL:** Wir haben in einem schönen *Hotel* übernachtet. (Wohnung)
> Wir haben in **einer schönen Wohnung** übernachtet.

E. Replace the genitive phrase with the new one you will hear.

> **BEISPIEL:** Das ist das Rad meines kleinen *Bruders*. (Schwester)
> Das ist das Rad **meiner kleinen Schwester**.

F. Replace the direct object with the new one you will hear.

> **BEISPIEL:** Hier gibt es keine gute *Buchhandlung*. (Restaurant)
> Hier gibt es **kein gutes Restaurant**.

G. Replace the dative object with the new one you will hear.

> **BEISPIEL:** Wir gehen mit unserem deutschen *Freund* ins Kino. (Freundin)
> Wir gehen mit **unserer deutschen Freundin** ins Kino.

H. Replace the subject with the new one you will hear.

> **BEISPIEL:** Unsere kleine *Schwester* sagt das immer. (Bruder)
> **Unser kleiner Bruder** sagt das immer.

Variation zur Übung 6

Use **was für** to ask for more information, as in the example.

> **BEISPIEL:** Peter hat sich einen Wagen gekauft.
> Was für einen Wagen hat er sich gekauft?

Variation zur Übung 8

Answer the questions according to the example, saying you don't have any of the things you are asked about.

> **BEISPIEL:** Ist der Wagen neu?
> Nein, wir haben **keinen neuen Wagen**.

Übung 14

Open your textbook to page 255, Übung 14. Answer the questions with the date given.

> **BEISPIELE:** Der Wievielte ist heute?
> Heute ist der **dritte August**.
>
> Den Wievielten haben wir heute?
> Heute haben wir den **fünften März**.

Übung 15

Say when each person is coming. Use the dates listed in Übung 15 of your textbook (page 255).

> **BEISPIEL:** Wann kommt Frank?
> Er kommt am **vierten Januar**.

ÜBUNG ZUR BETONUNG

Listen to each word or phrase as it is spoken. Repeat it in the pause provided, and then underline the stressed syllable or syllables in the list below. Check your answers with the Laboratory Manual Answer Key.

der Ge burts tag	ra di kal	
das A tom	nie drig	
der Fort schritt	sor tie ren	
de mon strie ren	na end lich!	
die Luft ver schmut zung	der Po li ti ker	
die E lek tri zi tät	die Po li tik	
be reit	der Un fall	
die E ner gie	die Ge sell schaft	
die Kon se quenz	die Par tei	
die Tech nik	die Do se	
pro du zie ren	er staun lich	
das Pro zent	die Um welt	

LESESTÜCK (p. 261)
Unsere Umwelt in Gefahr

Listen to the reading as you follow the text on pp. 261–262 in your textbook. Pay attention to the speaker's pronunciation and sentence intonation.

DIKTAT

You will hear each sentence twice. After the first reading, try to write all that you have heard in the space below. After the second reading, fill in what you have missed. (The dictation contains material from all of Chapter 9. You should study the **Grammatik** and the **Lesestück** before doing it.)

1. _____

_____

2. _____

_____

3. _____

_____

4. _____

_____

5. _____

_____

6. _____

_____

7. _____

_____

8. _____

_____

9. _____

_____

10. _____

_____

DIALOGE (p. 269)

Turn to page 269 in your textbook. You will hear each dialogue twice. The first time, the speakers will be speaking at normal speed. The second time, they will pause after each phrase so you can repeat aloud what they have just said.

Following the first and third dialogues decide whether the statements you will hear are true or false (**richtig oder falsch**) and mark the correct answers. Following the second dialogue you will hear a series of questions. Mark the best answer below. You can check your answers with the Laboratory Manual Answer Key.

Fragen zu den Dialogen

Dialog 1: *Damals*

1. R F   **3.** R F

2. R F   **4.** R F

Dialog 2: *Das ärgert mich!*

1. a. Heinz hat seine Tasche verloren.
   b. Barbara hat seinen CD-Spieler verloren.
   c. Wahrscheinlich hat Heinz Barbaras CD-Spieler verloren.

2. a. Vor zwei Wochen.
   b. Vor zehn Minuten.
   c. Vor zwei Minuten.

3. a. Heinz hat Jürgen getroffen.
   b. Heinz konnte den CD-Spieler nicht finden.
   c. Jemand hat seinen Geldbeutel geklaut.

4. a. Er ist in Heinz' Rucksack.
   b. Jemand hat ihn geklaut.
   c. Wir wissen es nicht.

Dialog 3: *Schlimme Zeiten*

1. R F   **3.** R F

2. R F   **4.** R F

HÖREN SIE GUT ZU!

Listen to the dialogue as many times as necessary. Then answer the questions you will hear. You can check your answers with the Laboratory Manual Answer Key. This dialogue is *not* printed in your textbook.

1. _____

   _____

2. _____

3. _____

4. _____

5. _____

LYRIK ZUM VORLESEN (p. 273)
Mein junger Sohn fragt mich

Practice saying the poem you will hear. The poem is printed in your textbook.

ÜBEN WIR! (pp. 274–287)

Listen to the directions and respond in the pauses.

Variationen zur Übung 1

A. Substitute the new subjects you will hear.

> BEISPIEL: Ich wohnte damals in Wien. (du)
> **Du wohntest** damals in Wien.

B. In the following account of Birgit's day, change the sentences from present to simple past tense.

> BEISPIEL: Birgit braucht Lebensmittel.
> **Birgit brauchte** Lebensmittel.

Variationen zur Übung 2

A. Substitute the new subjects you will hear and change the verb accordingly.

> BEISPIEL: Wir schliefen bis halb zehn. (ich)
> **Ich schlief** bis halb zehn.

B. Change the following sentences from present to simple past.

> BEISPIEL: Mir gefällt sein neues Auto.
> **Mir gefiel** sein neues Auto.

Variation zur Übung 4

Substitute the new subjects you will hear.

> BEISPIEL: Ich konnte den Bahnhof nicht finden. (du)
> **Du konntest den Bahnhof** nicht finden.

Variationen zur Übung 5

A. Substitute the new subjects you will hear.

    BEISPIEL: Ich kannte Hans sehr gut. (du)
                  Du kanntest Hans sehr gut.

B. Substitute the new subjects you will hear.

    BEISPIEL: Wir wurden schnell müde. (ich)
                  Ich wurde schnell müde.

C. Change the following narrative from present to simple past tense.

    BEISPIEL: Wo bist du denn?
                  Wo **warst** du denn?

Variation zur Übung 7

Say that it was already late when the following things happened.

    BEISPIEL: Ich kam nach Hause.
                  Es war schon spät, **als ich nach Hause kam**.

Variation zur Übung 12

Say what you had already done when Thomas came home.

    BEISPIEL: alles eingekauft
                  Als Thomas nach Hause kam, hatte ich schon alles eingekauft.

Übung 15: *Wie lange schon?*

Say that you have been doing the following things for two years. Use the word **schon** in your answer.

    BEISPIEL: Wie lange arbeiten Sie schon hier?
                  Ich arbeite **schon zwei Jahre** hier.

Now use the word **seit** in your answer.

    BEISPIEL: Seit wann arbeiten Sie hier?
                  Ich arbeite **seit zwei Jahren** hier.

ÜBUNG ZUR BETONUNG

Listen to each word or phrase as it is spoken. Repeat it in the pause provided, and then underline the stressed syllable or syllables in the list below. Check your answers with the Laboratory Manual Answer Key.

die De mo kra tie		die Op po si ti on
vor her		die Re pub lik
in ter view en		die Si tu a ti on
pas sie ren		ter ro ris tisch
ex trem		er klä ren
am Nach mit tag		der An ti se mi tis mus
der Se ni or		un ter bre chen
der Di rek tor		die Ar beits lo sig keit
die E po che		die I dee
il le gal		die Schrift stel le rin
die In fla ti on		ar beits los
ma ni pu lie ren		un ru hig
die Mo nar chie		nach dem
die Me tho de		aus län disch

LESESTÜCK (p. 290)

Eine Ausstellung historischer Plakate aus der Weimarer Republik

Listen to the reading as you follow the text on pp. 290–292 in your textbook. Pay attention to the speaker's pronunciation and sentence intonation.

DIKTAT

You will hear each sentence twice. After the first reading, try to write all that you have heard in the space below. After the second reading, fill in what you have missed. (The dictation contains material from all of Chapter 10. You should study the **Grammatik** and the **Lesestück** before doing it.)

1. _____

   _____

2. _____

   _____

3. _____

   _____

4. _____

   _____

5. _____

   _____

6. _____

   _____

7. _____

   _____

8. _____

   _____

9. _____

   _____

10. _____

   _____

DIALOGE (p. 299)

Turn to page 299 in your textbook. You will hear each dialogue twice. The first time, the speakers will be speaking at normal speed. The second time, they will pause after each phrase so you can repeat aloud what they have just said.

Following the first two dialogues you will hear a series of statements. Decide whether each statement is true or false (**richtig oder falsch**) and mark the answer. For the third dialogue choose the best answer to the questions you will hear. You can check your answers with the Laboratory Manual Answer Key.

Fragen zu den Dialogen

Dialog 1: *Am Brandenburger Tor*

1. R F   **3.** R F

2. R F   **4.** R F

Dialog 2: *Ein Unfall: Stefan bricht sich das Bein*

1. R F   **3.** R F

2. R F   **4.** R F

Dialog 3: *Anna besucht Stefan im Krankenhaus*

1. a. Sie sprechen am Telefon.
     b. Sie sind an der Uni
     c. Sie sprechen zusammen im Krankenhaus.

3. a. Er darf sich schon selber waschen.
     b. Er darf sich schon anziehen.
     c. Er darf schon aufstehen.

2. a. Nein, der Arm tut ihm weh.
     b. Nein, das Bein tut ihm noch sehr weh.
     c. Ja, das Bein tut ihm nicht sehr weh.

4. a. Sie hat ihm eine Zeitung mitgebracht.
     b. Sie hat ihm nur Blumen mitgebracht.
     c. Sie hat ihm zwei Geschenke mitgebracht.

HÖREN SIE GUT ZU!

Listen to the dialogue as many times as necessary. Then answer the questions you will hear. You can check your answers with the Laboratory Manual Answer Key. This dialogue is *not* printed in your textbook.

1. _____

2. _____

3. _____

4. _____

_____

5. _____

LYRIK ZUM VORLESEN (pp. 302–303)

Das Lied der Deutschen

Practice saying the poem you will hear. The poem is printed in your textbook.

ÜBEN WIR! (pp. 304–317)

Listen to the directions and respond in the pauses.

Variation zur Übung 1

Substitute the new subject you will hear and make other necessary changes.

> **BEISPIEL:** Ich kenne mich gut. (du)
> **Du kennst dich** gut.

Variation zur Gruppenarbeit 5

Respond as in the examples.

> **BEISPIELE:** Soll ich mich beeilen?
> **Ja, beeile dich!**
>
> Sollen wir uns freuen?
> **Ja, freut euch!**
>
> Soll ich mich anziehen?
> **Ja, ziehen Sie sich an!**

Variation zur Übung 8

Answer the following questions, saying that the person is doing something for herself or himself. Add the dative reflexive pronoun.

> **BEISPIEL:** Kauft sie heute einen Pulli?
> Ja, sie kauft **sich** heute einen Pulli.

Variation zur Partnerarbeit 10

Substitute the new subjects you will hear and make all other necessary changes.

> **BEISPIEL:** Was will er sich ansehen? (wir)
> Was **wollen wir uns** ansehen?

Variation zur Übung 12

Substitute the new subjects you will hear and make other necessary changes.

> **BEISPIEL:** Wie hat er sich das Bein gebrochen? (ich)
> Wie **habe ich mir** das Bein gebrochen?

Variation zur Übung 17

Add each new word you will hear to the sentence, giving it the correct ending.

> **BEISPIEL:** Geben Sie mir Blumen, bitte. (einige)
> Geben Sie mir **einige** Blumen, bitte. (rot)
> Geben Sie mir **einige rote** Blumen, bitte.

Übung 19

Open your textbook to Chapter 11, page 314, Übung 19. Complete each sentence you will hear with the appropriate form of the adjectival noun.

> **BEISPIEL:** (mein Bekannter)
> Das ist _____.
> Das ist **mein Bekannter**.

Variation zur Übung 23

Restate the subordinate clauses as phrases with **bei**.

> **BEISPIEL:** Ich habe Angst, wenn ich Rad fahre.
> Ich habe Angst **beim Radfahren**.

ÜBUNG ZUR BETONUNG

Listen to each word or phrase as it is spoken. Repeat it in the pause provided, and then underline the stressed syllable or syllables in the list below. Check your answers with the Laboratory Manual Answer Key.

die Be am tin	zen tral
die Scho ko la de	der Nach bar
Gu te Bes se rung!	das Mit glied
das Ge sicht	die Sow jet un i on
die I ta li e ne rin	die Re vo lu ti on
i ta li e nisch	die Zo ne
fran zö sisch	der Ka pi ta lis mus
der Fran zo se	der Kom mu nis mus
Frank reich	der Un ter schied
die De mo stra ti o nen	ver schie den
der Pro test	eu ro pä isch
mo der ni sie ren	die Ver ei ni gung
ex is tie ren	be rühmt
ei ne Mil li on	die Zu kunft
das Sym bol	die Ver gang en heit
se pa rat	aus wan dern

LESESTÜCK (p. 321)
Deutschland im europäischen Haus

Listen to the reading as you follow the text on pp. 321–323 in your textbook. Pay attention to the speaker's pronunciation and sentence intonation.

DIKTAT

You will hear each sentence twice. After the first reading, try to write all that you have heard in the space below. After the second reading, fill in what you have missed. (The dictation contains material from all of Chapter 11. You should study the **Grammatik** and the **Lesestück** before doing it.)

1. _____

   _____

2. _____

   _____

3. _____

   _____

4. _____

   _____

5. _____

   _____

6. _____

   _____

7. _____

   _____

8. _____

   _____

9. _____

   _____

10. _____

    _____

KAPITEL

12

DIALOGE (p. 331)

Turn to page 331 in your textbook. You will hear each dialogue twice. The first time, the speakers will be speaking at normal speed. The second time, they will pause after each phrase so you can repeat aloud what they have just said.

Following the first dialogue you will hear a series of questions. Choose the best answer from the statements below. For the second and third dialogues decide whether each statement is true or false (**richtig oder falsch**) and mark the answer below. You can check your answers with the Laboratory Manual Answer Key.

Fragen zu den Dialogen

Dialog 1: *Idiotensicher*

1. a. Das Buch gehört der Frau.
   b. Das Buch gehört dem Mann.
   c. Die Frau hat das Buch von der Bibliothek.

2. a. Das Buch ist bei der Frau zu Hause.
   b. Die Frau kann das Buch leider nicht finden.
   c. Das Buch ist bei dem Mann zu Hause.

3. a. Sie will das Buch einem Freund leihen.
   b. Sie braucht das Buch für ihre Arbeit.
   c. Sie liest sehr langsam.

4. a. Sie will es mit der Hand schreiben.
   b. Sie will es auf Englisch schreiben.
   c. Sie will es auf ihrem neuen Computer schreiben.

Dialog 2: *Klatsch*

1. R F   3. R F

2. R F   4. R F

Dialog 3: *Vor der Haustür*

1. R F   3. R F

2. R F   4. R F

HÖREN SIE GUT ZU!

Listen to the dialogue as many times as necessary. Then answer the questions you will hear. You can check your answers with the Laboratory Manual Answer Key. This dialogue is *not* printed in your text-book.

1. _____

_____

2. _____

3. _____

4. _____

5. _____

LYRIK ZUM VORLESEN (p. 335)
Heimweh

Practice saying the poem you will hear. The poem is printed in your textbook.

ÜBEN WIR! (pp. 337–353)

Listen to the directions and respond in the pauses.

Übung 1

Your friend is praising Jörg, but you respond that you are *more* everything than he is.

> BEISPIEL: Jörg ist interessant.
> Aber ich bin **interessanter** als er.

Variation zur Übung 3

You are a salesclerk. Respond to customers' comments as in the example.

> BEISPIEL: Diese Schuhe sind mir nicht elegant genug.
> Hier haben wir **elegantere** Schuhe.

Variation zur Übung 4

Your friend compares herself to Gisela; you respond by praising yourself in the superlative.

> BEISPIEL: Gisela läuft schneller als ich.
> Aber ich laufe **am schnellsten**.

Variation zur Übung 6

In the sentence you will hear, put the adjective in the superlative.

> BEISPIEL: Ich sage dir die wichtigen Namen.
> Ich sage dir die **wichtigsten** Namen.

Variation zur Gruppenarbeit 7

Respond as in the example.

> **BEISPIEL:** Ihre Haare sind lang.
> Meine Haare sind **länger**, aber seine Haare sind **am längsten**.

Variation zur Übung 9

Compare the cities Hamburg, Salzburg, and Frankfurt as in the example.

> **BEISPIEL:** Frankfurt ist schön. Und Hamburg?
> Hamburg ist **schöner**.
> Und Salzburg?
> Salzburg ist **am schönsten**.

Variation zur Gruppenarbeit 10

Respond to the sentence you will hear with a superlative, as in the example.

> **BEISPIEL:** Ist das ein guter Platz?
> Ja, das ist sogar **der beste** Platz.

Variation zur Gruppenarbeit 11

Respond to each sentence with **immer** + comparative to express "more and more."

> **BEISPIEL:** Die Lebensmittel sind jetzt so teuer.
> Ja, und sie werden **immer teurer**.

Variation zur Übung 12

Respond to each sentence as in the example.

> **BEISPIEL:** War die graue Hose billiger als die blaue?
> Nein, sie war **genauso billig** wie die blaue.

Kettenreaktion 14

Repeat the sentences you will hear to practice the structure of relative clauses.

> **BEISPIEL:** Das ist der Mann, der hier wohnt.

Übung 17

Respond to each question as in the example.

> **BEISPIEL:** Arbeiten Sie für *diesen* Chef?
> Ja, das ist der Chef, **für den ich arbeite**.

Variation zur Übung 21

Respond to each question as in the example.

> **BEISPIEL:** Hat er etwas Interessantes?
> Ja, er hat etwas, **was ich interessant finde**.

Variation zur Partnerarbeit 22

Replace the neuter adjectival noun in each sentence with nouns formed from the adjectives you will hear.

> **BEISPIEL:** Ist das das Beste, was Sie haben? (billig)
> Ist das **das Billigste**, was Sie haben?

Variationen zur Übung 23

A. Say where things or people were left, using the cue you will hear.

    BEISPIEL: Wo ist seine Jacke? (zu Hause)
                       Er hat sie **zu Hause** gelassen.

B. Replace the subject with the new one you will hear. Notice that **lassen** here means *to allow*.

    BEISPIEL: Meine Eltern lassen mich nicht allein gehen. (meine Mutter)
                       Meine Mutter lässt mich nicht allein gehen.

Variation zur Übung 25

Say that you had things done rather than doing them yourself.

    BEISPIEL: Hast du das Hemd selber gemacht?
                       Nein, ich habe es **machen lassen**.

ÜBUNG ZUR BETONUNG

Listen to each word or phrase as it is spoken. Repeat it in the pause provided, and then underline the stressed syllable or syllables in the list below. Check your answers with the Laboratory Manual Answer Key.

in tel li gent	der Au gen blick
ü ber mor gen	weg ge hen
vor ge stern	wie der se hen
dies mal	re pa rie ren
Gu te Nacht!	ir gend wo
je des Mal	grau sam
die Er in ne rung	die Grö ße
er in nern	die Er zäh lung
die Ge gend	ver glei chen

LESESTÜCK (p. 355)
▨ *Zwei Denkmäler*

Listen to the reading as you follow the text on p. 355 in your textbook. Pay attention to the speaker's pronunciation and sentence intonation.

DIKTAT

You will hear each sentence twice. After the first reading, try to write all that you have heard in the space below. After the second reading, fill in what you have missed. (The dictation contains material from all of Chapter 12. You should study the **Grammatik** and the **Lesestück** before doing it.)

1. _____

   _____

2. _____

   _____

3. _____

   _____

4. _____

   _____

5. _____

   _____

6. _____

   _____

7. _____

   _____

8. _____

   _____

9. _____

   _____

10. _____

    _____

KAPITEL
13

DIALOGE (p. 361)

Turn to page 361 in your textbook. You will hear each dialogue twice. The first time, the speakers will be speaking at normal speed. The second time, they will pause after each phrase so you can repeat aloud what they have just said.

Following the first and second dialogues you will hear a series of statements. Decide whether each statement is true or false (**richtig oder falsch**) and mark the answer below. For the third dialogue, choose the best answer to the questions you will hear. You can check your answers with the Laboratory Manual Answer Key.

Fragen zu den Dialogen

Dialog 1: *Skifahren in der Schweiz*

1. R F   3. R F

2. R F   4. R F

Dialog 2: *In der WG: Bei Nina ist es unordentlich.*

1. R F   3. R F

2. R F   4. R F

Dialog 3: *Am Informationsschalter in Basel*

1. a. Er ist im Zug.
   b. Er ist vor dem Museum.
   c. Er ist in Basel.

2. a. Er sucht den Bahnhof.
   b. Er braucht Auskunft über die Stadt.
   c. Er weiß nicht, wo er ist.

3. a. Sie empfiehlt das Kunstmuseum.
   b. Sie empfiehlt den Marktplatz.
   c. Sie empfiehlt die Fußgängerzone.

4. a. Er soll mit der Straßenbahnlinie 3 fahren.
   b. Er soll mit dem Bus fahren.
   c. Er soll mit der Straßenbahn bis zum Kunst-museum fahren.

HÖREN SIE GUT ZU!

Listen to the dialogue as many times as necessary. Then answer the questions you will hear. You can check your answers with the Laboratory Manual Answer Key. This dialogue is *not* printed in your textbook.

1. _____

2. _____

3. _____

4. _____

LYRIK ZUM VORLESEN (p. 364)
▦ nachwort

Practice saying the poem you will hear. The poem is printed in your textbook.

ÜBEN WIR! (pp. 367–373)

Listen to the directions and respond in the pauses.

Variationen zu Übungen 1 bis 4

A. Replace the prepositional object with the new ones you will hear.

> **BEISPIEL:** Ich freue mich auf die Semesterferien. (das Wochenende)
> Ich freue mich auf **das Wochenende.**

B. Substitute the new prepositional objects you will hear cued in English.

> **BEISPIEL:** Wir warten auf den Bus. (*the train*)
> Wir warten auf **den Zug.**

Variation zu Übungen 5 und 6

Substitute the new prepositional objects you will hear cued in English.

> **BEISPIEL:** Interessieren Sie sich für deutsche Filme? (*modern art*)
> Interessieren Sie sich für **moderne Kunst?**

Übung 8

Answer as in the example.

> **BEISPIEL:** Stand er neben dem Fenster?
> Ja, er stand **daneben.**

Partnerarbeit 9

Respond as in the examples. How you answer will depend on whether the prepositional object is animate or inanimate.

> **BEISPIELE:** Steht Ingrid neben Hans-Peter?
> Ja, sie steht **neben ihm.**
>
> Steht Ingrid neben dem Wagen?
> Ja, sie steht **daneben.**

Variation zur Übung 11

Ask the questions that would elicit these answers.

> **BEISPIELE:** Ich habe lange auf den Bus gewartet.
> **Worauf** hast du gewartet?
>
> Ich habe lange auf Ingrid gewartet.
> **Auf wen** hast du gewartet?

Variation zur Übung 12

Respond in the future tense, as in the example.

> **BEISPIEL:** Hast du schon angefangen?
> Nein, noch nicht, aber ich **werde bald anfangen**.

Übung 15

You have a strict boss. Answer a new employee's questions about office regulations. Begin your answer with **Der Chef will, dass ...**

> **BEISPIEL:** *Müssen* wir schon um acht im Büro sein?
> Ja, der Chef will, **dass wir schon um acht im Büro sind**.

Variation zur Übung 16

Rephrase the command and say what you would like to have happen.

> **BEISPIEL:** Schreibt bitte ein bisschen schneller.
> Ich möchte, **dass ihr ein bisschen schneller schreibt**.

ÜBUNG ZUR BETONUNG

Listen to each word or phrase as it is spoken. Repeat it in the pause provided, and then underline the stressed syllable or syllables in the list below. Check your answers with the Laboratory Manual Answer Key.

auf räu men	das Ge spräch
in te res sie ren	die Ver ein i gung
vor ha ben	der Di a lekt
vor be rei ten	die Bar ri e re
zu hö ren	neu tral
die Li ni e	vor stel len
die Hal te stel le	sich ü ber le gen
die Aus kunft	die Rechts an wäl tin
ro man tisch	bei des
of fi zi ell	die Schwie rig keit
ein zi ge	Chi ne sisch
kon ser va tiv	

LESESTÜCK (p. 376)
▓ *Zwei Schweizer stellen ihre Heimat vor*

Listen to the reading as you follow the text on pp. 376–378 in your textbook. Pay attention to the speaker's pronunciation and sentence intonation.

NACH DEM LESEN B (p. 380)
▓ *Der Ma im Mond*

Listen to the short reading in **Schwyzerdütsch** as you follow the text on p. 380 in your textbook.

DIKTAT

You will hear each sentence twice. After the first reading, try to write all that you have heard in the space below. After the second reading, fill in what you have missed. (The dictation contains material from all of Chapter 13. You should study the **Grammatik** and the **Lesestück** before doing it.)

1. _____
   _____

2. _____
   _____

3. _____
   _____

4. _____
   _____

5. _____
   _____

6. _____
   _____

7. _____
   _____

8. _____
   _____

9. _____
   _____

10. _____
    _____

DIALOGE (p. 387)

Turn to page 387 in your textbook. You will hear each dialogue twice. The first time, the speakers will be speaking at normal speed. The second time, they will pause after each phrase so you can repeat aloud what they have just said.

Following the first and third dialogues, choose the best answer to the question you will hear. Following the second dialogue you will hear a series of statements. Decide whether each statement is true or false (**richtig oder falsch**) and mark the answer below. You can check your answers with the Laboratory Manual Answer Key.

Fragen zu den Dialogen

Dialog 1: *Auf Urlaub in Österreich*

1. a. Burckhardts kommen aus Deutschland.
   b. Sie kommen aus Salzburg.
   c. Sie kommen aus Bern.

2. a. Frau Burckhardt hat ihren Geldbeutel verloren.
   b. Sie haben ihr ganzes Bargeld ausgegeben.
   c. Frau Burckhardt hat alles ausgegeben.

3. a. Bei der Bank.
   b. Am Bankautomaten.
   c. Im Restaurant.

4. a. Nur mit Euro.
   b. Mit Reiseschecks oder Kreditkarte.
   c. Nur mit Bargeld.

Dialog 2: *An der Rezeption*

1. R F

2. R F

3. R F

4. R F

5. R F

Dialog 3: *Ausflug zum Heurigen*

1. a. Sie wollen heute Abend nach Grinzing.
   b. Sie wollen heute Abend nach Wien.
   c. Sie wollen heute Abend zu Freunden.

2. a. Sie wollen dort essen und Wein trinken.
   b. Sie wollen dort Freunde besuchen.
   c. Sie wollen dort auf eine Party.

3. a. Sie fahren später.
   b. Sie fahren gleich los.
   c. Sie fahren in zwei Stunden.

HÖREN SIE GUT ZU!

Listen to the dialogue as many times as necessary. Then answer the questions you will hear. You can check your answers with the Laboratory Manual Answer Key. This dialogue is *not* printed in your textbook.

1. _____
2. _____
3. _____
4. _____
5. _____

LYRIK ZUM VORLESEN (p. 392)
ottos mops

Practice saying the poem you will hear. The poem is printed in your textbook.

ÜBEN WIR! (pp. 394–404)

Listen to the directions and respond in the pauses.

Variation zur Übung 1

You will hear a statement in the indicative. Use the subjunctive to express your wish that the opposite were true. All the verbs in this exercise are weak verbs.

> **BEISPIEL:** Hans-Peter studiert nicht hier.
> Ich wünschte, **er studierte hier.**

Variation zur Übung 2

Practice building the simple past and subjunctive forms of the strong verb phrases you will hear.

> **BEISPIEL:** sie geht
> **sie ging, sie ginge**

Übung 3: *Wenn es nur anders wäre!*

You will hear a statement in the indicative. Use the subjunctive to express your wish that the opposite were true. All the verbs in this exercise are strong verbs.

> **BEISPIEL:** Meine Gäste gehen nicht nach Hause.
> Ich wünschte, **sie gingen nach Hause.**

Variation zur Übung 4

Listen closely to the question. When it is in the past tense, answer with **Ja, gestern ...** When it is in the subjunctive mood, answer with **Ja, ich glaube ...**

> **BEISPIELE:** Durfte er das machen?
> **Ja, gestern** durfte er das machen.
>
> Dürfte er das machen?
> **Ja, ich glaube,** er dürfte das machen.

Übung 5: *Ich wünschte, es wäre anders!*

You will hear a statement in the indicative. Use the subjunctive to express your wish the situation were different.

> **BEISPIEL:** Christine kann kein Englisch.
> Ich wünschte, **sie könnte Englisch**.

Variation zur Übung 5

You will hear the facts. Wish that they were otherwise. Begin with **Ich wünschte ...**

> **BEISPIEL:** Sie kann mich leider nicht besuchen.
> Ich wünschte, **sie könnte mich besuchen**.

Variation zur Übung 9

Substitute the new subjects you will hear.

> **BEISPIEL:** Ich würde lieber hier bleiben. (wir)
> **Wir würden** lieber hier bleiben.

Übung 10: *Aber wenn es anders wäre ...*

Open your textbook to Chapter 14, page 401, Übung 10. You will hear a statement in the indicative. Say how the situation would be if the facts were otherwise. Use **würde** plus the infinitive of all the verbs, except for **sein**, **haben**, and the modal verbs.

> **BEISPIEL:** Weil es so kalt ist, können wir nicht schwimmen.
> **Wenn es *nicht* so kalt *wäre*, *könnten* wir schwimmen**.

Variation zur Partnerarbeit 12

You and a friend are planning an outing to Grinzing. You will hear statements in the indicative. Change them to the subjunctive to say what your outing would, could, or ought to be like.

> **BEISPIEL:** Wir sollen zusammen ein Glas Wein trinken.
> Wir **sollten** zusammen ein Glas Wein trinken.

Übung 15: *Könnten Sie das bitte machen?*

Make these questions more polite by changing them to subjunctive.

> **BEISPIEL:** Können Sie mir bitte ein Einzelzimmer zeigen?
> **Könnten Sie** mir bitte ein Einzelzimmer zeigen?

Variationen zur Übung 15

A. Replace the direct object with the new ones you will hear.

> **BEISPIEL:** Hätten Sie noch österreichisches Geld? (ein bisschen Zeit)
> Hätten Sie noch **ein bisschen Zeit**?

B. Make these direct questions more polite by changing them into subjunctive statements. Begin with **Ich wüsste gern, ...**

> **BEISPIEL:** Wissen Sie, wie spät es ist?
> **Ich wüsste gern, wie spät es ist**.

ÜBUNG ZUR BETONUNG

Listen to each word or phrase as it is spoken. Repeat it in the pause provided, and then underline the stressed syllable or syllables in the list below. Check your answers with the Laboratory Manual Answer Key.

los fah ren		der	Pa ti ent	
der	An ge stell te	die	Psy cho a na ly se	
das	Erd ge schoss	phi lo so phie ren		
die	Kre dit kar te	die	Me lan cho lie	
die	Re zep ti on	der	Hu mor	
die	Du sche	statt fin den		
das	Ba de zim mer	die	Ge gen wart	
ös ter rei chisch		ge müt lich		
das	Ein zel zim mer	au ßer dem		
a na ly sie ren		das	Kla vier	
kre a tiv		zu nächst		
die	I ro nie	ei ne	Zeit	lang
pro duk tiv		li te ra risch		

LESESTÜCK (p. 407)
■ Zwei Österreicher stellen sich vor

Listen to the reading as you follow the text on pp. 407–408 in your textbook. Pay attention to the speaker's pronunciation and sentence intonation.

DIKTAT

You will hear each sentence twice. After the first reading, try to write all that you have heard in the space below. After the second reading, fill in what you have missed. (The dictation contains material from all of Chapter 14. You should study the **Grammatik** and the **Lesestück** before doing it.)

1. _____
   _____

2. _____
   _____

3. _____
   _____

4. _____
   _____

5. _____
   _____

6. _____
   _____

7. _____
   _____

8. _____
   _____

9. _____
   _____

10. _____
    _____

KAPITEL 15

DIALOGE (p. 415)

Turn to page 415 in your textbook. You will hear each dialogue twice. The first time, the speakers will be speaking at normal speed. The second time, they will pause after each phrase so you can repeat aloud what they have just said.

Following the first and third dialogues you should choose the best answer to the questions you will hear. For the second dialogue decide whether each statement you hear is true or false (**richtig oder falsch**) and mark the answer below. You can check your answers with the Laboratory Manual Answer Key.

Fragen zu den Dialogen

Dialog 1: *Wo liegt die Heimet?*

1. a. Sie ist eine deutsche Studentin.
b. Sie ist eine ausländische Studentin.
c. Sie ist Schülerin.

2. a. Die Familie kommt aus der Türkei.
b. Die Familie kommt aus Spanien.
c. Die Familie kommt aus Deutschland.

3. a. Sie ist in der BRD geboren.
b. Ihre Familie spricht Deutsch.
c. Sie hat Deutsch in Istanbul gelernt.

4. a. Sie meint, Deutschland ist ihre Heimat, weil sie dort geboren ist.
b. Sie fühlt sich in Istanbul mehr zu Hause, weil sie die Stadt besser kennt.
c. Sie ist nicht ganz sicher.

Dialog 2: *Die verpasste Geburtstagsfeier*

1. R F   **3.** R F

2. R F   **4.** R F

Dialog 3: *Vor der Post*

1. a. Er hat den Brief zu Hause gelassen.
b. Er hat keine Briefmarken auf dem Umschlag.
c. Er glaubt, er braucht mehr Briefmarken auf dem Umschlag.

2. a. Er will den Brief einwerfen.
b. Er will den Brief wiegen lassen.
c. Er will Briefmarken kaufen.

3. a. Er hat vergessen die Adresse auf den Umschlag zu schreiben.
b. Er hat Hartmanns alte Adresse vergessen.
c. Er hat vergessen, dass Hartmanns umgezogen sind.

HÖREN SIE GUT ZU!

Listen to the dialogue as many times as necessary. Then answer the questions you will hear. You can check your answers with the Laboratory Manual Answer Key. This dialogue is *not* printed in your textbook.

1. _____

2. _____

3. _____

4. _____
   _____

5. _____
   _____

LYRIK ZUM VORLESEN (p. 418–419)
▣ Über Grenzen und Integration

Practice saying the poems you will hear. The poems are printed in your textbook.

ÜBEN WIR! (pp. 420–430)

Listen to the directions and respond in the pauses.

Variationen zur Übung 1

A. Substitute the new subjects you will hear.

> **BEISPIEL:** Er hätte nichts gesagt. (ich)
> **Ich hätte** nichts gesagt.

B. Change the sentences you will hear from indicative to subjunctive.

> **BEISPIEL:** Hans hat sie geliebt.
> Hans **hätte** sie geliebt.

Variation zur Gruppenarbeit 3

Your friends all had an interesting summer. Say that you would like to have done what they did. Use **gern** and past subjunctive.

> **BEISPIEL:** Klaus ist nach Frankreich gefahren.
> **Ich wäre auch gern nach Frankreich gefahren.**

Variationen zur Gruppenarbeit 5

A. Here are the facts. Make wishes contrary to the facts in the past subjunctive.

> **BEISPIEL:** Ich bin nicht ausgestiegen.
> **Ich wünschte, ich wäre ausgestiegen.**

B. Now express your wish using **Wenn ... nur ...**

> **BEISPIEL:** Ich habe das Buch nicht gelesen.
> **Wenn** ich das Buch **nur** gelesen hätte!

Variationen zur Übung 6

A. Replace the dependent infinitive with the new ones you will hear.

> **BEISPIEL:** Ich hätte das nicht vergessen sollen. (machen)
> Ich hätte das nicht **machen** sollen.

B. Substitute the new subjects you will hear.

> **BEISPIEL:** Ich hätte 30 Dollar wechseln sollen. (du)
> **Du hättest** 30 Dollar wechseln sollen.

C. Your friends tell you what they didn't do. You tell them what they should have done.

> **BEISPIEL:** Wir haben die Reise nicht gemacht.
> **Ihr hättet** die Reise machen sollen.

Variationen zur Übung 8

A. Replace the past participle at the end of the sentence with the new ones you will hear.

> **BEISPIEL:** Hoffentlich werde ich überall akzeptiert. (verstanden)
> Hoffentlich werde ich überall **verstanden**.

B. Substitute the new subjects you will hear.

> **BEISPIEL:** Hanna wird eingeladen. (ich)
> **Ich werde** eingeladen.

Übung 9: *Das wird sofort gemacht!*

Say that these things will be done immediately.

> **BEISPIEL:** Können Sie mir bitte diese Uhr reparieren?
> Ja, sie **wird** sofort **repariert**.

Variation zur Übung 12

Substitute the new subjects you will hear.

> **BEISPIEL:** Die Schülerin soll interviewt werden. (die Schüler)
> **Die Schüler sollen** interviewt werden.

Übung 14

Open your textbook to Chapter 15, page 427, Übung 14. Restate the following sentences in the passive.

> **BEISPIEL:** Meine Freundin liest jetzt den Roman.
> **Der Roman wird jetzt von meiner Freundin gelesen.**

Übung 16

Add the present participle of the cued verb as an adjective to the sentence you will hear.

> **BEISPIEL:** Wir können die Preise nicht mehr zahlen. (steigen)
> Wir können die **steigenden** Preise nicht mehr zahlen.

ÜBUNG ZUR BETONUNG

Listen to each word or phrase as it is spoken. Repeat it in the pause provided, and then underline the stressed syllable or syllables in the list below. Check your answers with the Laboratory Manual Answer Key.

ak zep tie ren		das	Ab teil
an ge nehm		die	A nek do te
die	A dres se	die	Ar ro ganz
die	Aus län de rin	die	Na ti o na li tät
ein wer fen		die	Tür kin
gra tu lie ren		die	Tür kei
die	Viel falt	teil neh men	
der	Um schlag	sich	un ter hal ten
die	Fei er	dis ku tie ren	
per fekt		Zeig	mal her!
das	The ma		

LESESTÜCK (p. 433)
Wer ist ein Türke?

Listen to the reading as you follow the text on pp. 433–435 in your textbook. Pay attention to the speaker's pronunciation and sentence intonation.

DIKTAT

You will hear each sentence twice. After the first reading, try to write all that you have heard in the space below. After the second reading, fill in what you have missed. (The dictation contains material from all of Chapter 15. You should study the **Grammatik** and the **Lesestück** before doing it.)

1. _____

_____

2. _____

_____

3. _____

_____

4. _____

_____

5. _____

_____

6. _____

_____

7. _____

_____

8. _____

_____

9. _____

_____

10. _____

_____

KAPITEL 16

DIALOGE (p.440)

Turn to page 440 in your textbook. You will hear each dialogue twice. The first time, the speakers will be speaking at normal speed. The second time, they will pause after each phrase so you can repeat aloud what they have just said.

Following each dialogue you will hear a series of questions. Decide which answer is best and mark the answer below. You can check your answers with the Laboratory Manual Answer Key.

Fragen zu den Dialogen

Dialog 1: *Kind oder Beruf?*

1. a. Sie ist Studentin.
   b. Sie ist Hausfrau.
   c. Sie hat eine Stelle.

2. a. Er arbeitet zu Hause.
   b. Er ist Student und kann morgens zu Hause sein.
   c. Er hat eine Stelle und hat wenig Zeit für die Familie.

3. a. Sie wird vormittags auf das Kind aufpassen, er nachmittags.
   b. Sie kann nur nachmittags auf das Kind aufpassen.
   c. Sie muss auf das Kind aufpassen, weil ihr Mann keine Zeit hat.

4. a. Nein, sie will nur halbtags arbeiten.
   b. Ja, sie will eine besser bezahlte Stelle suchen.
   c. Nein, ihr Beruf ist ihr wichtiger als ihre Familie.

Dialog 2: *Goldene Hochzeit*

1. a. Sie sieht müde aus.
   b. Sie sieht aus, als ob sie viel geschlafen hätte.
   c. Sie sieht krank aus.

2. a. Sie hat gearbeitet.
   b. Sie hat gefeiert.
   c. Sie hat geschlafen

3. a. Die Feier hat bei den Großeltern stattgefunden.
   b. Man hat im Restaurant gefeiert.
   c. Man hat bei Liese gefeiert.

4. a. Lieses Geburtstag wurde gefeiert.
   b. Lieses Hochzeit wurde gefeiert.
   c. Die goldene Hochzeit ihrer Großeltern wurde gefeiert.

HÖREN SIE GUT ZU!

Listen to the dialogue as many times as necessary. Then answer the questions you will hear. You can check your answers with the Laboratory Manual Answer Key. This dialogue is *not* printed in your textbook.

1. _____

_____

2. _____

3. _____

4. _____

5. _____

6. _____

LYRIK ZUM VORLESEN (p. 444)
▓ *Vier Gedichte*

Practice saying the poems you will hear. The poems are printed in your textbook.

ÜBEN WIR! (pp. 445–456)

Listen to the directions and respond in the pauses.

Variationen zur Übung 1

A. Replace the past participles with the new ones you will hear.

> **BEISPIEL:** Du siehst aus, als ob du nicht geschlafen hättest. (gegessen)
> Du siehst aus, als ob du nicht **gegessen** hättest.

B. The speaker tells you certain things about himself. Say that the speaker *looks* as though the opposite were true.

> **BEISPIEL:** Ich bin nicht fit.
> **Aber Sie sehen aus, als ob Sie fit wären.**

C. Here are some facts about what you did yesterday. Say that it was as *if* the opposite had been true.

> **BEISPIEL:** Sie haben die Stadt nicht gekannt.
> **Aber es war, als ob ich sie gekannt hätte.**

Variationen zur Übung 3

A. Replace the adjective with the new ones you will hear.

> **BEISPIEL :** Meine Chefin sagt, das sei schwierig. (typisch)
> Meine Chefin sagt, das sei **typisch**.

B. Tell what she asked. Use the clauses you will hear.

> **BEISPIEL:** Sie fragte, ob das möglich sei. (ob er Geld habe)
> Sie fragte, **ob er Geld habe**.

C. Anja says the following things to you. Tell someone else what she said. Use special subjunctive (or general subjunctive where necessary).

> **BEISPIEL:** „Ich habe viel zu erzählen."
> Sie sagte, **sie habe viel zu erzählen**.

D. Now report what Holger said to you, using special subjunctive.

> **BEISPIEL:** „Ich kann keine Stelle finden."
> Er sagte, **er könne keine Stelle finden**.

Variation zur Übung 5

Restate each sentence of the conversation in indirect quotation, using special subjunctive.

> **BEISPIEL:** Ein Vater spricht mit seiner Tochter.
> „Hast du genug Geld?"
> **Er fragt, ob sie genug Geld habe.**

Variationen zur Übung 6

A. Replace the past participle with the new ones you will hear.

> **BEISPIEL:** Bei uns wurde bis halb vier getanzt. (geredet)
> Bei uns wurde bis halb vier **geredet**.

B. Replace **man** with the impersonal passive construction.

> **BEISPIEL:** Hier isst man viel.
> **Hier wird** viel **gegessen**.

C. Replace **man** with an impersonal passive construction. Begin with **Es …** Keep the tense the same.

> **BEISPIEL:** Man redet hier viel.
> **Es wird** hier viel **geredet**.

ÜBUNG ZUR BETONUNG

Listen to each word or phrase as it is spoken. Repeat it in the pause provided, and then underline the stressed syllable or syllables in the list below. Check your answers with the Laboratory Manual Answer Key.

auf pas sen		die	Kar ri e re
hei ra ten		die	Ka ri ka tur
vor mit tags		der	Eh e mann
die E man zi pa ti on		da mit	
der Au tor		das	Ge setz
am bi va lent		gleich be rech tigt	
zu schau en		öf fent lich	
das Vor ur teil		all täg lich	

LESESTÜCK (p. 458)
Marie Marcks: Politik mit Witz

Listen to the reading as you follow the text on pp. 458–460 in your textbook. Pay attention to the speaker's pronunciation and sentence intonation.

DIKTAT

You will hear each sentence twice. After the first reading, try to write all that you have heard in the space below. After the second reading, fill in what you have missed. (The dictation contains material from all of Chapter 16. You should study the **Grammatik** and the **Lesestück** before doing it.)

1. _____

   _____

2. _____

   _____

3. _____

   _____

4. _____

   _____

5. _____

   _____

6. _____

   _____

7. _____

   _____

8. _____

   _____

9. _____

   _____

10. _____

   _____

VIDEO WORKBOOK

IST DAS ZIMMER NOCH FREI? (00:00)

Katrin Berger aus Leipzig studiert in Berlin. Sie braucht ein Zimmer und findet eine Adresse, wo ein Zimmer frei ist. Das Zimmer ist in der Wohnung von Familie Bachmann. Katrin geht hin (there) und findet das Zimmer schön. Es kostet auch nicht viel und sie nimmt es. Sie ist nicht in Eile und trinkt mit Bachmanns zusammen eine Tasse Kaffee.

Wortschatz zum Video	
kosten	*to cost*
mieten	*to rent*
zeigen	*to show*
das **Bett, -en**	*bed*
der **Garten, ¨**	*garden, yard*
der **Wandschrank, ¨-e**	*cupboard, closet*
gern	*gladly, with pleasure*
hell	*bright*
eine **Tasse Kaffee**	*a cup of coffee*
ein **Stück Kuchen**	*a piece of cake*

The icon at left reminds you to turn off the sound for this exercise.

A. Was sehen Sie im Video? Watch Video Module 1 (00:20–03:58) once without sound. Check off in the list below the things you see in the video.

Ich sehe ...

_____ **1.** ein Auto   _____ **5.** den Großvater

_____ **2.** einen Tisch   _____ **6.** Bücher

_____ **3.** einen Fernseher   _____ **7.** ein Fenster

_____ **4.** die Mutter   _____ **8.** ein Radio

B. Was hören Sie? Now watch the same section with sound, checking off the words you hear. Try to guess the meanings of the ones you haven't yet learned.

_____ **1.** Universität   _____ **4.** Biologie   _____ **7.** Sofa

_____ **2.** Bruder   _____ **5.** Rostock   _____ **8.** Schwester

_____ **3.** Balkon   _____ **6.** Großvater

C. Wer macht das? Wer sagt das? Circle the person who does or says the following.

1. _____ zeigt Katrin das Zimmer.

    a. Herr Bachmann   b. Frau Bachmann   c. Sabrina

2. „Ich habe Zeit."

    a. Stefan   b. Herr Blum   c. Fräulein Berger

3. _____ studiert in Heidelberg.

    a. Frau Bachmanns Tochter   b. Frau Bachmanns Sohn   c. Katrin

4. „Kennst du Berlin schon?"

    a. Harald   b. Stefan   c. Herr Bachmann

D. Richtig oder falsch? Indicate whether each statement is **richtig** (R) or **falsch** (F).

1. Das Zimmer ist nicht groß genug (*enough*).   R   F

2. Die Kinder spielen draußen.   R   F

3. Das Zimmer kostet DM 400 im Monat.   R   F

4. Im Zimmer gibt es einen Fernseher.   R   F

5. Katrin isst ein Stück Kuchen.   R   F

6. Katrin kommt aus Leipzig.   R   F

E. Welle Magazin: Was sehen Sie? Read through the list below. Then watch the **Welle Magazin** (04:03–05:26) and check off the rooms and things you see in the video.

Ich sehe ...

_____ **1.** die Garage (*garage*)   _____ **7.** einen Schreibtisch (*desk*)

_____ **2.** das Badezimmer (*bathroom*)   _____ **8.** den Keller (*cellar*)

_____ **3.** den Garten   _____ **9.** das Schlafzimmer (*bedroom*)

_____ **4.** eine Blumenvase (*vase of flowers*)   _____ **10.** einen Computer

_____ **5.** das Esszimmer (*dining room*)   _____ **11.** den Dachboden (*attic*)

_____ **6.** die Küche (*kitchen*)

VIDEOECKE

2

OHNE FRÜHSTÜCK GEHT'S NICHT (05:29)

Es ist schon acht Uhr, aber die Studentin Katrin Berger schläft noch. Harald will sie darum wecken (wake).
Katrin ist in Eile und muss schnell weg – ihr Seminar beginnt ja um 10. Aber Herr Blum meint, sie muss
noch etwas essen. Seinen Regenschirm soll Katrin auch mitnehmen (take along). Es soll heute regnen.
Katrin geht weg, aber dann beginnt der Regen und sie muss zurückkommen und den Schirm holen (get).

Wortschatz zum Video	
aufstehen	*to get up*
wecken	*to wake (someone) up*
die **Butter**	*butter*
das **Ei, -er**	*egg*
die **Erdbeermarmelade**	*strawberry jam*
die **Wurst, ¨e**	*sausage*
vorher	*before that*
Ich bin spät dran.	*I'm late.*
Setzen Sie sich.	*Sit down.*
eine Tasse Tee	*a cup of tea*

A. Was sehen Sie im Video? Watch Video Module 2 (5:43–8:36) once without sound. Check off in the
list below what you see in the video.

Ich sehe ...

_____ **1.** ein Ei   _____ **4.** Tee   _____ **7.** einen CD-Spieler

_____ **2.** Pommes frites   _____ **5.** Kaffee   _____ **8.** Bier

_____ **3.** eine Zeitung   _____ **6.** Marmelade _____ **9.** Frau Bachmann

B. Was hören Sie? Now watch the same section with sound, checking off the words you hear. Try to
guess the meanings of the ones you haven't yet learned.

_____ **1.** früh   _____ **3.** Brot   _____ **5.** Tee   _____ **7.** Regenmantel

_____ **2.** aufstehen _____ **4.** Brötchen   _____ **6.** Heft   _____ **8.** Regenschirm

C. Was ist die beste Lösung? Circle the best word or phrase to complete the sentence.

   1. Tschüss, Kinder. Ich muss jetzt _____ .

      a. kaufen   b. studieren   c. gehen

   2. Nehmen Sie doch _____ ein Ei oder Butter und Wurst.

      a. hoffentlich   b. wenigstens   c. um 9 Uhr

   3. Sie sollten aber einen Regenschirm _____ !

      a. vergessen   b. finden   c. mitnehmen

   4. Ich habe ein Seminar _____ .

      a. am Donnerstag   b. um halb elf   c. um zehn

   5. _____ muss ich noch ein Buch kaufen.

      a. Früher   b. Vor   c. Vorher

D. Wer macht das? Wer sagt das? Choose the letter of the person who does or says the following.

   a. Harald   b. Katrin   c. Herr Blum   d. Frau Bachmann   e. Stefan

   1. _____ schläft ein bisschen zu lange.

   2. _____ sagt: „Ich muss weg!"

   3. _____ sagt: „Nimm doch ein Brötchen mit."

   4. _____ muss schnell ein Buch kaufen.

   5. _____ besitzt keinen Regenschirm.

E. Richtig oder falsch? Indicate whether each statement is **richtig** (R) or **falsch** (F).

   1. Es ist Viertel vor acht.   R   F

   2. Harald geht Katrin wecken.   R   F

   3. Katrin isst ein Ei.   R   F

   4. Vor ihrem Seminar muss Katrin ein Buch kaufen.   R   F

   5. Herr Blum ist heute in Eile.   R   F

   6. Katrin braucht keinen Regenschirm.   R   F

F. Welle Magazin: Was sehen Sie? Read through the list below. Then watch the **Welle Magazin** (8:38–9:30) and check off the words and things you see in the video.

Ich sehe ...

_____ **1.** Eduscho (*brand of coffee*)

_____ **2.** die Berliner Morgenpost (eine Berliner Zeitung)

_____ **3.** eine Schule

_____ **4.** Zum Imbiss (ein Restaurant, wo man schnell essen kann)

_____ **5.** die Familie Bachmann im Garten

_____ **6.** eine Konditorei (hier kann man Kaffee und Kuchen bekommen)

_____ **7.** eine Küche

VIDEOECKE 3

WIE WAR DEINE VORLESUNG? (09:33)

In der Bibliothek lernt Stefan Su-Sin, eine Studentin aus China, kennen. Sie besprechen ihr Studium an der Uni. Dann kommt Katrin mit zwei Freunden vorbei. Heute Abend läuft ein neuer Film und sie wollen zusammen essen und dann ins Kino gehen. Eigentlich soll Stefan pauken (cram), aber dann geht er doch mit.

Wortschatz zum Video	
pauken	*cram (student slang)*
Mathe	*math*
Echt?	*Really? (colloquial)*
Setz dich.	*Sit down.*
Viel Spaß noch!	*Have fun!*

A. Was sehen Sie im Video? Watch Video Module 3 (9:38–12:43) once without sound. Check off in the list below the words, things, and people you see in the video.

_____ **1.** Universitätsbibliothek   _____ **4.** Stefan und Katrin in der Mensa

_____ **2.** Studenten liegen in der Sonne.   _____ **5.** Hörsaal (*lecture hall*)

_____ **3.** eine Familie am Frühstückstisch   _____ **6.** einen Mann auf einem Fahrrad (*bicycle*)

B. Wissen Sie die Antwort? Now watch Video Module 3 with sound (9:38–12:43). Then answer these questions about what happens.

1. Wo lernt Stefan Su-Sin kennen?

_____

2. Woher kommt Su-Sin?

_____

3. Was studiert Stefan?

_____

4. Wie war seine Vorlesung bei Professor Klemm?

_____

5. Was wollen Katrin und ihre Freunde heute Abend machen?

_____

C. Wer sagt das? Choose the letter of the person who says the following.

a. Su-Sin   b. Stefan   c. Katrin   d. Professor Klemm

1. _____ sagt: „Meine Familie wohnt seit zwei Jahren in Berlin."

2. _____ sagt: „Ich muss lesen."

3. _____ fragt: „Wie war deine Vorlesung heute?"

4. _____ sagt: „Ich hab' so die Nase voll."

5. _____ sagt: „Ich hab' keine Zeit. Muss pauken. Mathe."

6. _____ sagt: „Wir können ja vorher zum Italiener essen gehen."

D. Richtig oder falsch? Indicate whether each statement is **richtig (R)** or **falsch (F)**.

1. Stefan findet seine Mathevorlesung langweilig.   R   F

2. Die Freunde wollen zusammen ins Theater gehen.   R   F

3. Su-Sin macht dieses Semester Biologie.   R   F

4. Stefan geht nicht mit ins Restaurant.   R   F

5. Professor Klemm scheint freundlich zu sein.   R   F

6. Stefan ist erst eine Stunde in der Bibliothek.   R   F

E. Conversational exchanges. For each sentence in the left column, choose the letter of the appropriate response in the right column.

_____ **1.** Was studierst du denn?

a. Leider nicht. Ich muss pauken.

_____ **2.** Das ist Su-Sin. Sie kommt aus Beijing.

b. Anglistik im Hauptfach und Geschichte im Nebenfach.

_____ **3.** Stefan, kommst du mit?

c. Danke, gleichfalls.

_____ **4.** Wie findest du Berlin?

d. Freut mich, Su-Sin. Ich heiße Katrin.

_____ **5.** Viel Spaß noch.

e. Echt toll!

GEHEN WIR DOCH EINKAUFEN! (13:19)

*Katrin und Stefan müssen für ein Picknick Lebensmittel einkaufen. Das Wetter sieht aber nicht gut aus. Sie müssen laufen, denn es regnet vielleicht am Nachmittag. Sie gehen zuerst zum Tante-Emma-Laden (*Mom and Pop grocery store*) und finden dort fast alles. Es ist schon 18.00 Uhr und die Läden in der Stadt haben zugemacht. Also müssen sie zum Türkenmarkt (*open-air Turkish market*); dort kann man nach 18.00 Uhr noch einkaufen.*

Wortschatz zum Video	
empfehlen	*to recommend*
probieren	*to sample, try*
schmecken	*to taste; to taste good*
wünschen	*to wish for, want to have*
die Flasche, -n	*bottle*
das Pfund	*500 grams (about 1 pound)*
die Tüte, -n	*paper bag; small cardboard carton*
welch-?	*which?*
Welchen Käse können Sie mir empfehlen?	*Which cheese can you recommend to me?*
Ich hätte gern ...	*I'd like to have . . .*
Könnt' ich ...	*Could I . . .*
Das war's.	*That's it. That's everything.*

A. Was sehen Sie im Video? Watch the video episode (13:25–16:41) once without sound. Check off in the list below what you see in the video.

Das habe ich gesehen:

_____ **1.** einen Bus

_____ **2.** ein Kind auf einem Dreirad (*tricycle*)

_____ **3.** eine Bäckerei

_____ **4.** Zeitungen

_____ **5.** Frau Bachmann

_____ **6.** einen Regenschirm

_____ **7.** ein Computergeschäft

_____ **8.** Geld

B. Einkaufsliste (*Shopping list*). Watch what Katrin and Stefan buy. Then fill in their shopping list with the amounts they need. What are these items in English?

Auf Englisch

_____ Brot   _____

_____ Leberwurst   _____

_____ Käse   _____

_____ Orangensaft   _____

_____ gegrilltes Hähnchen   _____

C. Wer sagt das? Choose the letter of the person who says the following.

a. Katrin   b. Stefan   c. Verkäuferin im Laden   d. Verkäufer am Türkenmarkt

1. _____ sagt: „Ich komm' mit. Gehen wir doch zusammen einkaufen."

2. _____ sagt: „Du kaufst den Orangensaft, ich kaufe den Käse und die Leberwurst."

3. _____ fragt: „Welches Brot wünschen Sie bitte?"

4. _____ fragt: „Welcher Saft schmeckt besser?"

5. _____ sagt: „Das war's."

6. _____ sagt: „Wir gehen zum Türkenmarkt. Der hat länger offen."

7. _____ sagt: „Sechs Mark und achtzig."

D. Die Metzgerei hat schon zugemacht. Use the shop sign below to answer these questions.

GESCHÄFTSZEIT

MONTAG	GESCHLOSSEN
DIENSTAG–FREITAG	VON 7.00 BIS 18.00 UHR
SAMSTAG	VON 7.15 BIS 13.00 UHR

1. An welchen Tagen kann man hier nicht einkaufen? _____

2. Wann macht das Geschäft am Mittwoch auf? _____

3. An welchem Tag macht das Geschäft um 13.00 Uhr zu? _____

4. Bis wann ist das Geschäft am Donnerstag auf? _____

E. Was haben Sie gesehen? Read through the list below. Then watch the **Welle Magazin** (16:43–18:14) and check off the words you have seen.

_____ **1.** Taxi

_____ **2.** Anprobe (*fitting room*)

_____ **3.** Lederjacke (*leather jacket*)

_____ **4.** Sparpreise (*low prices*)

_____ **5.** Parkhaus (*parking garage*)

_____ **6.** Ausgang (*exit*)

_____ **7.** Toiletten (*rest rooms*)

_____ **8.** Kasse (*cashier*)

TREIBST DU GERN SPORT? (18:18)

Stefan fährt mit dem Fahrrad zum Park, wo er Su-Sin trifft. Sie wollen zusammen joggen gehen. Während Stefan sein Rad abschließt (locks), fällt ihm der Geldbeutel (wallet) aus der Tasche. Später machen sie eine Pause und Stefan merkt, dass sein Geldbeutel fehlt (is missing). Sie laufen schnell zurück und finden zwei ältere Frauen bei den Rädern. Eine Frau hat den Geldbeutel gefunden, will aber wissen, ob er wirklich Stefan gehört. Also fragt sie ihn, was in seinem Geldbeutel war. Da er es ihr sagen kann, gibt sie ihm das Portemonnaie (= Geldbeutel) zurück.

Wortschatz zum Video	
verlieren, hat verloren	*to lose*
der **Geldbeutel**, -	*wallet*
bestimmt	= **sicher**
Los!	*Let's go!*
Schau mal, wie ...	*Look at how . . .*
Keine Ahnung.	*(I have) no idea.*
Wie ist Ihr Name?	= **Wie heißen Sie?**
Passen Sie auf.	*Be careful. Pay attention.*

A. Was haben Sie gesehen? Watch without sound the first minute of Video Module 5 showing recreational activities (18:35–19:09). Then check off what you've seen in the video.

Das habe ich gesehen:

_____ **1.** Ein Vater spielt Fußball mit seinem Sohn.

_____ **2.** Eine Frau geht mit ihrem Dachshund spazieren.

_____ **3.** Kinder klettern (*are climbing*) auf einem Baum.

_____ **4.** Junge Leute fahren auf Fahrrädern.

_____ **5.** Ein Mann spielt Tennis.

_____ **6.** Zwei alte Menschen sprechen miteinander.

B. Was hat Stefan in seinem Geldbeutel gehabt? Now watch the rest of Video Module 5 (19:10–21:52). Check off the items that are in Stefan's wallet.

_____ **1.** Geld

_____ **2.** eine Einkaufsliste

_____ **3.** ein Schlüssel

_____ **4.** ein Foto von Katrin

_____ **5.** sein Studentenausweis

_____ **6.** eine Kreditkarte

C. Wer sagt das? Choose the letter of the person who says the following.

    a. Su-Sin   b. Stefan   c. Jogger   d. ältere Frau

1. _____ sagt: „Ich fahre jeden Tag mit dem Rad zur Uni."

2. _____ sagt: „Ich hab' einen gefunden, drüben bei den Rädern."

3. _____ sagt: „Ich bin jedes Wochenende auf dem Tennisplatz."

4. _____ sagt: „Schau mal, wie die Leute den Wald verschmutzen."

5. _____ sagt: „Ach, tut mir Leid. Keine Zeit!"

6. _____ sagt: „Wir nehmen sie mit und werfen sie weg."

D. Wie sehen sie aus? Beschreiben Sie die Menschen im Video.

1. Su-Sin hat _____ Haare und trägt eine _____ Hose und

    einen _____ Pulli.

2. Stefan trägt _____ Schuhe und ein _____

    Sweatshirt.

3. Die Frau mit dem Geldbeutel trägt einen _____ Mantel und einen

    _____ Pulli. Sie hat _____ Haare. Sie ist ungefähr (*about*)

    _____ Jahre alt und sieht _____ aus.

4. Die andere Frau trägt einen _____ Pulli und einen _____

    Mantel.

E. Welle Magazin: Treibst du auch Sport? Am Ende des Videos sehen Sie sich das **Welle Magazin** an („Sport in Berlin", 21:53–22:41). Sie sehen einige Sportarten. Sagen Sie jeweils (*in each case*), ob Sie einen Sport gern treiben, nicht gern treiben oder noch nie probiert (*tried*) haben.

Sportart	*gern*	*nicht gern*	*nie probiert*
Fußball	_____	_____	_____
Rugby	_____	_____	_____
Speerwurf (*javelin*)	_____	_____	_____
Geländelauf (*cross-country*)	_____	_____	_____
Tennis	_____	_____	_____
Schwimmen	_____	_____	_____
Rudern (*rowing*)	_____	_____	_____
Windsurfing	_____	_____	_____

DAS VERGESSE ICH NIE (22:44)

Stefan und Katrin fahren zu Stefans Tante Waltraud, die heute Geburtstag feiert. Tante Waltraud wohnt in einem Dorf in der Nähe von Berlin. Bis 1990 lag dieser Ort in der DDR. Stefan und Katrin bringen der Tante Blumen und Geschenke mit. Sie sitzen zusammen im Wohnzimmer und sehen sich Familienfotos an, während ihnen Tante Waltraud über ihr Leben erzählt. Nachher kommt Stefans Familie auch zu Besuch, um ihr zum Geburtstag zu gratulieren (congratulate)*.*

Wortschatz zum Video	
die **Banane, -n**	*banana*
die **Decke, -n**	*blanket*
der **Enkel, -**	*grandson*
die **Hochzeit, -en**	*wedding*
die **Trümmer** (*pl.*)	*ruins, rubble*
zufrieden	*satisfied*
Ich bin zufrieden.	*I can't complain.*
Herzlichen Glückwunsch!	*Congratulations! Best wishes!*

A. Tante Waltrauds Fotoalbum. Sehen Sie sich den Anfang des Abschitts an. Kreuzen Sie die Fotos an, die Sie in dem Fotoalbum sehen.

_____ **1.** das Geburtshaus

_____ **2.** der erste Schultag

_____ **3.** Tante Waltrauds zwei Brüder

_____ **4.** Tante Waltrauds Mutter

_____ **5.** Tante Waltraud an der Uni

_____ **6.** Fotos von ihrer Hochzeit

_____ **7.** das zerstörte Berlin

_____ **8.** Tante Waltraud auf Urlaub in Moskau

_____ **9.** der Enkel Markus

_____ **10.** Menschen auf der Berliner Mauer am 9. November 1989

B. Richtig oder falsch? Indicate whether each statement is **richtig** (R) or **falsch** (F).

1. Stefan und Katrin fahren mit dem Bus zu Tante Waltraud.   R   F

2. Tante Waltraud freut sich sehr, sie zu sehen.   R   F

3. Sie bringen ihr Schokolade und Wein mit.   R   F

4. Tante Waltrauds Lieblingsfarbe ist grün.   R   F

5. Katrin schenkt ihr einen Pullover zum Geburtstag.   R   F

6. Katrin möchte wissen, was für ein Buch auf dem Tisch liegt.   R   F

C. Wer sagt das? Choose the letter of the person who says the following.

a. Katrin   b. Stefan   c. Tante Waltraud   d. Frau Bachmann

1. _____ sagt: „Bitte, kommt 'rein ins Wohnzimmer."

2. _____ sagt: „Die Eltern kommen später."

3. _____ sagt: „Ich stelle die Blumen in die Vase."

4. _____ fragt: „Wie geht es deinem Bein?"

5. _____ fragt: „Ist das nicht ein Bild vom 9. November?"

6. _____ sagt: „Hallo, liebes Geburtstagskind, hallo!"

D. Wie geht's weiter? Circle the best completion for each sentence, based on the video episode.

1. Markus hat sich Bananen gekauft, ...

    a. weil er Hunger hatte.

    b. weil sie billig waren.

    c. weil sie für ihn etwas Herrliches waren.

2. Die Familie Bachmann kommt später zu Besuch, ...

    a. denn sie wollen bei Tante Waltraud übernachten.

    b. weil sie zusammen feiern wollen.

    c. um Stefan und Katrin mit dem Wagen abzuholen.

3. Tante Waltraud zeigt Katrin und Stefan ihr Fotoalbum und erzählt ihnen ...

    a. Erinnerungen aus ihrer Kindheit.

    b. von dem Krieg.

    c. von ihren Kindern.

E. Welle Magazin: Was sehen Sie? Read through the list below. Then watch the **Welle Magazin** („Das Dorfleben", 26:34–27:31) and check off the people and things you see in the video.

Ich sehe ...

_____ **1.** eine Bushaltestelle

_____ **2.** einen Traktor

_____ **3.** eine alte Kirche

_____ **4.** Kinder auf einem Spielplatz

_____ **5.** einen Bauern bei der Arbeit

_____ **6.** Schweine und Kühe (*pigs and cows*)

_____ **7.** eine alte Frau auf einem Fahrrad

_____ **8.** ein Blumengeschäft

_____ **9.** einen Supermarkt

VIDEOECKE 7

FÄHRST DU MIT IN DIE SCHWEIZ? (27:32)

Katrin will in den Semesterferien in die Schweiz. Dort möchte sie ihre Tante in Zürich besuchen und auch ein bisschen in den Bergen wandern. Weil sie das Alpenland noch nicht gut kennt, geht sie zum Reisebüro. Die Angestellte im Reisebüro gibt ihr Auskunft darüber. Später ruft sie Su-Sin an um sie zu fragen, ob sie Lust hätte mitzukommen. Su-Sin muss sich diesen Plan überlegen, aber ruft dann bei Bachmanns an um zu sagen, dass sie gerne mitkommen würde.

Wortschatz zum Video	
buchen	*to book (a flight, hotel, etc.)*
das **Bargeld**	*cash*
die **Ermäßigung, -en**	*discount*
die **Geduld**	*patience*
das **Reisebüro, -s**	*travel agency*
preiswert	= billig
zunächst ... danach	*first . . . after that*

A. **Verkehrsmittel** (*Means of transportation*). Sehen Sie sich den Anfang des Abschnitts (*section*) (27:40–28:27) an. Welche öffentlichen (*public*) und privaten Verkehrsmittel sehen Sie? Kreuzen Sie sie an.

_____ **1.** Flugzeug   _____ **5.** Autos

_____ **2.** Fahrräder   _____ **6.** Bus

_____ **3.** Taxis   _____ **7.** Straßenbahn

_____ **4.** die U-Bahn   _____ **8.** Mopeds

B. **Wörter im Kontext: Was könnte das bedeuten?** Jetzt sehen Sie sich die ganze Episode an (28:27–31:34). Sie sehen oder hören die folgenden (*following*) Wörter. Wählen Sie das beste englische Äquivalent im Kontext.

1. Bahnsteig

a. train information   b. railroad crossing   c. station platform

2. Reiseladen

    a. travel agency   b. souvenir shop   c. luggage shop

3. das Berner Oberland

    a. express train to Bern   b. mountainous region in Switzerland

    c. a dog used for mountain rescue

4. Flugkarten

    a. flight itineraries   b. postcards of airplanes   c. airline tickets

C. Wer macht das? Wer sagt das? Choose the letter of the person who does or says the following.

    a. Katrin   b. die Angestellte im Reisebüro   c. ein Kunde im Reisebüro

1. _____ „Darf ich um Auskunft bitten?“

2. _____ „Da braucht man dann einen internationalen Jugendherbergsführer.“

3. _____ unterbricht das Gespräch.

4. _____ findet einen Zettel (*note*) an der Tür.

5. _____ „Wie war Ihr Name bitte?“

6. _____ „Toll!“

D. Wie geht's weiter? Wählen Sie die beste Möglichkeit den Satz zu ergänzen (*complete*).

1. Katrins Tante lebt ...

    a. im Berner Oberland.   b. in Leipzig.   c. in Zürich.

2. Katrin hat es vor ...

    a. allein zu reisen.   b. ihre Ferien mit einer Freundin zu verbringen.

    c. mit ihrer Tante zu wandern.

3. Die Angestellte sagt Katrin, sie kann Geld sparen, wenn sie ...

    a. in Jugendherbergen übernachtet.   b. mit der Bahn reist.   c. nur Reiseschecks benutzt.

4. Der Kunde im Hintergrund ...

    a. spricht nur Französisch.   b. scheint in Eile zu sein.   c. will auch in die Schweiz.

5. Als Katrin auf dem Zettel liest, dass Su-Sin mitkommt, ...

    a. freut sie sich sehr.   b. will sie sofort mit ihr telefonieren.   c. ärgert sie sich.

ICH BEZAHLE DAS ABENDESSEN! (32:33)

Stefan und Katrin sind im Restaurant in Kreuzberg, einem Stadtteil Berlins, wo viele Türken leben. Stefan hat Katrin ein Halstuch (scarf) geschenkt und sie dankt ihm dafür. Sie sprechen über die Türken, die sie heute auf dem Markt gesehen haben.

Sie schauen sich die Speisekarte an und bestellen dann etwas zu essen und zu trinken. Während der Mahlzeit kommt das Gespräch auf die Rolle der Frau. Katrin sagt, sie finde es normal, wenn Frauen nicht nur Kinder haben, sondern auch berufstätig sind. So habe es ihre Mutter gemacht.

Dann erzählen sie einander über ihre Ferienpläne. Katrin wird heute bei Su-Sin übernachten, denn sie fahren morgen zusammen in die Schweiz. Sie rufen den Kellner um zu zahlen. Jeder möchte den anderen einladen (treat), aber endlich gibt Stefan nach (gives in) und lässt Katrin zahlen.

Wortschatz zum Video	
das **Getränk, -e**	*drink*
die **Nachspeise**	= der Nachtisch
die **Rechnung, -en**	*bill, check*
die **Speise, -n**	*food, dish (menu item)*
das **Tuch, ̈-er**	*scarf*
jemand anders	*someone else*
Prost! (*or*) **Prosit!**	*Cheers!*
Wie kommt das?	*How come? What's the reason for that?*

A. Was sehen Sie im Video? Sehen Sie sich den Anfang des Abschnitts an (32:42–33:20). Hier sehen Sie den Kreuzberger Türkenmarkt am Maibachufer in Berlin. Kreuzen Sie in der Liste unten an, was Sie im Video sehen. Wenn Sie einen Preis sehen, schreiben Sie ihn auf.

_____ **1.** Bananen   _____ **5.** Brötchen

_____ **2.** Würste   _____ **6.** Gurken (*cucumbers*), Preis: DM _____

_____ **3.** Äpfel   _____ **7.** Orangen

_____ **4.** Salat   _____ **8.** Käse

B. Wer macht das? Wer sagt das? Now watch the rest of Video Module 8 (33:21–36:46). Choose the letter of the person who does or says the following.

a. Stefan   b. Katrin   c. der Kellner

1. _____ „Das letzte Mal hatte ich hier Eisbein mit Sauerkraut."

2. _____ „Getränke vielleicht erstmal?"

3. _____ bestellt sich ein Knoblauchrippchen (*pork chop with garlic*) mit Salat und Zwiebelbrot.

4. _____ „Ich würd' den Apfelstrudel empfehlen."

5. _____ trinkt Apollinaris (Mineralwasser).

C. Wie geht's weiter? Wählen Sie die beste Möglichkeit um jeden Satz zu vervollständigen (*complete*).

1. Das Tuch, das Stefan Katrin geschenkt hat, ...

a. ist ihr zu groß.   b. gefällt ihr sehr.   c. hat eine schöne rote Farbe.

2. Heute will Katrin das Essen bezahlen, denn ...

a. Stefan hat kein Geld.   b. es geht ihr um die Gleichberechtigung.

c. das Essen war nicht sehr teuer.

3. Beide nehmen zum Nachtisch warmen Apfelstrudel, weil ...

a. es sonst nichts Gutes gibt.   b. sie immer noch Riesenhunger haben.

c. es ihnen der Kellner empfohlen hat.

4. Katrins Mutter hat den ganzen Tag gearbeitet, während Katrin ...

a. bei der Oma blieb.   b. im Kindergarten war.   c. in einer Fabrik arbeitete.

D. Im Gespräch. For each sentence in the left column, find the appropriate response in the right column.

_____ **1.** Heute Abend möchte ich dich zum Abendessen einladen.

a. Augenblick bitte, ich komme gleich.

b. Natürlich, viele sind sogar hier geboren.

_____ **2.** Was darf's denn sein?

c. Nee, heute bezahle *ich* das Abendessen.

_____ **3.** Viele Gastarbeiter bleiben in der Bundesrepublik, nicht wahr?

d. Nehmen Sie bitte fünfunddreißig.

_____ **4.** Herr Ober, zahlen bitte!

e. Wir möchten zweimal Espresso and zwei Stück Apfelstrudel bestellen.

_____ **5.** Das macht zusammen DM 33,85 bitte.

ANSWER KEYS

WORKBOOK ANSWER KEY

Kapitel 1

A. 1. Sie arbeitet viel. 2. Was machen Sie heute Abend? 3. Morgen geht ihr zu Julia. 4. Vielleicht spielt er draußen. 5. Du arbeitest nicht sehr viel. 6. Ihr fliegt nach New York. 7. Ich gehe auch. 8. Er kommt morgen zurück. 9. Was machen wir am Mittwoch? 10. Heute bist du in Eile.

B. 1. Bist; bin 2. seid; sind 3. ist; sind 4. Sind; bin; sind 5. ist; ist

C. 1. das Fenster 2. die Tür 3. die Wand 4. die Uhr 5. der Tisch 6. der Stuhl 7. das Buch 8. das Heft 9. der Kugelschreiber (*or*) der Kuli 10. der Bleistift

D. 1. Er 2. Sie 3. Es 4. sie 5. Sie 6. Sie 7. es

E. 1. Die Studentinnen fliegen nach Deutschland. 2. Die Kinder machen das oft. 3. Die Bücher sind nicht typisch. 4. Die Studenten arbeiten bis elf. 5. Die Lehrer wohnen in Wien. 6. Die Frauen sagen: „Guten Morgen." 7. Die Straßen sind schön. 8. Die Mütter sind wieder in Eile. 9. Die Herren fragen Frau Becker. 10. Die Büros sind in Hamburg.

F. 1. eine 2. ein 3. ein 4. Ein 5. ein

G. 1. Heute bin ich in Eile. 2. Endlich ist das Wetter wieder schön. 3. Um elf gehen wir zu Horst 4. Im April regnet es immer viel. 5. Am Freitag fliegt Marion nach Wien. 6. Vielleicht wohnt Herr Lehmann in Berlin. 7. Morgen arbeiten die Herren hier. 8. Natürlich sind die Studenten freundlich.

H. 1. Gehst du zu Karin? 2. Kommen Sie heute? 3. Arbeitest du viel? 4. Fliegen Sie um neun? 5. Seid ihr in Eile? 6. Machen Sie das heute? 7. Arbeitest du heute im Büro? 8. Fliegen Sie heute Abend?

I. 1. Wann arbeitest du? Heute Abend arbeite ich. 2. Geht Christa morgen zu Monika? Ja, sie geht morgen zu Monika. 3. Wer wohnt in Hamburg? Wir wohnen in Hamburg. 4. Habt ihr auch Kinder? Ja, wir haben auch Kinder. 5. Wann fliegen Sie nach Berlin? Am Mittwoch fliege ich nach Berlin.

J. *Possible dialogues:*
　　1. P: Hallo, Hans.
　　　　H: Tag, Peter.
　　　　P: Wie geht's?
　　　　H: Danke gut. Und dir?
　　　　P: Nicht schlecht.
　　　　H: Es tut mir Leid, aber ich bin sehr in Eile.
　　　　P: Also tschüss, bis morgen!
　　　　H: Ja, bis dann. Tschüss!
　　2. A: Guten Tag.
　　　　B: Grüß Gott.
　　　　A: Kommen Sie aus Österreich?
　　　　B: Nein, ich bin Touristin aus den USA. Und Sie?
　　　　A: Aus Hamburg, aber ich wohne im Moment in Wien.
　　　　B: Ach, ich fliege ja heute nach Hamburg.
　　　　A: Gute Reise!
　　　　B: Danke schön!

Kapitel 2

A. 1. die Straße 2. das Haus 3. die Zeitung 4. den Lehrer 5. den Mann 6. die Schülerin 7. die Artikel 8. die Amerikanerinnen 9. die Bücher 10. die Zimmer

B. 1. einen Stuhl 2. ein Buch 3. eine Uhr 4. eine Landkarte 5. einen Kugelschreiber 6. ein Poster

C. 1. Hast du den Artikel? 2. Kennst du die Professorin (*or*) Straße? 3. Suchst du die Straße (*or*) Professorin? 4. Suchst du den Amerikaner (*or*) Artikel? 5. Brauchst du das Buch?

D. 1. Er meint uns. 2. Ich grüße euch! 3. Ich kenne Sie. 4. Er fragt mich. 5. Ich suche dich.

E. 1. Ja, wir sprechen über euch. 2. Ja, ich grüße Sie. 3. Ja, Sie sehen mich heute Abend. 4. Ja, sie fragt uns morgen.

F. 1. Wie heißt du? 2. Weißt du das? 3. Wann isst du heute? 4. Sprechen Sie mit Frau Schwarz? 5. Was siehst du in Berlin? 6. Kennen Sie München? 7. Wisst ihr das noch? 8. Nimmst du das Zimmer? 9. Was lest ihr? 10. Liest du immer die Zeitung?

G. 1. Kennt; kennen 2. kennen; Wisst; Weißt 3. Weißt; Kennt; kenne

H. 1. deine 2. unsere 3. Ihr 4. sein 5. eure 6. seine 7. Unser 8. deinen 9. euer 10. Ihren

I. 1. Herr Müller fragt auch seine Familie. 2. Sehen wir unsere Freunde in Wien? 3. Liest Maria ihr Buch? 4. Sucht ihr eure

Klasse? 5. Wann machen Sie Ihre Arbeit? 6. Jan und Katrin kennen ihre Lehrer sehr gut. 7. Meine Freunde sprechen oft über ihren Bruder (or) meinen Bruder. 8. Im Moment lese ich meine Zeitung.

J. 1. Was brauchst du nächstes Semester? 2. Wo studiert deine Freundin? 3. Wen kennst du? 4. Wen fragt Katrin (or) sie? 5. Wer wohnt auch da? 6. Wessen Mutter arbeitet in Frankfurt? 7. Wessen Artikel ist das? 8. Wie viele Studenten sprechen Spanisch?

K. 1. essen 2. ziemlich 3. dort 4. schlecht 5. Sohn 6. um eins

L. 1. zwanzig 2. fünfzehn 3. neun 4. sechzehn 5. achtzehn 6. vierzehn 7. zwölf 8. dreizehn

M. 1. Nein, ich sehe sie ziemlich selten. 2. Nein, sie ist sehr klein. 3. Nein, unsere Diskussionen sind immer unwichtig. 4. Nein, sie ist dort. (or) Nein, sie ist da drüben. 5. Nein, ich finde ihn zu jung. 6. Nein, ich wohne allein. 7. Nein, ich finde sie schön. 8. Nein, wir sehen niemand da drüben.

N. F: Guten Tag.
L: Guten Tag. Ich suche ein Zimmer.
F: Studieren Sie hier in Heidelberg?
L: Nein, ich wohne im Moment noch in Stuttgart. Aber ich studiere nächstes Semester hier.
F: In der Hauptstraße ist ein Zimmer frei.
L: Ist das Zimmer groß?
F: Nein, es ist klein, aber schön. Die Leute sind auch freundlich.
L: Sehr gut, ich nehme es, vielen Dank.
F: Bitte sehr. Nichts zu danken. Auf Wiedersehen.

O. *Answers will vary.*

Kapitel 3

A. 1. will 2. Möchtest 3. Könnt 4. darf 5. Willst 6. muss 7. möchtet 8. kann 9. Dürfen 10. sollt

B. 1. Ihr könnt Deutsch lernen, aber ihr müsst viel sprechen. 2. Darfst du bis elf bleiben? 3. Mein Freund will noch ein Zimmer suchen. 4. Er möchte das machen, aber er darf es nicht. 5. Soll man immer eine Uhr tragen?

C. *Answers will vary. Possible answers are:*
1. Ich soll heute (das Essen) kochen.
2. Ich muss nach Frankfurt fahren.

3. ... , aber wir müssen unsere Eltern besuchen. 4. Nein, ich will zu Hause arbeiten. 5. Nein, ich möchte viel schaffen. 6. Ja, er will heute kommen.

D. 1. isst; schläft 2. arbeitet; fährt 3. Fährst; findest 4. bleibe; tue 5. tragen; Tragt 6. Hältst; weiß 7. sieht; kocht 8. schreibe; Liest 9. gibt; findet 10. Schaffst; brauchst

E. 1. Nein, die Telefonnummer weiß sie nicht. 2. Nein, er arbeitet heute nicht. 3. Nein, meine Schwestern kennt er nicht. 4. Nein, er liest nicht nur Zeitungen. 5. Nein, heute spricht er nicht zu laut. 6. Nein, sie fliegen nicht nach Berlin. 7. Nein, er studiert nicht in Leipzig. 8. Nein, du sollst ihn nicht fragen. 9. Nein, das kann ich nicht tun. 10. Nein, sie sind nicht interessant. 11. Nein, eigentlich ist das nicht unser Geld. 12. Nein, das sind nicht meine Hefte.

F. 1. Nein, ich habe keinen Bruder. 2. Nein, ich verdiene kein Geld. 3. Nein, wir brauchen kein Auto. 4. Nein, Schmidts haben keine Kinder. 5. Nein, meine Freundin sucht kein Zimmer. 6. Nein, sie kann kein Deutsch. 7. Nein, ich will keine Pause machen.

G. 1. Nein, ich bin nicht fit. 2. Nein, ich habe kein Geld. 3. Nein, ich koche heute nicht. 4. Nein, ich wohne nicht in Freiburg. 5. Nein, ich bin nicht der Lehrer/die Lehrerin. 6. Nein, ich brauche kein Auto.

H. 1. Doch, ich muss sie machen! 2. Doch, du hast immer genug Zeit! 3. Doch, es gibt hier Zeitungen auf Deutsch! 4. Doch, sie können Deutsch! 5. Doch, ich will im Sommer nach Europa!

I. 1. neunzehnhundertneunundachtzig 2. achtzehnhundertachtundvierzig 3. zweitausend 4. zweitausendfünf 5. fünfundzwanzig 6. einundachtzig 7. sechundsechzig 8. dreihundertdreiunddreißig 9. eintausendsechzig 10. eintausendfünfhundert [oder] fünfzehnhundert

J. 1. die Wanduhr/-en *wall clock* 2. die Hausaufgabe/-n *homework assignment* 3. das Kinderbuch/¨-er *children's book* 4. die Hausfrau/-en *housewife* 5. die Bergstraße/-n *mountain road*

6. die Muttersprache/-n *native language*

7. das Tagebuch/¨-er *diary*

8. das Umweltproblem/-e *environmental problem*

K. A: Entschuldigung, Herr Hartmann.
L: Hallo, Andrea.
A: Darf ich Sie etwas fragen?
L: Ja, was möchtest du wissen?
A: Darf ich die Hausaufgaben für Freitag machen?
L: Du sollst sie für morgen machen, nicht wahr?
A: Ja, aber ich muss heute Abend arbeiten.
L: Musst du Geld verdienen?
A: Ja, ich möchte eine Reise nach Amerika machen.
L: Dann musst du Geld verdienen *und* Englisch lernen.

L. 1. tragen 2. lernen 3. machen 4. besprechen 5. besuchen 6. entscheiden/besuchen/machen/lernen/besprechen/tragen

M. 1. Farben 2. Kleidung (*oder*) Kleider
3. Familie 4. Sprachen (*oder*) Fremdsprachen

Kapitel 4

A. 1. ohne unsere Hausaufgaben 2. durch die Berge 3. gegen dich 4. für das Kind
5. bis morgen 6. um den See 7. für euch
8. um zehn 9. ohne sie

B. *Some answers may vary.*
1. für 2. dich (*oder*) ihn 3. um 4. bis (*oder*) für 5. um (*oder*) gegen (*oder*) bis
6. das 7. gegen 8. ohne 9. dich

C. *Part 1:* 1. dieses Jahr, dieses Semester
2. jede Minute, jede Stunde, jede Woche
3. einen Tag, einen Abend, einen Morgen
4. ein Jahr, ein Semester 5. um ein Uhr, um zwei Uhr 6. drei Tage, drei Stunden, drei Semester, drei Jahre, drei Wochen, drei Minuten
Part 2: 1. Es beginnt um ein (*oder*) zwei Uhr.
2. Wir wollen einen Tag/Abend/Morgen in München bleiben. 3. Ich lerne dieses Jahr (*oder*) Semester endlich richtig Deutsch.
4. Wir können sie drei Tage/Stunden/Wochen/Semester/Jahre (*oder*) einen Tag/ein Semester/ein Jahr besuchen 5. Sie kommt jede Woche.

D. 1. Fahr mal zu Schmidts, Stephan. 2. Gehen wir doch nach Hause. 3. Bitte, seid doch freundlich, Klaus und Rolf. 4. Sprich bitte nicht so schnell, Inge. 5. Arbeite doch nicht allein, Martin. 6. Bleiben Sie doch noch eine Stunde, Frau Beck.
7. Lesen wir mal den Zeitungsartikel von heute. 8. Iss doch wenigstens ein Brötchen, Anita. 9. Seien Sie doch nicht so pessimistisch, Herr Keller. 10. Sei doch ehrlich, Gabi.

E. 1. Doch, ich kann noch Englisch. 2. Nein, ich trinke kein Bier mehr. 3. Nein, ich wohne nicht mehr allein. 4. Nein, ich habe noch keine Kinder. 5. Nein, sie studiert noch nicht in München. 6. Doch, sie leben noch.

F. 1. Sicher können wir heute entscheiden.
2. Selbstverständlich bekommen wir hier noch ein Zimmer. 3. Ja, leider muss ich heute Abend zu Hause bleiben. 4. Hoffentlich regnet es morgen. 5. Ja, Gott sei Dank sprechen sie langsam. 6. Natürlich haben wir Angst.

G. *Some answers will vary.*
W: Wohin wollen Sie *dieses Jahr in Urlaub* fahren? Fahren sie wieder nach *Österreich*?
B: Ja, hoffentlich *können* wir *wieder* nach Salzburg.
W: Was *wollen* Sie dort machen? *Hören* Sie *gern* Musik?
B: *Eigentlich* wandern wir *lieber*. Meine Frau und *ich mögen* die Landschaft dort.
W: *Braucht* man einen Wagen?
B: Nein, auch *ohne* Auto kann *man* genug sehen. *Dort* gehen alle *zu Fuß*.
W: *Wann* wollen Sie fahren?
B: Wahrscheinlich im *Herbst*. Da *bekommen* wir *überall* ein Hotelzimmer. Nur *wird* es im Herbst schnell *dunkel*.
W: Fahren *Sie doch* im Mai! Da wird es *schon* warm und es *bleibt* lange hell.

H. Wetter	Kleidung
die Luft	das Hemd
regnen	die Turnschuhe
sonnig	der Rock
kühl	tragen
es schneit	die Brille
	der Mantel

Schule und Universität	Landschaft
	der Wald
die Fremdsprache	das Tal
das Seminar	der Hügel
nächstes Semester	der Baum

die Deutschstunde   das Meer
der Schüler   der Fluss
Hausaufgaben machen   der Berg

I. *Answers will vary.*

Zusammenfassung und Wiederholung 1

Test Your Progress

A.
1. scheint *to shine; to seem*
2. spielen *to play*
3. geht *to go*
4. bedeutet *to mean*
5. meine *to be of the opinion; to think; to mean*
6. läuft *to run; to walk*
7. stimmt *to be correct*
8. schläfst *to sleep*
9. fahren *to drive, go (by vehicle)*
10. besucht *to visit*
11. will *to want to*
12. darf *to be permitted to, may*
13. wirst *to become*
14. schneit *to snow*
15. bekommen *to get, receive*
16. liest *to read*
17. tragt *to carry; to wear*
18. kann *to be able, can*
19. warte *to wait*
20. soll *to be supposed to, should*

B.
1. Barbara möchte schon nach Berlin.
2. Die Studenten wollen noch ein bisschen bleiben. 3. Was trägst du am Freitag?
4. Nimmt Karin ein Brötchen? 5. Liest du die Zeitung? 6. Schläft er bis neun?
7. Weiß Gisela, wie er heißt? 8. Wartet er bis zehn? 9. Isst Oliver Pommes frites?
10. Horst läuft durch den Wald.

C.
1. die / Schulen
2. das / Hemden
3. die / Mütter
4. der / Schuhe
5. die / Sprachen
6. der / Freunde
7. die / Freundinnen
8. der / Brüder
9. die / Schwestern
10. das / Klischees
11. der / Söhne
12. die / Töchter
13. das / Häuser
14. die / Zeitungen
15. der / Berufe
16. das / Länder
17. der / Stühle
18. die / Frauen
19. der / Lehrer
20. die / Lehrerinnen

D. 1. Nein, ich bin noch nicht müde. 2. Nein, wir wohnen nicht mehr zu Hause. 3. Nein, sie ist keine Studentin mehr. (*oder*) ... nicht mehr Studentin. 4. Nein, ich kenne deine Schwester noch nicht.
5. Nein, wir haben noch keine Kinder.
6. Nein, ich besitze kein Auto mehr.
7. Nein, Sie müssen nicht mehr hier bleiben. (*oder*) Nein, du musst nicht mehr hier bleiben. 8. Nein, ich habe keine Angst mehr. (*oder*) Nein, wir haben keine Angst mehr.

E. 1. Meine; keine 2. den (*oder*) einen; kein 3. Ihren 4. meinen 5. unser 6. meine 7. Die 8. Ihre 9. Mein; meine 10. Das; den

F. 1. ihr 2. sie 3. ihr 4. seine 5. ihr 6. Ihren 7. euch 8. Ihre 9. Ihr 10. sie

G. 1. Ich mag dich (Sie) sehr. 2. Möchten Sie (Möchtest du, Möchtet ihr) schwimmen gehen? 3. Mögen Sie (Magst du, Mögt ihr) meine Freunde nicht? 4. Ich wandere gern. 5. Ich möchte allein sein. 6. Ich mag das Klima nicht. 7. Ich bin gern allein.

Kapitel 5

A. 1. dem Kind; Vielleicht kaufe ich ihm heute eine Brezel. 2. seinen Eltern; Selbstverständlich zeigt er ihnen das Motorrad. 3. meinem Mann; Bitte beschreiben Sie ihm das Haus. 4. den Schülern; Natürlich schreibe ich ihnen eine Postkarte. 5. meiner Frau; Manchmal mache ich ihr das Frühstück.

B. 1. ihrer 2. mir 3. meine 4. ihnen 5. Wen 6. Ihnen 7. Wem 8. ihn

C. 1. uns; sie; ihr; ihrem; deine; ihr; euch 2. Ihnen; Ihren; Sie; Ihnen; Sie; ihnen; Ihr

D. 1. Sie kauft ihr eine Uhr. 2. Sie kauft ihm einen Roman. 3. Sie schenken ihr ein Wörterbuch. 4. Er schenkt seinem Bruder einen Fußball. 5. Sie schenkt ihrer Freundin eine Bluse. 6. Sie schenken ihnen eine Urlaubsreise. 7. Stefan kauft seiner Freundin einen Kugelschreiber. 8. Sabine schenkt ihren Eltern Theaterkarten.
Your own statements will vary.

E. 1. nach; mit; außer; nach 2. aus; von; zu; bei; seit; nach

F. 1. Ja, ich muss jetzt anfangen. 2. Ja, wir wollen den Laden (ihn) bald aufmachen. 3. Ja, ich kann Sie morgen anrufen. 4. Ja, ich möchte die Chefin (sie) bald kennen lernen. 5. Ja, wir wollen heute Abend zurückkommen. 6. Ja, ich darf schon aufhören. 7. Ja, ich möchte auch mitkommen.

G. 1. – Um wie viel Uhr rufst du uns morgen an?
– Mein Bus kommt um zehn Uhr an, dann kann ich euch anrufen.
– Gut! Nach dem Mittagessen besuchen wir zusammen Tante Hildegard.

2. – Steh doch jetzt auf und komm mit!
– Warum? Wann fängt unsere Deutschstunde an?
– Um zehn. Wir besprechen unsere Reise.

3. – Wann machst du morgens den Laden auf?
– Ich stehe früh auf und mache ihn um sechs auf.
– Gott sei Dank kann ich dann um drei Uhr aufhören.
– Ich darf das Büro erst gegen vier verlassen.

H. 1. spät 2. im Norden 3. macht ... auf
4. hört ... auf 5. neu 6. nichts
7. klein 8. wenig 9. alt 10. leicht (*oder*) einfach 11. fleißig 12. voll
13. dumm (*oder*) blöd

I. *Answers will vary. One possible solution is provided.*

Um acht Uhr steht Jürgen auf. Um neun Uhr geht er Lebensmittel einkaufen. Um zwölf Uhr isst er in der Mensa und dann um eins kauft er in der Buchhandlung einen Roman. Um zwei fährt er nach Hause und von drei bis sechs Uhr schreibt er Postkarten und liest. Um vier Uhr ruft er seine Freunde an und um sechs kommen sie dann vorbei. Sie kochen zusammen und gehen dann in der Stadt spazieren. Um zehn Uhr trinken sie bei Christa einen Wein. Um elf ist Jürgen schon müde und geht schlafen.

Kapitel 6

A. C: wart; war
H: waren; Warst
C: war; waren
H: war

B.

studieren	hat studiert	*to attend a university*
besuchen	hat besucht	*to visit*
frühstücken	hat gefrühstückt	*to eat breakfast*
verdienen	hat verdient	*to earn*
glauben	hat geglaubt	*to believe*
aufmachen	hat aufgemacht	*to open*
wandern	ist gewandert	*to hike*
legen	hat gelegt	*to lay*
zumachen	hat zugemacht	*to close*
meinen	hat gemeint	*to think, be of the opinion; to mean*
hassen	hat gehasst	*to hate*
abholen	hat abgeholt	*to pick up*
regnen	hat geregnet	*to rain*
arbeiten	hat gearbeitet	*to work*
kaufen	hat gekauft	*to buy*
warten	hat gewartet	*to wait*
hören	hat gehört	*to hear*
kosten	hat gekostet	*to cost*
aufhören	hat aufgehört	*to stop*
berichten	hat berichtet	*to report*

C. 1. habe ... eingekauft 2. habe ... begonnen
3. habe ... angerufen 4. bin ... geschwommen 5. habe ... gelesen 6. habe ... geschrieben 7. habe ... gesprochen
8. habe ... vergessen

D. 1. haben ... gekauft 2. ist ... gelaufen
3. hat ... geheißen 4. hat ... gekostet
5. Hast ... geschrieben 6. haben ... besessen 7. Sind ... geblieben 8. Habt ... angefangen 9. bin ... angekommen
10. hat ... beschrieben

E. 1. seid 2. bin; ist 3. hast 4. habe; sind
5. Hast 6. habe; bin; ist

F. 1. Hat ... gewusst 2. hat ... gebracht
3. hat ... gekannt 4. habe ... mitgebracht
5. habe ... gewusst

G. 1. Sie warten im Auto. 2. Sie fahren jeden Morgen zur Uni. 3. Man kann hinter der Mensa parken. 4. Sie läuft ins Haus.
5. Er steht am Fenster. 6. Sie hat am Schreibtisch gearbeitet. 7. Sie sucht sie unter dem Schreibtisch. 8. Sie liegen auf dem Stuhl. 9. Sie hat sie auf den Schreibtisch gelegt.

H. 1. in die Stadt 2. auf den Tisch 3. in den Bergen 4. an der Universität Tübingen
5. ans Meer 6. ans Fenster 7. Neben der Mensa 8. hinter dir 9. neben uns 10. in der Stadt 11. am Schreibtisch 12. ins Büro
13. in der Bibliothek 14. vor der Tür
15. auf dieser Postkarte

I. 1. Wohin gehst du jetzt? 2. Wo haben sie gewartet? 3. Wohin ist Herr Ziegler geflogen? 4. Wo spielen Ihre Kinder (oft)?
5. Woher kommen die Touristen? 6. Wohin kann ich meinen Mantel legen?

J. 1. nach Berlin 2. in die Bibliothek 3. ins (*oder*) zum Geschäft; in den (*oder*) zum Laden 4. an der Universität Freiburg 5. auf den Schreibtisch 6. ans Meer 7. in einer Bäckerei 8. in der Stadt 9. am Fenster 10. im Hotel

K. 1. den Herrn 2. Diesen Studenten 3. dem Touristen 4. dem Kunden 5. diesen Menschen 6. dem Bauern

L. 1. Fragen wir die Herren da drüben; 2. Diese Studenten sehe ich jeden Tag in der Vorlesung. 3. Können Sie bitte den Touristen die Straße zeigen? 4. Ich habe den Kunden diesen Stuhl verkauft. 5. Ich kenne diese Menschen, glaube ich. 6. Wir kaufen immer gern bei den Bauern ein.

M. *Answers will vary.*

Kapitel 7

A. 1. dieses 2. Welche 3. jedes 4. ein 5. Ihre 6. Dieser 7. Diese; ihr 8. mein 9. Welche

B. 1. Mein Onkel spricht nicht Deutsch, sondern Französisch. 2. Machst du die Reise allein oder fährst du mit Freunden? 3. Meine Schwester studiert in Saarbrücken und sucht noch ein Zimmer. 4. Sie besucht gern ihre Familie in Bern, aber hat wenig Zeit. 5. Ich fahre sofort zum Bahnhof, denn meine Tante soll bald ankommen. 6. Sie fahren nicht mit dem Zug, sondern mit dem Wagen.

C. 1. Nein, wir fahren nicht nach Italien, sondern nach Griechenland. 2. Wir wohnen nicht im Hotel, sondern bei Freunden. 3. Wir wollen nicht morgen, sondern am Samstag abfahren. 4. Nein, wir fahren nicht mit dem Auto, sondern mit dem Zug. 5. O nein, wir bringen nicht viel Gepäck mit, sondern nur einen Koffer. 6. Wir brauchen keinen Stadtplan, sondern einen Reiseführer.

D. 1. Ja, er gehört ihm. 2. Ja, sie gehören uns. 3. Ja, es gehört dir (*oder*) Ihnen. 4. Ja, sie gehört mir. 5. Ja, sie gehören uns. 6. Ja, er gehört ihr. 7. Ja, sie gehören mir. 8. Ja, er gehört ihm. 9. Ja, er gehört mir.

E. 1. Nein, er gefällt mir nicht. 2. Nein, sie hilft mir nicht. 3. Nein, ich habe ihm noch nicht gedankt. 4. Nein, es gehört ihr nicht. 5. Nein, ich will ihm nicht antworten. 6. Nein, ich glaube ihm nicht mehr.

7. Nein, es ist mir nicht zu kalt. 8. Nein, sie macht mir keinen Spaß mehr.

F. 1. ... ist uns zu langweilig. 2. ... es geht ihm (jetzt) gut. 3. ... es ist mir zu teuer. 4. ... es ist ihnen (dort) zu heiß. 5. ... ist uns zu kalt. 6. Es tut mir Leid ...

G. 1. liegen 2. sitzen 3. stellen 4. setzt 5. hängen 6. Steht 7. Legen

H. *Answers will vary.*

I. 1. Wir haben nach Italien reisen wollen. 2. Ich habe wenig Italienisch verstehen können. 3. Unsere italienischen Freunde haben Gott sei Dank mitfahren können. 4. Ich habe den Stadtplan von Rom nicht finden können. 5. Wir haben einen Mann auf der Straße fragen müssen, wo das Hotel ist.

J. 1. Das Konzert beginnt um zwanzig Uhr. 2. Es ist zwanzig nach sieben. (*oder*) Es ist sieben Uhr zwanzig. 3. Nein, es ist erst ein Uhr. (*oder*) Es ist erst eins. 4. Mein Zug fährt um vierzehn Uhr zwanzig. 5. Er kommt um zweiundzwanzig Uhr dreißig an.

K. *Answers will vary.*

Kapitel 8

A. 1. ob 2. wenn 3. dass 4. Wenn 5. dass 6. ob 7. Da 8. dass

B. 1. Da wir 200 Gramm Leberwurst und fünf Kilo Kartoffeln für Samstagabend brauchen, müssen wir heute einkaufen gehen. 2. Sollen wir ein Glas Bier trinken oder hast du schon Kaffee bestellt? 3. Ich habe eigentlich keinen Hunger, weil ich gerade gegessen habe. 4. Haben Sie den Kellner schon gefragt, ob wir zahlen können? 5. Wartet bitte vor der Mensa, wenn ihr mitkommen wollt.

C. 1. ... , ob sie schon am Freitagabend kommen. 2. ... , dass sie die Straßenbahn nehmen können. 3. ... , dass sie am Samstag mit uns ins Konzert kommen. 4. ... , ob sie auch meine Großmutter mitbringen. 5. ... , warum sie nicht mit dem Wagen fahren.

D. 1. ... , ob der Zug schon abgefahren ist? 2. ... , dass wir noch nicht bestellt haben. 3. ... , wie viel Geld wir für unsere Reise gebraucht haben. 4. ... , wo wir ausgestiegen sind. 5. ... , wo Erika gestern gewesen ist. 6. ... , ob Ihnen das Essen geschmeckt hat.

E. 1. zu finden 2. anzurufen 3. um mit dem Professor zu sprechen 4. um die Altstadt zu besuchen 5. ohne zu zahlen 6. zu schreiben 7. um den Laden aufzumachen 8. spazieren zu gehen

F. 1. ... meine Hausaufgaben zu machen 2. ... seinen Eltern einen Brief zu schreiben 3. ... über die Familie in Amerika zu sprechen 4. ... euch bald wieder zu sehen 5. ... meinen Studentenausweis mitzubringen 6. ... die Stühle auf die Tische zu stellen

G. 1. der Freund meines Bruders 2. die Namen seiner Schwestern 3. Karins Studentenausweis 4. eine Freundin von dir 5. ein Freund meines Bruders 6. am Ende des Jahres 7. die Schwester meiner Mutter

H. 1. der Ferien 2. eines Koffers 3. des Wetters 4. eines Hotels 5. des Schnees 6. meiner Arbeit 7. des Semesters

I. 1. ins Museum 2. in die Altstadt 3. zum Bahnhof 4. ins Restaurant 5. zur Jugendherberge 6. in die Mensa

J. 1. Sie sind um halb acht aufgestanden. 2. Sie sind mit der Bahn in die Stadt gefahren. 3. Um halb elf sind sie ins Museum gegangen. 4. Sie haben eine Stunde für das Mittagessen gehabt. 5. Nach dem Mittagessen haben sie einen Stadtbummel gemacht. 6. Am Nachmittag haben sie Tante Maria besucht. 7. Das Konzert hat um zwanzig Uhr angefangen.

K. 1. in die Berge; in die Schweiz; nach Dresden, an den Bodensee; nach Frankreich; zu den Großeltern; ins Ausland 2. zum (oder) ins Labor; zum (oder) in den Laden; zur (oder) in die Mensa; ins Büro; zur (oder) in die Bibliothek; zum Bäcker 3. ins Kino; in die Kneipe; zu Freunden; ins Konzert; in die (oder) zur Buchhandlung; in die Stadt

L. Bild 1
1. Guten Tag. Was darf's sein, bitte? 2. Zwei Tassen Kaffee, bitte, und ein Stück Kuchen.
3. Mit Sahne?
Bild 2
4. Ja, bitte.
5. Wie schmeckt es dir? 6. Sehr gut. Möchtest du ein bisschen probieren?
Bild 3
7. Gerne, es sieht gut aus.
8. Wir möchten zahlen, bitte.
9. Bitte schön. Das macht zusammen € 6,70.

Zusammenfassung und Wiederholung 2

Test Your Progress

A: 1. seit; an 2. über 3. im 4. mit; zur 5. Nach (oder) Vor; in; nach 6. Auf (oder) Unter (oder) Neben (oder) Hinter; bei; außer

B: 1. Wohin fliegt er? (oder) Wo fliegt er hin? 2. Woher kommt sie? (oder) Wo kommt sie her? 3. Stimmt das nicht? 4. Hast du keine Zeit für mich? 5. Wer hat das immer gesagt? 6. Wem gehört die Landkarte? (oder) Was gehört deinem Freund? 7. Wann sollen wir das machen? 8. Wo sind die Kinder heute? (oder) Bei wem sind die Kinder heute?

C: 1. ins 2. zu 3. in 4. nach; nach 5. zum; nach

D: 1. den Kindern ein Märchen; es ihnen 2. meinem Freund den Artikel; ihn mir

E: 1. Karin ist heute zu Hause geblieben. 2. Meine Freunde haben nicht in Hamburg gewohnt. 3. Um wie viel Uhr bist du denn aufgestanden? 4. Ich habe meiner Familie einen Brief geschrieben. 5. Ich habe eine Stunde bleiben müssen. 6. Die Schüler sind oft müde gewesen. 7. Ich habe leider keine Zeit gehabt. 8. Sie ist Lehrerin geworden.

F: 1. Kommst du mit oder bleibst du hier? 2. Ich habe heute keine Zeit, weil ich zu viel zu tun habe. 3. Hamburg liegt nicht im Süden Deutschlands, sondern (es liegt) im Norden. 4. Ich weiß nicht, ob er hier ist. 5. Da wir wenig Geld haben, müssen wir sparen. 6. Wenn du mir helfen kannst, bin ich bald fertig. 7. Jan hat nicht studiert, aber er weiß viel über Geschichte. 8. Hast du gehört, dass Tante Karoline uns morgen besucht? 9. Obwohl sie nie in Europa gewesen ist, spricht sie gut Deutsch.

G: 1. den Wagen (das Auto) meines Freundes 2. Ende der Woche 3. Karls Bruder 4. Das Haus meines Lehrers (meiner Lehrerin) 5. die Sprache dieser Menschen (dieser Leute) 6. trotz der Arbeit 7. Wegen meiner Arbeit 8. das Leben eines Studenten (einer Studentin)

H. 1. Wie spät ist es, bitte? (Wie viel Uhr ist es bitte?) 2. Es ist fast halb acht. 3. Wann soll der Zug ankommen? 4. Er kommt um zwanzig Uhr neunundfünfzig an. 5. Was machst du (machen Sie) um Viertel vor acht?

I. 1. liege; im 2. auf (*oder*) neben (*oder*) unter
(etc.); legen 3. ins; stellen 4. am; stehen
5. am; sitzen

J. 1. Wir haben keine Lust Onkel Georg zu
besuchen. 2. Um etwas über Kunst zu
lernen, sind sie ins Museum gegangen
3. Es war sehr nett von ihr mir eine Karte
aus Köln zu schicken. 4. Gehst du schon,
ohne Julia auf Wiedersehen zu sagen?

Kapitel 9

A. 1. Dieser kleine Fernseher. 2. Dieses
weiße Fahrrad. 3. Diese deutsche Kamera.
4. Diesen teuren Mantel. 5. Dieses dunkle
Hemd. 6. Diese schwarze Tasche. 7. Diese
alten deutschen Filme. 8. Diese tollen
modernen Romane. 9. Diese griechischen
Zeitungen.

B. 1. ein kaltes Bier 2. ein gutes Schnitzel
3. ein wichtiger Tag 4. eine interessante
alte Stadt 5. einen warmen Mantel.
6. Unsere neue Wohnung; in einem
schönen Gebäude 7. Ein deutscher
Wagen 8. Auf einer großen Landkarte;
unser kleines Dorf

C. 1. brauner; blaue 2. neues; alte
3. graue; bunte 4. gelben; weißen

D. 1. Dieser große Container 2. unseren
alten Flaschen 3. Welche alten Kleider
4. die alten warmen Mäntel und Jacken
5. Jeder große Supermarkt; diese umweltfreundlichen Flaschen

E. **Nominative:**
guter Kaffee; kaltes Wasser; frische Milch;
umweltfreundliche Autos
Accusative:
guten Kaffee; kaltes Wasser; frische Milch;
umweltfreundliche Autos
Dative:
gutem Kaffee; kaltem Wasser; frischer Milch
umweltfreundlichen Autos

1. Guter Kaffee 2. frische Milch 3. in
kaltem Wasser 4. Ohne guten Kaffee
5. umweltfreundliche Autos

F. *Answers will vary.*

G. *Adjectives used will vary. Correct endings:*
Meinen _____en Urlaub; in einem _____en
Wochenendhaus; die _____e Landschaft; die
_____en Gebäude; das _____e Dorf; einer
_____en Stadt; einem _____en _____en
See; meinen _____en Freunden; der

_____en _____en Abende; Das _____e
Mädchen; jedem _____en Menschen

H. schöne; fantastischen; blauen; grünen;
kleinen; langen; weißen; herrliche; milde;
gesunde; sympathischen; sicheren; kleinen;
wunderbares

I. 1. Wir fahren morgen mit den Kindern aufs
Land. 2. Bernd wohnt seit März bei Freun-
den in einer Wohngemeinschaft. 3. Ich fliege
am Montag mit meinen Eltern nach Basel.
4. Herr Becker will im Februar hier im Dorf ein
Geschäft aufmachen. 5. Die vielen alten
Zeitungen kann ich heute mit dem Wagen zum
Recycling bringen.

J. 1. erstes 2. achten 3. sechsundzwanzig-
sten 4. einunddreißigsten 5. dritten
6. erster

K. 1. Im Jahre achtzehnhundertfünfundachtzig.
2. Im Jahre vierzehnhundertdreiundachtzig,
3. Seit dem Jahr(e) zweitausendzwei.
4. Im Jahre neunzehnhundertachtundneunzig.
5. Im Jahre neunzehnhundert

L. 1. das Gefühl, -e; das Geschenk, -e; der
Preis, -e; der Tag, -e 2. die Kartoffel, -n; die
Stunde, -n; der Junge, -n; der Name, -n
3. die Antwort, -en 4. der Wagen, -; der
Kellner, -; das Gebäude, -; das Mädchen, -
5. das Büro, -s; das Foto, -s 6. die Mutter,
¨er 7. das Dorf, ¨er; das Glas, ¨er; das
Rathaus, ¨er 8. der Eindruck, ¨e; der Baum,
¨e; die Stadt, ¨e 9. das Bild, -er 10. die
Chefin, -nen

M. 1. ... dir den Film ... 2. ... es ihr ...
3. ... ihn uns ... 4. ... ihr zusammen ...
5. ... ihn uns ...

N. 1. Wie spät ist es? (*oder*) Wie viel Uhr ist es?
2. Wann arbeiten Sie (*oder* arbeitest du)
gern? 3. Wo ist Herr Ziegler?
4. Wem hat der Film nicht gefallen?
5. Wen fragen Sie? 6. Bei wem gibt es heute
Abend ein große Party? 7. Wann fliegt ihr
(fliegen Sie)? 8. Der Wievielte ist heute?
9. Wie viel (Kartoffeln) brauchen Sie?
10. Wessen Kinder sind das?

Kapitel 10

A. **Weak verbs**

passieren	passiert	passierte
lernen	lernt	lernte
zeigen	zeigt	zeigte
dauern	dauert	dauerte

zerstören	zerstört	zerstörte
danken	dankt	dankte
lösen	löst	löste
arbeiten	arbeitet	arbeitete
verschwenden	verschwendet	verschwendete

Strong verbs

treffen	trifft	traf
schreiben	schreibt	schrieb
fliegen	fliegt	flog
halten	hält	hielt
anfangen	fängt an	fing an
werfen	wirft	warf
gehen	geht	ging
kommen	kommt	kam
schwimmen	schwimmt	schwamm
sprechen	spricht	sprach
schlafen	schläft	schlief
finden	findet	fand
empfehlen	empfiehlt	empfahl

B. besuchten; fing ... an; dauerte; schlief ... ein; wachte ... auf; saßen; sah; gingen; tranken; fragte; war; suchte; ging; hatte

C. Ich kann fragen. Ich konnte fragen. Ich habe fragen können.

Sie will bestellen. Sie wollte bestellen. Sie hat bestellen wollen.

Sie muss zahlen. Sie musste zahlen. Sie hat zahlen müssen.

Er darf es mitnehmen. Er durfte es mitnehmen. Er hat es mitnehmen dürfen.

Weiß sie es? Wusste sie es? Hat sie es gewusst?

Sie bringt etwas. Sie brachte etwas. Sie hat etwas gebracht.

Kennst du sie? Kanntest du sie? Hast du sie gekannt?

D. 1. trafen 2. regnete 3. musste 4. konnten 5. brachte ... mit; wollte 6. wollten; kannten 7. wussten; sollten 8. wurden 9. fuhren; aßen; waren

E. J: Wo warst du heute Morgen? Ich habe dich gar nicht gehört.
N: Ich musste schon um sieben Uhr bei der Arbeit sein. Ich hatte sehr viel zu tun. Hat jemand für mich angerufen?
J: Ja, Inge wollte mit dir sprechen. Sie konnte gestern nicht kommen, denn jemand hatte ihr den Geldbeutel geklaut.

F. 1. Ich weiß nicht, wann du geboren bist. 2. Wir trafen unsere Freunde aus Freiburg, als wir damals in Berlin waren. 3. Ich fahre morgen Rad, wenn du mir dein Fahrrad

leihst. 4. Es gab nicht so viel Luftverschmutzung, als unsere Großeltern jung waren. 5. Ich verstehe sie schlecht, wenn sie am Telefon spricht. 6. Ich habe keine Ahnung, wann sie uns treffen wollen.

G. 1. ... hatte der Regen schon angefangen. 2. Nachdem wir einen Stadtbummel gemacht hatten ... 3. Die Kellnerin hatte den Fisch empfohlen, ... 4. Da Jan und Rolf ihre Ausweise vergessen hatten ... 5. Der Zug war schon abgefahren, ... 6. ... nachdem ich den Film gesehen hatte.

H. 1. auf der Treppe 2. die Kunst 3. wenig 4. der Wähler 5. die Jugend 6. sammeln

I. *Answers will vary.*

J.

Wann?	Wie lange?
nächste Woche	vom 11. bis 17. März
diese Woche	den ganzen Tag
am Wochenende	schon einen Monat
im Jahre 1913	seit drei Jahren
damals	ein Semester
vor vier Tagen	seit gestern
am Nachmittag	eine Stunde
morgen Nachmittag	
gleich	**Wie oft?**
vorher	immer
morgens	jede Woche
im April 1980	selten
jetzt	oft
abends	dreimal
heute	jeden Tag
um elf Uhr	manchmal
nachher	
am Freitag	
im Herbst	
dieses Semester	
letztes Jahr	

K. 1. a 2. b 3. c 4. a 5. a 6. a 7. b 8. c

Kapitel 11

A. 1. A. Wie hast du dich verletzt?
B. Ich habe mich beim Fußball verletzt.
2. A. Wo sollen wir uns morgen treffen?
B. Treffen wir uns in der Studentenkneipe!
3. A. Seit wann kennt ihr euch?
B. Wir kennen uns seit fünf Monaten.
4. A. Ärgert sich deine Schwester oft?
B. Sie ärgert sich fast jeden Tag.

B. 1. mir 2. dir 3. sich 4. euch 5. uns 6. mir 7. sich 8. mir 9. sich 10. dich

C. Part 1: *Order may vary.* 4, 3, 6, 8, 5, 2, 7, 1, 9

Part 2: *Answers may vary.*

Als ich gestern die Augen aufmachte, freute ich mich über das schöne Wetter. Ich stand sehr langsam auf. Bevor ich aß, wusch ich mich/hatte ich mich gewaschen. Ich setzte mich an den Frühstückstisch. Nach dem Frühstück zog ich mich an. Dann musste ich mich beeilen. Vor der Wohnungstür fiel ich auf der Treppe und verletzte mich. Ich ärgerte mich, dass die Straßenbahn sich verspätet hatte. Ich fühlte mich nun nicht mehr so fantastisch.

D. 1. Mein Bruder muss sich neue Schuhe kaufen. 2. Könnt ihr euch nicht selber helfen? 3. Sie können sich gar nicht vorstellen, was du meinst. 4. Ich habe mir gestern den Arm verletzt. 5. Meine Schwester setzt sich neben Tante Hildegard. 6. Letzte Woche hat sich unser Chef das Bein gebrochen. 7. Wo kann man sich hier die Hände waschen? 8. Wie ziehst du dich heute Abend an?

E. 1. ... kann ich sie mir leisten. 2. ... es mir geben kann. 3. ... muss ich sie mir waschen. 4. ... haben wir sie uns angesehen. 5. ... hat sie sich gekauft. 6. ... bringe ich ihn dir mit. 7. ... ich sie mir selber.

F. alle
viele
mehrere
einige
wenige
keine

1. Mit einigen bekannten Deutschen.
2. In vielen großen Buchhandlungen.
3. Alle alten Gebäude.
4. Nein, wir haben keine guten Stadtpläne mehr.
5. Wenige gute Romane.

G. 1. meinen Bekannten 2. viele Alte 3. eine Fremde 4. mit einer Deutschen 5. Kein Deutscher 6. die Kleinen 7. Ein Verwandter 8. mit den Grünen

H. 1. etwas Neues 2. nichts Wichtiges 3. viel Gutes 4. etwas Dummes 5. etwas Teures 6. wenig Interessantes 7. etwas Schreckliches

I. *Adjectives may vary. Check endings.*
1. Ein _____es 2. _____e 3. Mit einem _____en 4. _____e 5. Von der _____en 6. _____e 7. In einem _____en

J. 1. nachher 2. unruhig 3. schwach 4. glücklich 5. reich 6. gesund 7. finden 8. sich ausziehen 9. ankommen

10. antworten 11. aufwachen 12. offen 13. verschieden 14. auswandern

K. 1. P: Wie fühlt sich Stefan heute?
J: Ich glaube, der Kopf tut ihm noch weh.
2. J: Setz dich bitte, Mutti!
M: Danke schön, ich setze mich hier ans Fenster.
3. B: Was ist los? Du siehst so glücklich aus.
U: Ja, ich habe mir heute eine tolle Kamera gekauft.

Kapitel 12

A. Nominative
eine billigere Jacke, ein billigeres Hemd, billigere Schuhe, die schönste Jacke, das schönste Hemd, die schönsten Schuhe

Accusative
einen billigeren Mantel, eine billigere Jacke, ein billigeres Hemd, billigere Schuhe, den schönsten Mantel, die schönste Jacke, das schönste Hemd, die schönsten Schuhe

Dative
einem billigeren Mantel, einer billigeren Jacke, einem billigeren Hemd, billigeren Schuhen, dem schönsten Mantel, der schönsten Jacke, dem schönsten Hemd, den schönsten Schuhen

B. 1. die wärmsten Pullover 2. die modernsten Möbel 3. die intelligenteste Software 4. ein besseres Telefon 5. einen größeren Wagen 6. gesünder 7. die ältesten Weine 8. einen längeren Urlaub 9. die teuersten Uhren 10. am schnellsten 11. am stärksten 12. am liebsten

C. 1. Nein, ich lese den kürzeren Artikel. 2. Nein, sie kosten immer mehr. 3. Nein, sie werden immer wärmer. 4. Nein, das ist meine jüngere Schwester. 5. Nein, sie sucht eine größere Kamera. 6. Nein, sie wird immer schwächer.

D. 1. wie 2. wie 3. als 4. als 5. als 6. wie 7. wie 8. als 9. wie

E. 1. mehr; fast so viel 2. mehr; nicht so viel 3. am wenigsten 4. lieber; fast so gern 5. am meisten
Other answers will vary.

F. *Answers will vary.*

G. 1. Gepäck 2. Kirche 3. Bürger 4. Fahrrad 5. Typ

H. 1. der 2. die 3. den 4. deren 5. denen 6. die 7. deren 8. der 9. das 10. der

I. 1. Ist das die Lehrerin, an die du dich erinnerst? 2. Kennt ihr den Politiker, über den wir sprechen? 3. Hier ist ein Foto des jungen Politikers, von dem alle reden. 4. Wie heißt die Frau, mit der sich dein Bruder verlobt hat? 5. Unser Großvater erzählt gern über die Stadt, in der er seine Kindheit verbracht hat.

J. 1. ... was du dir vorstellen kannst? 2. ... was wir gehört haben ... 3. ... was mich sehr freut. 4. ... was ich heute nicht mehr brauche. 5. ... was sie nicht lernen kann. 6. ... was uns sehr enttäuscht hat.

K. *Answers will vary.*

L. 1. You can leave your umbrella at home. 2. My mother had the doctor come whenever I was sick. 3. I have to get my car washed soon. 4. Tonight we're letting (having) the children cook dinner. 5. The question is only whether they're going to let me work alone. 6. Let me pay for the coffee!

M. 1. Mein Vater hat sein Auto nie reparieren lassen. 2. Lässt du deine Kamera zu Hause? 3. Wir haben uns die Situation erklären lassen. 4. Unsere Professoren ließen dieses Semester viele Referate schreiben. 5. Ich ließ mein schweres Gepäck immer im Schließfach.

N. 1. zweimal (*oder*) zigmal 2. noch einmal 3. manchmal 4. Das letzte Mal (*oder*) Diesmal 5. zum dritten Mal 6. zigmal (*oder*) zweimal (*oder*) zum dritten Mal 7. diesmal

O. 1. gestern Morgen
gestern Abend
heute Morgen
heute Nachmittag
heute Abend
morgen früh
morgen Nachmittag
morgen Abend
übermorgen

2. Vor zwei Monaten
Vor zwei Tagen (*oder*) vorgestern
vor einer Woche. (*oder*) vor sieben Tagen
übermorgen
Vor drei Tagen
Vor fünf Tagen

Zusammenfassung und Wiederholung 3

Test Your Progress

A. 1. sich verletzt 2. fühlt er sich schon 3. sich verlobt haben 4. freuen sie sich 5. uns beeilen 6. dich schon angezogen 7. mir ansehen

B. 1. diesen 2. alte 3. eine neue 4. deutsche 5. unserem 6. verschiedene interessante 7. die politische 8. ersten deutschen 9. diesen alten 10. vielen 11. des deutschen Volkes (der Deutschen) 12. erste 13. gutes 14. politische 15. dieser wichtigen 16. einen starken 17. arbeitslosen Deutschen

C. 1. Als 2. Wenn 3. Wann 4. Wenn 5. Als 6. wann 7. Wenn

D. 1. Lassen Sie (Lass; Lasst) mich bitte bleiben! 2. Haben Sie Ihr (Hast du dein; Habt ihr euer) Gepäck im Auto gelassen? 3. Ich lasse mir das Essen bringen. 4. Hast du (Haben Sie; Habt ihr) den Arzt kommen lassen? 5. Lassen Sie Ihren (Lass deinen; Lasst euren) Mantel auf dem Stuhl. 6. Können wir die Kinder noch eine Stunde spielen lassen?

E. 1. lieber; am liebsten 2. ärmer; am ärmsten (die ärmsten) 3. öfter; am öftesten 4. ein stärkerer; der stärkste 5. mehr; die meisten 6. wärmer; am wärmsten (der wärmste) 7. größere; die größten 8. Mehr; Die meisten 9. interessanter; am interessantesten (die interessanteste) 10. ein klügeres: das klügste

F. 1. den 2. dem 3. dessen 4. die 5. was 6. was 7. denen 8. der 9. die 10. was

G. 1. das letzte Mal 2. noch einmal 3. dreimal 4. das zweite Mal 5. damals 6. zum vierten Mal

H. 1. Was für einen Wagen (ein Auto) hast du? 2. Vor einem Monat habe ich mir den Arm gebrochen. 3. Heute Morgen ist er nach Berlin gefahren. 4. Als du nach Hause kamst, hast du mich gestört. 5. Wie lange (Seit wann) lernst du (schon) Deutsch? 6. Das sind die Studenten, deren Namen ich vergessen habe. 7. Ich bin vorgestern mit ihnen zum Bahnhof gegangen. 8. Das blaue Hemd war am teuersten (das teuerste). 9. Nachdem wir gegessen hatten, sind wir ins Kino gegangen (gingen wir...) 10. Damals wohnten wir in einer kleinen Wohnung. 11. Er ist ein Freund von mir. 12. Meine Schwester ist jünger als ich.

Kapitel 13

A. 1. auf 2. um 3. auf 4. an 5. über
6. um 7. an

B. 1. An meine Schulklasse. 2. Für die Geschichte der Partei. 3. Auf den nächsten Zug. 4. Auf meine Urlaubsreise.
5. An das amerikanische Essen.
6. Um etwas mehr Zeit.

C. worüber?; über, darüber
worauf?; auf; darauf
worum?; um; darum
wofür?; für; dafür
woran?; an; daran
wovor?; vor; davor
womit?; mit; damit
worin?; in; darin

D. 1. Worüber; Über; Darüber 2. Worauf; Auf; Darauf 3. Worum; Um; Darum 4. Wofür; Für; Dafür 5. Wovor; Vor; Davor

E. 1. Räume ... auf 2. habt ... vor
3. Kennst ... aus 4. Hör ... zu
5. weggegangen 6. angezogen 7. Macht ... mit 8. vorbereitet

F. 1. Worüber hat sie (*oder* habt ihr) gesprochen? 2. Womit haben Sie (*oder* habt ihr) angefangen? 3. An wen haben Sie sich (*oder* hast du dich) plötzlich wieder erinnert?
4. Woran mussten Sie sich (*oder* musstest du dich) gewöhnen? 5. Wofür interessieren Sie sich (*oder* interessierst du dich)?

G. 1. Nein, er redet nicht jedes Wochenende mit ihnen. 2. Nein, ich interessiere mich nicht dafür. 3. Nein, sie gewöhnt sich nicht daran.
4. Nein, wir warten noch nicht lange auf euch. 5. Nein, ich erinnere mich nicht gern daran.

H. 1. Wir werden uns am Anfang nicht gut auskennen. 2. Zuerst werde ich mir einen guten Stadtplan von Zürich kaufen.
3. David wird versuchen ein Zimmer bei einer Familie zu bekommen. 4. Beth wird einen Sprachkurs für Ausländer belegen.
5. Wir werden sofort eine Monatskarte für die Straßenbahn kaufen. 6. Wir werden uns an das Schweizerdeutsch gewöhnen müssen.

I. 1. Sie wollen, dass wir ihnen helfen.
2. Ich möchte, dass er einen Brief schreibt.
3. Ich will, dass du mir zuhörst.
4. Wollen Sie, dass ich das mache? (*oder*) Willst du, dass ich mache? 5. Ich will nicht, dass Sie etwas sagen. (*oder*) Ich will nicht, dass du etwas sagst.

J. 1. zu 2. zur 3. zu; beim 4. nach
5. nach 6. zu 7. zur (*oder*) auf die
8. beim 9. zum 10. bei; nach

K. 1. stolz darauf; dich wundern 2. Angst vor; sich ärgern; auf diesen Brief ... geantwortet habe; für alles verantwortlich 3. mir überlegen; Denk ... an

Kapitel 14

A.

sie liest	sie las
du hast	du hattest
sie ist	sie war
ich fahre	ich fuhr
er läuft	er lief
sie liegen	sie lagen
sie steigt aus	sie stieg aus
ich gehe	ich ging
ihr werdet	ihr wurdet
sie tut	sie tat
sie weiß	sie wusste
er spricht	er sprach
wir arbeiten	wir arbeiteten
ich esse	ich aß
sie halten	sie hielten
sie hat gelesen	sie läse
du hast gehabt	du hättest
sie ist gewesen	sie wäre
ich bin gefahren	ich führe
er ist gelaufen	er liefe
sie haben gelegen	sie lägen
sie ist ausgestiegen	sie stiege aus
ich bin gegangen	ich ginge
ihr seid geworden	ihr würdet
sie hat getan	sie täte
sie hat gewusst	sie wüsste
er hat gesprochen	er spräche
wir haben gearbeitet	wir arbeiteten
ich habe gegessen	ich äße
sie haben gehalten	sie hielten

B. 1. ... du wärest nicht immer so pessimistisch! 2. ... ich hätte keine Angst! 3. ... sie kämen! (*oder*) sie würden kommen!
4. ... sie machte heute mit! (*oder*) sie würde heute mitmachen! 5. ... sie fühlte sich nicht schlecht! (*oder*) sie würde sich nicht schlecht fühlen! 6. ... er wollte Direktor werden!
7. ... ich könnte mich daran erinnern!
8. ... er interessierte sich dafür! (*oder*) er würde sich dafür interessieren!

C. 1. Ihr könntet (*oder*) solltet das nächste Mal Reiseschecks mitnehmen. 2. Du solltest ein warmes Bad nehmen. 3. Du solltest abends früher schlafen gehen. 4. Ihr solltet Englischstunden nehmen. 5. Du solltest dein Zimmer aufräumen. 6. Du solltest das Haus früher verlassen.

D. 1. Wenn ich im Moment Durst hätte, würde ich etwas bestellen. 2. Wenn wir kein Auto hätten, würden wir mit der Straßenbahn fahren. 3. Wenn meine Freunde sich für Politik interessierten, würden wir viel darüber sprechen. 4. Wenn ich nicht schlechter Laune wäre, würde ich heute Abend ausgehen. 5. Wenn er mir zuhören wollte, würde er mich nicht immer unterbrechen. 6. Wenn Udo mehr Geld hätte, würde er sich einen Computer kaufen.

E.

eine Tür
ein Fenster
einen Koffer
einen Laden
(*oder*) ein Geschäft   } aufmachen
eine Flasche
einen Brief

die Sprache
das Buch
die Menschen
den Film
die Frage
die Antwort   } verstehen
die deutsche Sprache
(*oder*) Deutsch
den Brief

ein neues Wort
eine Fremdsprache   } lernen
ein Lied

den Wagen
(*oder*) das Auto
den Hund   } waschen
ein Hemd

die Nase
die Schuhe   } (sich) putzen
die Zähne

eine Antwort
einen Brief   } erwarten
einen Besuch

F. *Answers will vary.*

G. *Answers will vary.*

H. *Answers will vary.*

I. 1. Dürfte ich mir die Wohnung ansehen? 2. Könnten Sie bitte langsamer reden? 3. Würden Sie bitte ein Foto von uns

machen? 4. Hättest du jetzt noch etwas Zeit? 5. Würden Sie mir bitte auch ein Bier bringen?

J. 1. Nächstes Jahr werde ich wieder Deutsch belegen. 2. Letzten Monat sind wir zum letzten Mal zu Hause gewesen. 3. Gegen zwölf Uhr gehe ich meistens schlafen. 4. Morgen früh will ich mit meinem Rechtsanwalt sprechen. 5. Ein ganzes Jahr wird sie bei unserer Firma bleiben. 6. Wochenlang hatte er auf eine Antwort von der Firma gewartet.

K. 1. die Auskunft 2. der Spiegel 3. offen 4. mittags 5. schneien 6. tanzen

L. 1. die Fahrkarte; Ski fahren; das Fahrrad; abfahren 2. das Badezimmer; *dining room; living room; bedroom;* das Einzelzimmer 3. die Buchhandlung; *bookcase* 4. *airport;* das Flugzeug 5. die Postkarte; *map; map of hiking trails*

Kapitel 15

A.

ich gebe	ich gäbe	ich hätte gegeben
sie wird	sie würde	sie wäre geworden
er arbeitet	er arbeitete	er hätte gearbeitet
sie gehen	sie gingen	sie wären gegangen
wir sind	wir wären	wir wären gewesen
sie sitzen	sie säßen	sie hätten gesessen
ich lasse	ich ließe	ich hätte gelassen
du weißt	du wüsstest	du hättest gewusst
ich tue	ich täte	ich hätte getan
wir fahren	wir führen	wir wären gefahren
sie kommt	sie käme	sie wäre gekommen
ich schreibe	ich schriebe	ich hätte geschrieben

B. 1. Sie hätte nicht bei einer neuen Firma angefangen. 2. Sie hätten sich keinen Zweitwagen gekauft. 3. Sie hätten keine große Urlaubsreise geplant. 4. Die Kinder hätten in der Schule nicht nur Französisch gelernt. 5. Sie hätten den Kindern kein Klavier gekauft. 6. Sie hätten ihre Verwandten in Thüringen öfter besucht.

C. 1. ... sie hätte damals ihren Beruf wechseln können. 2. ... hätte damals meine Reaktion verstehen sollen. 3. ...ich hätte in der Schweiz Ski fahren können. 4. ... hätten nicht einfach weggehen dürfen. 5. ... sie hätte eine Frage stellen können.

D. 1. ... wir wären schwimmen gegangen, wenn das Wetter wärmer gewesen wäre. 2. ... ich hätte mir etwas gekocht, wenn ich Lust gehabt hätte. 3. ...ich hätte den Brief einge-

worfen, wenn ich zur Post gegangen wäre.
4. ... ich hätte ein Doppelzimmer genommen, wenn kein Einzelzimmer frei gewesen wäre.
5. ... ich hätte alles mit Reiseschecks bezahlt, wenn ich noch kein Geld gewechselt hätte.

E. 1. werden 2. Bist ... eingeladen worden 3. wurde 4. werde 5. wurden 6. wurde 7. sind ... verkauft worden 8. war ... übersetzt worden

F. 1a. Eine neue Schnellstraße wird gebaut. 1b. ... soll gebaut werden. 2a. Vier Bergsteiger wurden am Wochenende gerettet. 2b. ... konnten gerettet werden. 3a. Ein gestohlenes Kunstwerk ist wieder gefunden worden. 3b. ... hat wieder gefunden werden können. 4a. Immer mehr Buchhandlungen sind geschlossen worden. 4b. ... haben geschlossen werden müssen. 5a. Gespräche zwischen den EU-Mitgliedstaaten wurden begonnen. 5b. ... mussten begonnen werden.

G. 1. werden / Hans and Sonja will move on June 10th. 2. wurde / I turned 21 yesterday. 3. wird / The celebration will take place in June. 4. wird / They open the supermarket by seven o'clock in the morning. 5. ist ... geworden / His sister became a famous writer.
6. werden / Doesn't the room have to be cleaned up some time? 7. sind ... worden / Many environmental problems were discussed last night.

H. 1. Sie schreiben über die steigenden Preise. 2. im folgenden Artikel können Sie etwas darüber lesen. 3. Er spricht von der wachsenden Gefahr. 4. Sie findet am kommenden Sonntag statt.

I. 1. hinaus; herein 2. hinauf; herunter

J. 1. glaube 2. denkt ... an 3. mir überlegen 4. meinen 5. hält ... für

K. halten für + *acc.*
sich aufregen über + *acc.*
bitten um + *acc.*
sich gewöhnen an + *acc.*
sich freuen auf + *acc.*
warten auf + *acc.*
ankommen auf + *acc.*
sich interessieren für + *acc.*
lachen über + *acc.*
sich kümmern um + *acc.*
sich erinnern an + *acc.*
sich vorbereiten auf + *acc.*
sich konzentrieren auf + *acc.*
Angst haben vor + *dat.*

L. *Answers will vary.*

Kapitel 16

A. 1. Es sah aus, als ob es neu wäre. 2. Sie sah aus, als ob Claudia aufgeräumt hätte. 3. Er sprach Englisch, als ob er Amerikaner wäre. 4. Er tat, als ob er mich nicht gehört hätte.

B. es wäre es sei
sie hätte sie habe
er würde er werde
sie müsste sie müsse
sie wollte sie wolle
er wüsste er wisse
sie wären sie seien

C. 1. ... in seinem Land sei die Arbeitslosigkeit heute auch ein Problem. 2. ... da spiele die Angst eine große Rolle. 3. ... im Jahre 2000 habe man deutlich mehr deutsche Autos verkauft als vor einem Jahr. 4. ... sie würden den Schwarzwald noch retten können.
5. ... die Chemieindustrie verbrauche heute weniger Öl als vor fünf Jahren. 6. ... sie wisse noch nicht, ob es im Sommer mehr Stellen gebe. 7. ... schon vor Jahren hätten Frauen dieses Thema diskutiert. 8. ... damals habe man nur vom Frieden geredet.

D. 1. Sie fragte die Studenten, wie viele von ihnen in den Semesterferien gearbeitet hätten. 2. Sie sagte einer Studentin, sie solle von ihren Erfahrungen erzählen. 3. Eine Studentin fragte die anderen, ob sie sich vorstellen könnten arbeitslos au sein. 4. Ein Student wollte wissen, ob es auch Arbeitslose in der Schweiz gebe. 5. Ein Kursteilnehmer fragte, ob sich nächstes Jahr sehr viel ändern werde (*oder* würde). 6. Jemand sagte, sie sollten über ein neues Thema reden.

E. *Answers may vary.*

BERGMANN: Es ist wichtig ... aufzuholen. Und das nicht nur ... sondern auch ... Frauen sind heute so gut ausgebildet wie noch nie.

PRIBILLA: Gründe für die schwache Präsenz von Frauen in Führungspositionen liegen ... in der Familie. Nicht nur in den Köpfen muss sich etwas ändern. Man braucht vor allem bessere Kinderbetreuung. Mit dem Projekt ... wird sich Siemens ... um Chancengleichheit kümmern. Siemens hat vor, mehr Frauen ... zu bringen. Vor allem beim Recruiting sollen Mädchen ... stehen. Man muss ihnen klar machen, dass ... Berufe faszinierend sind.

F. 1. Hier wird gesungen. 2. Hier wird Karten gespielt. 3. Hier wird (ein Geburtstag)

gefeiert. 4. Hier wird (etwas) mit der Schreibmaschine geschrieben. 5. Hier wird gewaschen. (*oder*) Hier werden Kleider gewaschen. 6. Hier wird gegessen. 7. Hier wird ein Stuhl repariert. 8. Hier wird Klavier gespielt. (*oder*) Hier wird Musik gemacht. 9. Hier wird (ein Zimmer) geputzt (*oder* aufgeräumt). 10. Hier wird Kaffee getrunken.

G. 1. Man feierte wochenlang. 2. Man trank deutschen Wein. 3. Man darf das nicht vergessen. 4. Man gab mir keine Antwort. 5. Man hat seine Erzählung unterbrochen. 6. Hoffentlich kann man ihre Adresse finden.

H. *Answers may vary.*

1. There are a lot of reports on the economy. 2. You pay the cashier. (*oder*) Pay at the cashier's. 3. I hope they'll help me. (*oder*) I hope I get help. 4. Why didn't people talk about this problem? (*oder*) Why wasn't this problem discussed? 5. In my country (where I come from/at my house) we often dance until 2 A.M. 6. At the university people talk a lot about politics.

I. 1. c 2. b 3. c 4. a 5. b 6. a

J. 1. Their (her/your) new apartment is said to be cozy. 2. I want to plan for the future. 3. First we want to pay for everything. 4. They are said to live in the nicest section of the city. 5. This guy claims to be a well-known artist.

K. *Answers will vary. Some possible combinations are:*

1. gleichberechtigt sein 2. an der Diskussion teilnehmen 3. das Essen bezahlen 4. die ganze Hausarbeit machen 5. um mehr Geld bitten 6. seit zwei Jahren verheiratet sein 7. eine Alternative bieten 8. auf unsere Koffer aufpassen 9. den Zug verpassen 10. die Wahlen stattfinden

Zusammenfassung und Wiederholung 4

Test Your Progress

A. 1. auf etwas Neues 2. auf ihre Idee 3. an meine Kindheit 4. auf die Prüfung 5. auf deine Arbeit 6. um meine Gesundheit 7. an der Diskussion 8. für solche Probleme 9. an deine Freunde 10. an mich 11. um deine Adresse 12. mit einem Deutschen 13. Über dieses Thema 14. an seinen Vater

B. 1. Ja, ich habe darauf geantwortet. 2. Ja, ich interessiere mich dafür. 3. Ja, ich kann mich

an ihn gewöhnen. 4. Ja, sie hat sich um ihn gekümmert. 5. Ja, ich habe mich darüber gewundert. 6. Ja, wir haben auch an sie gedacht.

C. 1. Wenn du nicht nur halbtags arbeitetest, hätten wir genug Geld. 2. Wir hätten etwas gekauft, wenn der Laden schon auf gewesen wäre. 3. Wenn er freundlich wäre, könnte man leicht mit ihm reden. 4. Wenn die Straßenbahn weiter führe, müssten wir jetzt nicht laufen. 5. Ich hätte ihr gratuliert, wenn ich gewusst hätte, dass sie heute Geburtstag hat.

D. 1. Ich wünschte, wir wären schon angekommen! 2. Ich wünschte, wir hätten heute Morgen die Wohnung aufgeräumt. 3. Ich wünschte, es gäbe in der Altstadt ein Café. 4. Ich wünschte, ich hätte meine Reiseschecks nicht vergessen. 5. Ich wünschte, die Preise wären nicht gestiegen.

E. 1. Nein, sie sehen nur aus, als ob sie ordentlich wären/seien. 2. Nein, sie sehen nur aus, als ob sie so viel Geld hätten. 3. Nein, sie sieht nur aus, als ob sie so konservativ geworden wäre/sei. 4. Nein, er sieht nur aus, als ob er gerade aus den Ferien zurückgekommen wäre/sei.

F. 1. Könnten Sie mir helfen? 2. Dürfte ich eine Frage stellen? 3. Würden Sie mir das Gepäck tragen? 4. Hätten Sie ein Zimmer mit Bad? 5. Wann sollte ich das für Sie machen?

G. 1. Dieser Brief ist von Karl geschrieben worden. 2. Hinter dem Dom wurde von der Stadt eine neue Schule gebaut. 3. Die Vorlesung wird von Professor Müller gehalten. 4. Diese Zeitung ist von vielen Studenten gelesen worden. 5. Dieses Problem wird von meinem Freund gelöst werden.

H. 1. Das kann eines Tages vom Chef entschieden werden. 2. Das ganze Buch muss bis Donnerstag gelesen werden. 3. Unser Zweitwagen muss leider verkauft werden. 4. Ein solches Klischee kann nicht ernst genommen werden. 5. Kann die Frage von allen Schülern verstanden werden?

I. 1. geschlossenen 2. verlorene 3. schlafenden 4. vergessene 5. abfahrende (abgefahrene)

J. 1. Woran denkst du? 2. Ich habe das Buch sehr interessant gefunden. (*oder*) Ich hielt das Buch für sehr interessant.   3. Das muss ich mir eine Zeit lang überlegen.   4. Wir könnten nach Grinzing gehen. Was meinst du?   5. Ich glaube (meine), das ist eine gute Antwort. (*oder*) Das finde ich eine gute Antwort.

K.   1. Das muss unser alter Lehrer sein.   2. Die Preise im Ausland sollen niedriger sein.   3. Das mag (kann) stimmen.   4. Er kann (mag) schon dreißig sein.   5. Sie will

eine gute Künstlerin sein, aber ich glaube ihr nicht.

L.   1. Gabi sagte, sie sei gestern in der Mensa gewesen.   2. (Sie sagte) Das Essen habe ihr gut geschmeckt.   3. (Sie sagte) Sie bereite sich jetzt auf eine Klausur vor.   4. Sie fragte, ob Heinz mich angerufen habe.   5. (Sie sagte) Sie sei jetzt ziemlich müde.   6. (Sie sagte) Ich solle ihr mein Referat über Kafka zeigen.

LABORATORY MANUAL ANSWER KEY

Kapitel 1

Fragen zu den Dialogen

Dialog 1

1. falsch 2. richtig 3. falsch 4. richtig

Dialog 2

1. falsch 2. falsch 3. falsch 4. richtig
5. falsch

Dialog 3

1. falsch 2. falsch 3. falsch 4. falsch
5. richtig

Hören Sie gut zu!

1. In the morning.
2. Brigitte is.
3. She's working today.
4. They are going to Karin's.

Übung zur Betonung

na <u>tür</u> lich
<u>ty</u> pisch
Sep <u>tem</u> ber
<u>ar</u> bei ten
<u>ü</u> bri gens
die <u>Sup</u> pe
<u>al</u> so
<u>a</u> ber
viel <u>leicht</u>
wa <u>rum</u>
zu <u>rück</u>
Ent <u>schul</u> di gung
im Mo <u>ment</u>
for <u>mell</u>
die U ni ver si <u>tät</u>
der Stu <u>dent</u>
der Tou <u>rist</u>
der A me ri <u>ka</u> ner
wahr <u>schein</u> lich
zum <u>Bei</u> spiel

Kapitel 2

Fragen zu den Dialogen

Dialog 1

1. falsch 2. falsch 3. richtig 4. falsch

Dialog 2

1. falsch 2. richtig 3. falsch 4. richtig

Dialog 3

1. richtig 2. falsch 3. richtig 4. falsch
5. richtig

Hören Sie gut zu!

1. Yes they are. They say **du** to each other.
2. She's feeling fantastic.
3. She finally has a room in Hamburg.
4. Next semester.

Übung zur Betonung

<u>Nord</u> a <u>me</u> ri ka
der Ar <u>ti</u> kel
die <u>Leu</u> te
die <u>Zei</u> tung
<u>al</u> le
<u>vie</u> len Dank
zu <u>Hau</u> se
die Al ter na <u>ti</u> ve
die Dis kus si <u>on</u>
<u>we</u> nig stens
ü ber <u>all</u>
die Fa <u>mi</u> li e
der Kon <u>flikt</u>
nor <u>mal</u>
das Prob <u>lem</u>
<u>re</u> la tiv
so zi <u>al</u>
tra di ti o <u>nell</u>
der <u>Fern</u> seh er
das Bü <u>ro</u>
so <u>gar</u>
be <u>rufs</u> tä tig

Kapitel 3

Fragen zu den Dialogen

Dialog 1

1. falsch 2. richtig 3. richtig 4. falsch

Dialog 2

1. richtig 2. richtig 3. richtig 4. falsch

Dialog 3

1. a 2. c 3. b

Hören Sie gut zu!

1. Nein
2. Nein
3. Wahrscheinlich im Mai.
4. Es ist schön.
5. Sie fährt nach Wien.

Übung zur Betonung

in ter na ti o <u>nal</u>
op ti <u>mis</u> tisch
<u>ehr</u> lich
<u>lang</u> wei lig
re la <u>tiv</u>
in te res <u>sant</u>
<u>lang</u> sam
die <u>Freun</u> din
die <u>Deutsch</u> stun de
ein <u>biss</u> chen
Eu <u>ro</u> pa
die Eu ro <u>pä</u> er in
ge <u>nug</u>
Pull <u>o</u> ver
ent <u>schei</u> den
<u>da</u> rum
dort <u>drü</u> ben
die Mu <u>sik</u>
das Sy <u>stem</u>
das <u>Schul</u> sy stem
die <u>Haus</u> auf ga be
die <u>Fremd</u> spra che
a me ri <u>ka</u> nisch
die A me ri <u>ka</u> ner
<u>ei</u> gent lich
das The <u>a</u> ter

Kapitel 4

Fragen zu den Dialogen

Dialog 1

1. falsch 2. richtig 3. richtig

Dialog 2

1. c 2. a 3. b 4. c

Dialog 3

1. falsch 2. richtig 3. falsch 4. richtig

Hören Sie gut zu!

1. Es ist so heiß.
2. Nein. Sie sagt: „**Wir** möchten schwimmen."

3. Nein, er hat für morgen gar keine Hausaufgaben.
4. Er ist sehr müde.
5. Er will zu Hause bleiben und ein bisschen schlafen.

Übung zur Betonung

die Ge o gra <u>phie</u>
die Ko lo <u>nie</u>
die Kul <u>tur</u>
der <u>Ur</u> laub
<u>hof</u> fent lich
zu <u>sam</u> men
<u>noch</u> ein mal
die <u>Haupt</u> rol le
das <u>Volks</u> lied
der Kon <u>trast</u>
das <u>Kli</u> ma
<u>Ös</u> ter reich
das Se mi <u>nar</u>
noch <u>nicht</u>
<u>im</u> mer noch
Gott sei <u>Dank</u>!
selbst ver <u>ständ</u> lich
mo <u>dern</u>
<u>nach</u> her
die Re gi <u>on</u>
I <u>ta</u> li en

Kapitel 5

Fragen zu den Dialogen

Dialog 1

1. c 2. b 3. a 4. c

Dialog 2

1. c 2. a 3. a 4. c

Dialog 3

1. richtig 2. falsch 3. richtig 4. richtig
5. falsch

Hören Sie gut zu!

1. Sie sind in Konstanz.
2. In Hamburg.
3. Er findet Konstanz sehr schön und er mag den Winter in Hamburg nicht.
4. Er fährt nach Hause.

Übung zur Betonung

ak tu <u>ell</u>
die <u>Fir</u> ma
der Kor res pon <u>dent</u>
re a <u>lis</u> tisch
heu te <u>Mor</u> gen
<u>an</u> fan gen
<u>auf</u> hö ren
die <u>Le</u> bens mit tel
die Bäc ke <u>rei</u>
das A bi <u>tur</u>
<u>ein</u> kau fen
spa <u>zie</u> ren ge hen
vor <u>bei</u> kom men
<u>ab</u> ho len
ver <u>las</u> sen
<u>fern</u> seh en
der Jour na <u>list</u>
der <u>Au</u> to me chan i ker
ein <u>paar</u>
per <u>fekt</u>
das <u>Mit</u> tag es sen
die U ni ver si <u>tät</u>
<u>ein</u> ver stan den
<u>Sonst</u> noch et was?
der <u>Stadt</u> plan

die Ge <u>schich</u> te
das <u>The</u> a ter
das Se mi <u>nar</u>
so <u>fort</u>
die U ni ver si <u>tät</u>
<u>mit</u> brin gen
eine Ka ta <u>stro</u> phe
das <u>Vor</u> le sungs ver zeich nis
das Stu <u>den</u> ten wohn heim
ge <u>ra</u> de
<u>aus</u> ge ben
un <u>mög</u> lich
die Se <u>mes</u> ter fe ri en
das Re fe <u>rat</u>
ent <u>täu</u> schen
die <u>Wohn</u> ge mein schaft
die Klau <u>sur</u>
<u>kos</u> ten los
ver <u>ant</u> wort lich
das Pro <u>gramm</u>
pri <u>vat</u>
das Kon <u>zert</u>
fi nan <u>zie</u> ren
<u>ant</u> wor ten

Kapitel 6

Fragen zu den Dialogen

Dialog 1

1. falsch 2. richtig 3. falsch 4. falsch

Dialog 2

1. a 2. c 3. b 4. c

Dialog 3

1. richtig 2. falsch 3. falsch 4. falsch

Hören Sie gut zu!

1. Nein, sie sind keine Studenten. Sie arbeiten im Büro und sagen „Sie".
2. Er möchte das Fenster aufmachen.
3. Mit ihren Kindern.
4. Seine Tante aus Düsseldorf.

Übung zur Betonung

die Phi lo so <u>phie</u>
der Stu <u>den</u> ten aus weis
das <u>Haupt</u> fach

Kapitel 7

Fragen zu den Dialogen

Dialog 1

1. richtig 2. richtig 3. falsch 4. falsch

Dialog 2

1. falsch 2. richtig 3. richtig 4. falsch
5. richtig

Dialog 3

1. b 2. b 3. b 4. b

Hören Sie gut zu!

1. Schon im Oktober.
2. Sie sind nach Portugal gefahren.
3. Einfach fantastisch. Es hat gar nicht geregnet.
4. Direkt am Meer.
5. Zwei Wochen.

Übung zur Betonung

der Ho ri <u>zont</u>
die <u>Wan</u> der lust
ge <u>nie</u> ßen
ver <u>bring</u> en
ü ber <u>nach</u> ten

<u>Frank</u> reich

das In stru <u>ment</u>

die <u>Ka</u> me ra

die <u>ju</u> gend her ber ge

das Ben <u>zin</u>

sym <u>pa</u> thisch

<u>aus</u> stei gen

er fährt <u>Rad</u>

<u>ab</u> fah ren

ge <u>fal</u> len

spon <u>tan</u>

<u>Mün</u> chen

<u>un</u> be kannt

das Ge <u>päck</u>

Das <u>macht</u> nichts.

Das ist mir e <u>gal</u>.

so wie <u>so</u>

be <u>quem</u>

re ser <u>vie</u> ren

das <u>Flug</u> zeug

ver <u>rückt</u>

der Kon <u>takt</u>

Kapitel 8

Fragen zu den Dialogen

Dialog 1

1. c 2. c 3. a 4. b

Dialog 2

1. richtig 2. falsch 3. falsch 4. falsch

Dialog 3

1. falsch 2. falsch 3. falsch 4. richtig

Hören Sie gut zu!

1. Sie ist mit ihnen ins Kino gegangen.
2. Nein, nicht sehr. Er ist langweilig gewesen.
3. Sie sind alle eingeschlafen.
4. Sie sind durch die Stadt gelaufen.

Übung zur Betonung

die <u>Alt</u> stadt

die In du <u>strie</u> stadt

der As <u>pekt</u>

das Res tau <u>rant</u>

die Dy nas <u>tie</u>

das Lo <u>kal</u>

an der <u>Eck</u> e

der Sa <u>lat</u>

die So zi <u>al</u> ar bei te rin

<u>trotz</u> dem

die Kar <u>tof</u> fel

der <u>Stadt</u> bum mel

zum <u>A</u> bend es sen

das Ge <u>bäu</u> de

das Mu <u>se</u> um

aus ge <u>zeich</u> net

<u>ein</u> la den

<u>noch</u> et was

in der <u>Nä</u> he

der <u>Ein</u> druck

der <u>Fuß</u> gäng er

das Jahr <u>hun</u> dert

das <u>Fahr</u> rad

ge ra de <u>aus</u>

die Ge <u>le</u> gen heit

zu <u>erst</u>

im <u>Ge</u> gen teil

die <u>Se</u> hens wür dig keit

die <u>Hei</u> mat stadt

Kapitel 9

Fragen zu den Dialogen

Dialog 1

1. richtig 2. falsch 3. richtig 4. falsch

Dialog 2

1. b 2. a 3. c 4. c

Dialog 3

1. richtig 2. falsch 3. richtig 4. falsch

Hören Sie gut zu!

1. Es ist Winter. Richard will Ski fahren gehen.
2. Er hat zu früh angerufen. Sie hat noch geschlafen.
3. Es ist schon halb neun.
4. Heute ist Sonntag.
5. Gestern hat sie bis drei Uhr arbeiten müssen und sie ist noch sehr müde.

Übung zur Betonung

der Ge <u>burts</u> tag

das <u>A</u> tom

der <u>Fort</u> schritt

de mon <u>strie</u> ren

die <u>Luft</u> ver schmut zung

die E lek tri zi <u>tät</u>

be <u>reit</u>

die E ner <u>gie</u>

die   Kon se quenz
die   Tech nik
pro du zie ren
das   Pro zent
ra di kal
nie drig
sor tie ren
na   end lich!
der   Pol li ti ker
die   Po li tik
der   Un fall
die   Ge sell schaft
die   Par tei
die   Do se
er staun lich
die   Um welt

ma ni pu lie ren
die   Mo nar chie
die   Me tho de
die   Op po si ti on
die   Re pub lik
die   Si tu a ti on
ter ro ris tisch
er klä ren
der   An ti sem i tis mus
un ter bre chen
die   Ar beits lo sig keit
die   I dee
die   Schrift stel le rin
ar beits los
un ru hig
nach dem
aus län disch

Kapitel 10

Fragen zu den Dialogen

Dialog 1

1. richtig 2. falsch 3. richtig 4. richtig

Dialog 2

1. c 2. a 3. b 4. c

Dialog 3

1. falsch 2. richtig 3. falsch 4. falsch

Hören Sie gut zu!

1. Sie hat noch nicht gehört, dass Frau Bachmann eine neue Stelle hat.
2. Sie sitzt nicht gern den ganzen Tag am Schreibtisch.
3. Jetzt arbeitet sie in einer großen Buchhandlung.
4. Sie arbeitet für eine Frau.
5. Sie ist ein sehr sympathischer Mensch.

Übung zur Betonung

die   De mo kra tie
vor her
in ter view en
pas sie ren
ex trem
am   Nach mit tag
der   Se ni or
der   Di rek tor
die   E po che
il le gal
die   In fla ti on

Kapitel 11

Fragen zu den Dialogen

Dialog 1

1. richtig 2. falsch 3. richtig 4. richtig

Dialog 2

1. richtig 2. richtig 3. falsch 4. richtig

Dialog 3

1. c 2. c 3. a 4. c

Hören Sie gut zu!

1. In einem kleinen Dorf.
2. Schon seit fünfundzwanzig Jahren.
3. Sie ist fünfunddreißig Jahre alt.
4. Es war ein hartes Leben. Sie waren sechs Kinder und es gab immer zu wenig Geld.
5. Ihr Vater bekam dort eine Stelle.

Übung zur Betonung

die   Be am tin
die   Scho ko la de
Gu te   Bes se rung!
das   Ge sicht
die   I ta li e ne rin
i ta li e nisch
fran zö sisch
der   Fran zo se
Frank reich
die   De mo stra ti o nen
der   Pro test
mo der ni sie ren

ex is <u>tie</u> ren
ei ne   Mil li <u>on</u>
das   Sym <u>bol</u>
se pa <u>rat</u>
zen <u>tral</u>
der   <u>Nach</u> bar
das   <u>Mit</u> glied
die   Sow <u>jet</u> un i on
die   Re vo lu ti <u>on</u>
die   <u>Zo</u> ne
der   Ka pi ta <u>lis</u> mus
der   Kom mu <u>nis</u> mus
der   <u>Un</u> ter schied
ver <u>schie</u> den
eu ro <u>pä</u> isch
die   Ver <u>ei</u> ni gung
be <u>rühmt</u>
die   <u>Zu</u> kunft
die   Ver <u>gang</u> en heit
<u>aus</u> wan dern

Kapitel 12

Fragen zu den Dialogen

Dialog 1

1. b 2. a 3. b 4. c

Dialog 2

1. falsch 2. richtig 3. falsch 4. richtig

Dialog 3

1. falsch 2. falsch 3. falsch 4. richtig

Hören Sie gut zu!

1. Herr Hofmeister ist mit den Kindern
   einkaufen gegangen und Frau Hofmeister ist
   ins Kunstmuseum gegangen.
2. Es gab eine neue Ausstellung von russischer
   Volkskunst.
3. Sie hatte einen Artikel in der Zeitung gelesen.
4. Nein, leider nicht. Samstag war der letzte Tag.
5. Sie geht nach Berlin.

Übung zur Betonung

in tel li <u>gent</u>
<u>ü</u> ber mor gen
<u>vor</u> ge stern
<u>dies</u> mal
Gu te   <u>Nacht</u>!
<u>je</u> des   Mal
die   Er <u>in</u> ne rung

er <u>in</u> nern
die   <u>Ge</u> gend
der   <u>Au</u> gen blick
<u>weg</u> ge hen
<u>wie</u> der   se hen
re pa <u>rie</u> ren
<u>ir</u> gend wo
<u>grau</u> sam
die   <u>Grö</u> ße
die   Er <u>zäh</u> lung
ver <u>glei</u> chen

Kapitel 13

Fragen zu den Dialogen

Dialog 1

1. richtig 2. falsch 3. falsch 4. richtig

Dialog 2

1. richtig 2. falsch 3. richtig 4. falsch

Dialog 3

1. c 2. b 3. a 4. c

Hören Sie gut zu!

1. Sie hat einen tollen Computer.
2. Ihr Computer ist alt.
3. Nein, sie meint, Sophie braucht vielleicht nur
   ein neues Programm.
4. Es ist das Beste, was es gibt.

Übung zur Betonung

<u>auf</u> räu men
in te res <u>sie</u> ren
<u>vor</u> ha ben
<u>vor</u> be rei ten
<u>zu</u> hö ren
die   <u>Li</u> ni e
die   <u>Hal</u> te stel le
die   <u>Aus</u> kunft
ro <u>man</u> tisch
of fi zi <u>ell</u>
<u>ein</u> zi ge
kon ser va <u>tiv</u>
das   Ge <u>spräch</u>
die   Ver <u>ein</u> i gung
der   Di a <u>lekt</u>
die   Bar ri <u>e</u> re
neu <u>tral</u>
<u>vor</u> stel len
sich   ü ber <u>le</u> gen

die <u>Rechts</u> an wäl tin
<u>bei</u> des
die <u>Schwie</u> rig keit
Chi <u>ne</u> sisch

<u>au</u> ßer dem
das Kla <u>vier</u>
zu <u>nächst</u>
ei ne <u>Zeit</u> lang
li te <u>ra</u> risch

Kapitel 14

Fragen zu den Dialogen

Dialog 1

1. c 2. b 3. b 4. b

Dialog 2

1. falsch 2. richtig 3. richtig 4. falsch
5. falsch

Dialog 3

1. a 2. a 3. b

Hören Sie gut zu!

1. Nein, er hat sich vor ein paar Tagen daran
   erinnert.
2. Er hat ihr den neuen Roman von Günter
   Grass gekauft.
3. Noch nicht. Er muss sich noch überlegen, was
   er ihr kaufen will.
4. Sie hat vor nach Griechenland zu reisen.
5. Er will ihr einen Reiseführer oder etwas Ähn-
   liches schenken.

Übung zur Betonung

<u>los</u> fah ren
der <u>An</u> ge stell te
das <u>Erd</u> ge schoss
die Kre <u>dit</u> kar te
die Re zep ti <u>on</u>
die <u>Du</u> sche
das <u>Ba</u> de zim mer
<u>ös</u> ter rei chisch
das <u>Ein</u> zel zim mer
a na ly <u>sie</u> ren
kre a <u>tiv</u>
die I ro <u>nie</u>
pro duk <u>tiv</u>
der Pa ti <u>ent</u>
die Psy cho a na <u>ly</u> se
phi lo so <u>phie</u> ren
die Me lan cho <u>lie</u>
der Hu <u>mor</u>
<u>statt</u> fin den
die <u>Ge</u> gen wart
ge <u>müt</u> lich

Kapitel 15

Fragen zu den Dialogen

Dialog 1

1. c 2. a 3. a 4. c

Dialog 2

1. richtig 2. richtig 3. falsch 4. falsch

Dialog 3

1. c 2. b 3. c

Hören Sie gut zu!

1. Er fragt Herrn Lehmann, ob der Stuhl frei ist.
2. Nein, er kennt ihn noch nicht. Er stellt sich
   vor.
3. Es liegt am See.
4. Er würde am liebsten den ganzen Sommer
   hier sitzen und gar nichts tun.
5. Er ist wahrscheinlich im Urlaub und muss
   wieder nach Hause fahren.

Übung zur Betonung

ak zep <u>tie</u> ren
<u>an</u> ge nehm
die A <u>dres</u> se
die <u>Aus</u> län de rin
<u>ein</u> wer fen
gra tu <u>lie</u> ren
die <u>Viel</u> falt
der <u>Um</u> schlag
die <u>Fei</u> er
per <u>fekt</u>
das <u>The</u> ma
das Ab <u>teil</u>
die An ek <u>do</u> te
die Ar ro <u>ganz</u>
die Na ti o na li <u>tät</u>
die <u>Tür</u> kin
die Tür <u>kei</u>
<u>teil</u> neh men
sich un ter <u>hal</u> ten
dis ku <u>tie</u> ren
Zeig mal <u>her</u>!

Kapitel 16

Fragen zu den Dialogen

Dialog 1

1. c   2. b   3. b   4. a

Dialog 2

1. a   2. b   3. c   4. c

Hören Sie gut zu!

1. Er ist Lehrer an einer Schule. Er sagt, er wird von seinen Schülern interviewt.
2. Sie arbeitet in einer Buchhandlung.
3. Die Mutter der Frau.
4. Ihr Baby muss abgeholt werden.
5. Ihre Chefin braucht sie bis fünf in der Buchhandlung.
6. Er ist ein Junge. Der Vater sagt, dass er „den Kleinen" abholt.

Übung zur Betonung

<u>auf</u> pas sen
<u>hei</u> ra ten
<u>vor</u> mit tags
die   E man zi pa ti <u>on</u>
der   <u>Au</u> tor
am bi va <u>lent</u>
<u>zu</u> schau en
das   <u>Vor</u> ur teil
die   Kar ri <u>e</u> re
die   Ka ri ka <u>tur</u>
der   <u>Eh</u> e mann
da <u>mit</u>
das   Ge <u>setz</u>
<u>gleich</u> be rech tigt
<u>öf</u> fent lich
all <u>täg</u> lich

VIDEO WORKBOOK ANSWER KEY

Videoecke 1
A. 1, 2, 4, 5, 6, 7, 8
B. 2, 3, 4, 7
C. 1. b   2. c   3. a   4. b
D. 1. F   2. R   3. F   4. F   5. F   6. R
E. 2, 3, 4, 5, 6, 7, 9, 11

Videoecke 2
A. 1, 3, 4, 5, 6, 9
B. 2, 4, 5, 8
C. 1. c   2. b   3. c   4. c   5. c
D. 1. b   2. b   3. c   4. b   5. b
E. 1. F   2. R   3. F   4. R   5. F   6. F
F. 1, 4, 5, 6

Videoecke 3
A. 1, 2, 5, 6
B. 1. in der Uni-Bibliothek   2. aus China (aus Beijing)   3. Mathematik (Mathe)   4. langweilig   5. ins Kino gehen
C. 1. a   2. c   3. c   4. b   5. b   6. c
D. 1. R   2. F   3. R   4. F   5. F   6. R
E. 1. b   2. d   3. a   4. e   5. c

Videoecke 4
A. 1, 2, 4, 7, 8
B. 1 Pfund Brot (*500 grams—about 1 pound—of bread*), 100 g Leberwurst (*100 grams of liver-wurst*), 200 g Käse (*200 grams of cheese*), eine Flasche Orangensaft (*1 bottle of orange juice*), 1 gegrilltes Hähnchen (*1 grilled chicken*)
C. 1. b   2. a   3. c   4. b   5. a   6. b   7. d
D. 1. sonntags und montags   2. um 7.00 Uhr   3. am Samstag   4. bis 18 Uhr
E. 1, 2, 3, 4, 5, 8

Videoecke 5
A. 1, 3, 4, 6
B. 1, 3, 5
C. 1. a   2. d   3. b   4. b   5. c   6. a
D. *Answers may vary.*
   1. schwarze / dunkle / lange Haare; eine graue Hose; einen roten Pulli   2. weiße Schuhe; ein grünes Sweatshirt   3. einen roten Mantel; einen weißen / hellen Pulli; kurze / graue Haare; 60 bis 70 Jahre alt; sieht sympathisch / freundlich aus   4. einen roten Pulli; einen grauen Mantel
E. *Answers will vary.*

Videoecke 6
A. 1, 2, 4, 6, 7, 9, 10
B. 1. F   2. R   3. F   4. F   5. F   6. R
C. 1. c   2. b   3. c   4. b   5. a   6. d
D. 1. c   2. b   3. a
E. 2, 3, 5, 7, 8

Videoecke 7
A. 1, 2, 3, 5, 6, 7
B. 1. c   2. a   3. b   4. c
C. 1. a   2. b   3. c   4. a   5. b   6. a
D. 1. c   2. b   3. a   4. b   5. a

Videoecke 8
A. 3, 5, 6 (Preis: DM 1,00 pro Stück), 7
B. 1. a   2. c   3. a   4. c   5. b
C. 1. b   2. b   3. c   4. b
D. 1. c   2. e   3. b   4. a   5. d